# 战国风云

滕涛 著

中国工人出版社

# 序

历史的结局只有一种，真相只有一个，却有许多张不同的面孔。

碍于种种原因，史书记载简略直白，尤其先秦时代，往往一件惊天动地的大事件不过寥寥数百字而已，然而字里行间所透露出的讯息和留给后人思索的空间往往很大。

对历史进行解读是一种乐趣。当你拨开层层迷雾，触摸到冰山，发现隐藏在历史背后一些鲜为人知的东西，迷雾散去，过去呈现在面前，远比你所知的更宏大、更辽阔。只要你有心，你的眼终有所见。当你看到某些历史事件与传统认知完全不同，某些熟悉的人物那令人陌生的侧面，会有什么感觉？喜悦，悲伤，惊讶，愤怒，抑或茫然的失落？

这就是读史的乐趣。

横看成岭侧成峰，远近高低各不同。同一历史事件、同一历史人物，站的角度不同所看到的东西往往也不同。正史也好，野史也罢，哪一种更加真实，更接近于历史的真相，需要从不同的角度去观察。

唯有不同，才有百家争鸣；唯有不同，才有包罗万象。不同的视角才是观察历史的最佳方式。

历史是精彩纷呈的真实故事，如果晦涩难懂，只能平添大众读史的障碍，用通俗的语言写出历史的精彩，更容易让读者发现历史故事背后隐藏的古人的智慧与思想。当我们从一个故事走进另一个故事，前人的音容笑貌渐渐淡去，若有些许精神能隐约触动心田，便算有所得矣。

每个人都有梦想，乃至每个国家，每个民族，皆如此。梦想点燃激情，梦想催人奋进，人类堆积的梦想构成历史，形成文明。

华夏文明源起三代，春秋和战国是中国传统文化真正的形成期，哲学思想、文学艺术、天文历法、建筑工程、农工商业、城市社会、军事战争均达到前所未有的辉煌。儒墨道法兵阴阳纵横，百家争鸣，百花齐放。

老子、孔子、孟子、荀子、庄子、杨朱、墨子、韩非子、邹衍、惠施、屈原；孙膑、孙子、吴起、白起、李牧；苏秦、张仪、鬼谷子；齐桓公、晋文公、楚庄王、勾践、秦始皇；管仲、孙叔敖、商鞅、李斯；孟尝君、平原君、信陵君、吕不韦；专诸、要离、豫让、聂政、荆柯、高渐离……一串串耀眼的名字，一个个怀揣梦想的人，注定了那个时代的不凡。

《诗经》《管子》《道德经》《春秋》《左传》《国语》《论语》《大学》《中庸》《孟子》《庄子》《墨子》《离骚》《孙子兵法》《韩非子》《吕氏春秋》《战国策》……一部部皇皇巨著奠定了中国传统文化的根基。

战国源自一本书，西汉刘向编写的《战国策》，记录着公元前475年至公元前221年秦灭齐结束列国混战一统天下的历史，故人们将这一历史时期称为战国。

战国旧秩序大崩溃，原有的封邦建国的政治制度，礼乐为主的文化制度，宗法为主的社会制度，井田为主的经济制度接连崩坏，犹如秋风之扫旧文明的落叶。孔子的《论语》一语道破春秋战国时代的历史演变，“天下有道，则礼乐征伐自天子出；天下无道，则礼乐征伐自诸侯出。自诸侯出，盖十世希不失矣；自大夫出，五世希不失矣；陪臣执国命，三世希不失矣。”

战国诸侯零落，士人崛起。士人取代贵族，无所不用其极。豫让两刺赵襄子，乐羊啜饮中山羹。吴起杀妻求将，公叔惧内练志。邹忌鼓琴取相位，商鞅酷法治秦国。庞涓背信弃义害师弟，孙膑田忌赛马露峥嵘。围魏救赵，减灶诱敌，以彼之道还施彼身，马陵道上死庞涓。列国进入权谋的游戏。为在残酷的竞争环境中生存下去，列王竞相礼贤，群公子争相养士。

张仪欺楚，一代纵横大师横空出世。“一人之辩，重于九鼎之宝；三寸之舌，强于百万之师。”凭一己之力改变战国格局，更使人心不古。人们由善良走向邪恶，由朴实走向机诈，由互敬走向残杀。主父饿死沙丘，怀王身陷囹圄。苏秦反间合纵六国，白起长平坑杀降卒。吕不韦偷天换日，嫪毐淫乱宫廷，秦王灭周迁九鼎一统六国，嬴政登上皇帝宝座，开启皇权专制的大一统时代。

春秋战国的文化精深而博大，每个人都能从中得出自己的判断，用心的人总会有所思，有所思便会有所得。我们读史之人是历史的回归者，亦是探索者，历史需要我们去用心书写那一段伟大而又辉煌的文明。

# 目录

第一章

# 赵毋恤

## ——战国的开启者

## 相　貌

没有赵毋恤就没有赵国，也不会有战国七雄。赵毋恤出身赵氏家族，生得丑陋，从容貌上看不配做晋国四大家族的掌门人。春秋末期，晋国君权旁落，六卿专权。六大卿族到赵毋恤这一代只剩下四家，智氏、赵氏、魏氏、韩氏，其余两家被四家联手剿灭。

“既然我可以联合别人攻灭其他家族，谁又能保证我不会被别人所灭呢？”这是赵毋恤父亲晋国大执政官上军将赵简子萦绕于心头时刻不敢忘却的事情。

赵简子原名赵鞅，谥号简，时人尊称其为赵孟，史书中多称赵简子。执掌晋国大权长达十余年的赵简子经历过无数大风大浪。赵氏家族曾经辉煌无比，赵盾时代的赵氏独大于晋国，赵盾权倾朝野。世事难测，下宫之难，赵氏灭门，唯剩赵氏孤儿赵武一丝血脉。后来赵氏平反，赵武执政，怎奈赵氏人丁不旺，势力大不如前。年轻的赵武去世，儿子赵成担任中军佐，平庸二十二年死去。所幸，赵成为赵氏家族留下一位优秀的继承人，他就是赵鞅。

赵鞅年纪轻轻进入杀机四伏的晋国政坛，位列六卿之末，担任下军佐。晋国君权旁落，国政由范氏、中行氏、智氏、韩氏、魏氏、赵氏六大家族把握，即所谓六卿。六卿就是晋国三军的六位指挥官。依官衔排列从高到低依次为：中军将、中军佐、上军将、上军佐、下军将、下军佐。六家各出一名优秀的人才轮流担任六卿。六卿之中，谁做老大，谁做老末，按资历，凭功劳。

晋国自晋文公设立六卿以来，政治斗争残酷、血腥，赵氏灭门的下宫之难可见一斑。晋文公时代的栾氏、郤氏、胥氏、原氏、狐氏、续氏、庆氏、伯氏均为贵族高官，等到赵鞅时代都变成普通公务员——皂隶。

赵鞅面临血雨腥风，肩挑赵氏家族的复兴乃至存亡的重担。赵鞅进入政坛之初，年纪小，威望低，自然只能从最低级的下军佐干起。谁也不曾料到，这位默默无闻的下军佐干出了一番惊天动地、轰轰烈烈的事业。

赵鞅修筑晋阳城，顶住中行氏和范氏围攻，与智氏、韩氏、魏氏联兵把中行氏和范氏赶往朝歌。铁之战，赵鞅大败救援朝歌兵力远远大于己方的郑军，接着击败齐、卫与中行氏、范氏的联军，彻底消灭两家，结束长达八年的晋国内乱，荣登执政。

基于六卿斗争残酷的事实，其貌不扬的赵毋恤做了赵氏家族的世子。

赵简子是如何发现儿子具有超过寻常人的潜能的呢？

为了考察赵毋恤是否真正具备领导潜质，赵简子做了一个简单的测试。

一天，赵简子把儿子们叫到跟前，对他们说道："我有一宝物藏于恒山，你们各自去寻，先得到的人有赏。"众人争先恐后往恒山跑，搜遍山林，却不见宝贝。一个个垂头丧气地空手而还，闭嘴不说话，只有赵毋恤昂首挺胸道："我找到了。"

众人见他两手空空，心想还是小兄弟有心计，回来的时候竟然把宝贝藏起来。赵简子问道："你找到了什么？"赵毋恤神情凝重道："我站在恒山之巅看到了代国。"

“说得好！不愧是我赵鞅的儿子！”赵简子发出这句感叹的时候没有张嘴，没有出声，内心狂喜，表情淡然。被赞叹者身边还有许多兄弟，过于称赞某人，会让其他与之地位相近的人嫉妒，不足以保护心目中所喜爱的人。

在赵简子看来，晋国四大家族未来势必火拼，代国与赵氏家族的领地相连，拿下代国，便能为日后四家之争增强实力。众多儿子竟然只有赵毋恤的心与家族命运相连，深深懂得父亲的心。

赵简子之所以不能出声赞叹，是因为赵氏家族已有世子。赵简子儿子众多，赵毋恤庶出，母亲是妾，出身于少数民族翟人，家中名分最低。我们从《红楼梦》贾宝玉和贾环所享受的云泥之别的待遇中不难看出庶子的悲哀。

赵简子毕竟是权谋大师，知道维护家族利益必须起用最有领导能力的人。于是，他要废立继承人。赵简子曾给过世子伯鲁机会，将权谋术刻于竹简之上，交给两个儿子，从此三年不提此事。忽然有一天，赵简子让两个儿子背诵权谋术。世子伯鲁张口结舌，记不得几个字，竹简早已不知扔到哪里去了。赵毋恤倒背如流，竹简天天珍藏于袍袖之中，时时温故而知新。

赵毋恤与伯鲁的较量高下立分。赵简子心意已决，为消除伯鲁与儿子们的猜忌，特意找来相术大师姑布子卿演了一出戏。姑布子卿安坐堂前挨个为赵家子弟相面，相一个摇一下头，说道：“无为将军者。”赵简子一脸悲伤，叹息说：“难道上天要使赵氏家族灭亡吗？”

轮到赵毋恤登场，姑布子卿忽地站起身，大惊道：“此真将军也！”赵简子摇摇头：“不成，母亲是贱婢，怎么可能大贵。”姑布子卿道：“容貌上天赋予，上天旨意，虽贱必贵。”赵毋恤顺利荣升世子。赵简子对家臣董阏道出玄机：“毋恤为人，能忍受耻辱。”

赵简子没有看走眼。智氏家族联合赵氏家族攻打郑国，赵毋恤代替父亲出征。智家掌门人智瑶让赵家军攻城，赵毋恤推托，反让智家军先上。智瑶不高兴，酒席之上不怀好意想灌醉赵毋恤。赵毋恤不上当，坚决不喝。智瑶假意喝醉，按住赵毋恤灌酒，辱骂道："你不但是个丑八怪，还是个胆小鬼，赵鞅怎么选了个窝囊废做世子。"

赵氏家臣见智瑶侮辱世子，纷纷亮剑。赵毋恤摇摇头，淡淡地说道："主君之所以选我做世子，是因为我能忍。"

智瑶不是等闲之辈，身材高大，美须髯，武艺超群，技艺过人，足智多谋，性格刚毅果敢，优点大大超过赵毋恤，只可惜不如赵毋恤脸厚心黑，而且有个大大的缺点——盛气凌人。天生伟男，系出名门，如何能不骄傲。

通过攻打郑国，智瑶知道遇上对手了，屡次三番在赵简子耳朵边说赵毋恤的坏话，盼望赵简子再次更换世子。他越说赵毋恤无能，赵简子越认为儿子有为。赵简子一死，赵毋恤继任赵氏家族掌门人，做的第一件事便是身着丧服来到夏屋山，履行对父亲许过的诺言。

## 索　地

峰峦起伏，江山如画。赵毋恤登顶北望，鸟瞰云代，握紧拳头，仿佛看到山北那片万马奔腾的茫茫草原，那是父亲说的宝物啊，天下至宝，草原上的骏马足够装备一支纵横天下的军队，足以奠定赵氏家族的王业。

赵毋恤派使者通知代王相会。赵毋恤的姐姐是代王夫人，代王听说小舅子来到边境登山，忙带随从赶来。赵毋恤设宴款待，觥筹交错之际暗伏杀机，仆从抡起斟酒用的铜勺打死代王。铜勺击打脑袋的声音和代王的惨叫拉开了战国烽火连天的大幕。

赵家军甲兵北入代国，弹指一挥间，代国灭亡。代王夫人哭了，仰望苍天，问世间公道何在？既无公道，何如去死，代王夫人挥簪自尽。白色的丧袍裹着赵毋恤冰冷的身体，他缓缓走过姐姐的尸体，冷冷道："姐姐，你的生命诚可贵，可也难比赵氏家族的王侯大业。"

晋国四大家族越发飞扬跋扈，明目张胆瓜分中行氏、范氏留下的土地。晋国六卿分权的游戏规则破坏了，国君晋出公感到君位遭受严重威胁。经过二百多年卿权对君权的蚕食，晋君没有能力对抗公卿，只得对外求援。国君密使来到齐鲁两国，联络齐鲁国君讨伐四大家族。

智瑶最先得到消息，四家联兵驱逐晋出公，另立晋懿公。智瑶成为晋国最高执政官，独掌大权，野心膨胀，欲把晋国变成自家产业，但他还有三个敌人。智瑶想出一招削弱三家做大自身的妙计，向三家索地。每一家索取土地一百里，那么自己就能增加三百里土地。

本是一个愚蠢得不能再愚蠢的主意，然而由于韩、魏两家的自私，差一点让智瑶美梦成真。

智瑶先向韩氏家族索要土地，因为韩氏在三家中最弱小。韩康子不肯给，谋士段规道："智伯贪婪凶残，你不给土地，他就会派兵来打你。不如满足他，他便会再向别人去索要，别人不给，两家打起来，我们坐观成败。"

得到韩氏土地，智伯越发得意，派人向魏家索地。魏桓子大怒，不给。谋士任章劝道："您为什么不给？"

魏桓子道："无故索地，当然不给。"

任章道："无故索地，邻国必然惊慌。再三再四，欲望得不到满足，天下必定恐惧。将欲取之，必固与之。您给他土地，将兵祸引开。我们联合天下人的力量消灭他，智伯的命不会长久。"

魏桓子道："这是什么好计策，韩家已经给了，我给，只剩赵家，若赵家再给，怎么办？"

任章笑道："我料赵毋恤必不肯给。"

魏桓子问道:“为何?”

任章道:“赵毋恤服丧之际北取代国，其雄心不小，岂肯给智伯土地。”

果然，面对强横勒索，赵毋恤不退让，扔下一句话:“土地是先人留下的产业，不敢弃。”他清楚知道这句话带来的后果，急忙找来家臣商议对策。

走，肯定要走，不能待在国都受死。智瑶近期不断派出使者到韩、魏两家去，却一次没有到他这儿来。智家必是联络韩、魏两家共同对付自己。一家不可怕，三对一，那是谁都会算的数学题。

面对强敌，退避三舍，后发制人，这本是晋国成名的手段。关键要去哪里?

狡兔三窟。赵氏家族有三座坚固的城池，长子、邯郸和晋阳。有人说去长子，路途最近且城墙坚固;有人说去邯郸，那里粮食最丰足。赵毋恤一一否决:“长子城新建，老百姓刚刚出完劳役再让他们打仗，换成你，你会卖力吗?邯郸之所以粮食多，是因为我们在那里征税重，邯郸就是为了屯粮的。”

谋士张孟谈道:“晋阳。”

赵毋恤笑了，那是父亲赵简子留下的坚固城堡。父亲在晋阳苦心经营，施了几十年仁政，甚至解放了一大批奴隶，就为了今天。

提到“仁义”，有人就与“谋略”对立起来。这是大错特错，“仁义”和“谋略”相依相存，施“仁义”需要“谋略”。晋阳薄税，是需要那里的人出兵打仗;邯郸重税，是需要那里的人提供粮食。

为了晋阳城，赵简子遭到孔子抨击，《春秋》毫不留情记载着“赵鞅入于晋阳以叛”。只有孔子大师才能读得懂赵简子，“叛”说得好，我们就是要“叛”，不叛修那么坚固的城池作甚。“堕三都”是孔子在政治上所做的最大的一件事情。“都”是臣子们赖以生存、割裂天下的老巢。孔子要维护君权，赵简子要重建君权。道不同不相为谋。孔子周游列国，独独不去晋国。

孔子和赵简子同生于一个时代，同为那个时代的风云人物。其实赵简子与孔子两人的学问颇有渊源，并为谋略学两大先师，他们之所以反目成仇，是因为实施教义的方式不同。赵简子求速成，主张直来直去，孔子练根基，主张以迂为直。赵简子杀人会说："他妨碍了我，所以杀他。"孔子会说："他有罪，不得不杀。"

后来孔子自立门派，名曰儒教，留名千古。但权谋派大可不必妄自菲薄。阳虎如何，孔子尚想在他手下为官，而他却在权谋大师赵简子门下乖如看家狗。当然，孔子风光在后世，赵简子称霸在当今。

赵毋恤准备退到晋阳后发制人，张孟谈另有主意，说道："既然智瑶联络韩、魏两家，主君也可联络韩、魏两家，说明利害，让他们助我。"

赵毋恤嘴角微翘，说道："你有一块宝藏，是三个人分好，还是一个人独享好呢？"张孟谈不说话了。

赵毋恤来到晋阳，发现父亲虽然留下了一座坚固的城池、丰足的粮食和拥戴赵氏家族的民心，但却没有留下太多的武器，不免有些失望，喃喃道："家父不是这样的人。"

"先主君当然不是没有远见的人。"张孟谈继续说道，"他喜欢让人寻宝。"

"哦，"赵毋恤直视张孟谈的目光，说道，"你已经找到了！"

张孟谈得意道："是的，你看宫室的墙壁高达一丈，有必要吗？里面一定保存着制作兵器的材料。宫室的柱子有必要这么多吗？这些柱子的质地必定是铜。"

赵毋恤恍然大悟，父亲建造晋阳城已被人斥责为阴谋造反，怎么敢存入大量的武器，但父亲是个有办法的人。

## 策 反

智、韩、魏三家人马团团包围晋阳，赵家军奋起抵抗，打退敌军一次又一次进攻。智瑶非常着急，韩、魏两军根本不卖力攻城，智家军伤亡惨重，这样打下去，即使打三年也攻不破晋阳。何况，屯兵坚城之下，天长日久，师老兵疲。一旦退兵，韩、魏两家势必生异心，那时大势去矣，晋国将成为赵氏天下。

智瑶毕竟是聪明人，当他观察了晋阳山川地形之后，发现赵简子筑城时有一点致命的疏忽，城池离汾河太近。智瑶兴奋起来，叫上韩、魏两家掌门人一起去汾河边赏风景。

烟雨空蒙，丝丝缕缕，荡漾在半空中，披散在草木茂盛的田野上。湍急的汾河水打着漩儿，翻腾着，泛着泡沫，滚滚而下。智瑶手指汾河，大笑道："破晋阳，全靠河伯啦！"

三家兵众挖沟筑堤，决开汾河，汹涌的河水冲击着晋阳厚厚的城墙。几个月过去了，智瑶乘战车驶上高岗观看水势，魏桓子驾车，韩康子挺身护卫左右。大水浩荡，离城头仅有三块木板的距离。智瑶兴高采烈，得意道："我今天才知道水不仅是用来喝的，还可以灭人国家！"

魏、韩两国国君心中各自一凛，魏桓子用胳膊肘轻轻碰了一下韩康子，随后感觉到自己的脚被人踩了一下。两人心领神会，汾水可以淹晋阳，当然也可以灌魏家的安邑，而绛水恰好流过韩家的平阳。

智瑶回到营帐刚刚坐定，智囊郄疵匆匆进来道："韩、魏两家必反。"智瑶问道："何以见得？"

郄疵道："面相。事前主君与韩、魏两家相约三分赵地，如今晋阳陷落在即，韩、魏二君面上非但无喜色反有忧虑之意，难道不是背叛的征兆吗？"

智瑶心中大惊，摆摆手让郄疵暂时退下，派人把韩、魏二君叫来，开门见山道：“郄疵对我说，你们要背叛我。”说完，凝神观察他们的表情。

二人没有惊慌之色，齐声道：“战胜赵家三分其地是约好的，眼见大胜在即，我们再愚蠢，也不至于弃大利、背盟约，干那种傻事。郄疵挑拨离间，必有所图。既然智伯不相信我们，那我们就告辞了。”说完，二人甩袖出帐。

智瑶沉吟不语。郄疵从外面进来，问道：“主君为何将我的话告诉他们？”智瑶一愣，“你怎么知道？”郄疵道：“他们看到我，不敢注视我的目光，低头急走，以前从来不这样。”

“是啊，”智瑶顿了一下，“我考虑过，不能没有他们的帮助，现在团结第一，等灭掉赵氏，我会一个个收拾。”

郄疵知道智瑶一旦决定的事情，九头牛也拉不回来，智家完蛋了，而自己决不能完。郄疵想了想，说道：“去齐国的使者没有定下来，我想去一趟。”

“好，你去吧！”智瑶对家臣一向很好，不管是郄疵，还是豫让。他知道郄疵为什么走，看着远去的背影，心中暗道：“等我打下晋阳，你会回来的，到时候看你说什么。”

郄疵走了，韩、魏两家掌门人心里都在想，“赵氏家族的人应该来了吧？”

围城日久，晋阳城中悬釜而炊，灶坑里都生了青蛙，城中军民仍然没有背叛之心。张孟谈对赵毋恤道：“我请求出城去拜会韩、魏二君。”

赵毋恤一脸愧色，说道：“欲望害人，我以为凭我赵氏家族的能力可以灭三家，谁知害得这么多人受苦，看来赵氏霸业来日方长。”

中国历史上著名的“唇亡齿寒”的典故又被用了一遍。韩、魏二君对张孟谈笑道:“我们等你很久了，赵毋恤心性过高。”

张孟谈道:“我家主君说了，灭智氏之后，平分土地，永不相侵。”

这次秘密会议决定了智氏的命运。韩、魏两军掘开堤坝，滚滚洪水涌入智军的大营，赵家军自城中杀出，三家合力大败智军。

智瑶望着败逃的军队，心如死灰，智氏家族竟然毁于自己之手。他至死想不通失败的原因。

赵、魏、韩三家瓜分智家土地，那种快感非常美妙。这是强盗们第二次分地，会不会有第三次?三家掌门人对望着，各怀鬼胎地笑了:“如果谁想做第二个智瑶，我们奉陪到底。”

三家分晋，号称三晋。赵氏家族分得智家三分之一的土地，加上代国，成为三晋之首。赵毋恤论功行赏，奖赏晋阳保卫战的有功之臣。

张孟谈扬扬得意，首功非我莫属。谁知赵毋恤竟将最高赏赐给了高共，家臣们愕然。高共在晋阳保卫战中未出一策，未杀一人，为何得到如此多的赏赐。

张孟谈瞧着高共那张卑恭的脸，说不出的厌恶，忍无可忍，说道:“晋阳之战，谁都有功，唯独高共没有功劳。”

赵毋恤平静地说道:“晋阳危急之秋，你们见到我都不像从前那般恭敬。只有高共，虽然衣衫破旧，饿着肚子，但是见到我仍然毕恭毕敬，丝毫不失礼，所以，高共功劳第一。”

张孟谈何等聪明，当下顿悟。用人之际，君主视勇者、智者为功臣;太平之时，君主视平庸听话的人为宝贝。君主需要威望，此种威望不容任何人践踏。赵毋恤果真厉害，奖赏高共，一方面维护自己的权威，另一方面打压张孟谈的震主之功。

不久，张孟谈向赵毋恤辞行。赵毋恤仰天打了个哈哈，“张兄，你生气了?”张孟谈道:“我怎么会生主君的气，先主君说过‘五霸之所以成就霸业，那是因为君主能够约束臣下。贵为诸侯者不能为国相，贵为将军者不能为大夫’。我新立大功，权重一时，众人心服。这不是我的本意，我的本意有一间茅舍，三亩薄田，清风明月，逍遥天地间。”

赵毋恤怆然落泪：“自古以来，辅佐君主成就大业、相知相交的人不是没有，为什么非要离开我呢？”

张孟谈回答道：“我观古往今来之事，臣下功劳超过君主而能和睦相处者太少啦，越王勾践与文种近在眼前，前事不忘，后事之师。”

“放肆！”赵毋恤勃然变色，拂袖而去。

张孟谈丝毫不惧，回家躺在床上睡了三天大觉。他知道赵毋恤只是做样子给天下人看，表明他不弃功臣、不做卸磨杀驴之事，心里却已然有意让他离开。张孟谈又给了赵毋恤一次表现机会，派仆人去赵府说：“张孟谈拒绝做官。”家臣们齐声道：“杀！”

赵毋恤不会杀贤，杀贤背恶名。张孟谈走了。功成身退——聪明君子唯一的一条生路。

## 义 士

干大事之人须防备仇人报复，因为做事必然得罪人。你生别人死，你上别人下，你发财别人破产。

赵毋恤得罪了一个人，一个坚毅果敢的人——豫让。

“士为知己者死，女为悦己者容。”这是豫让的名言，也是他毕生信奉的格言。

智瑶是豫让的知己。智瑶死了，豫让要报仇。“十步杀一人，千里不留行。”豫让做了刺客。

豫让选择厕所作为刺杀地点，伪装成粉刷匠，将瓦刀磨出锋利的刀刃。可是他并非专业杀手，半路出家，经验不足，露出马脚，被赵毋恤发现。一向心狠手辣的赵毋恤却把他放了，理由是：“此人为君报仇，是天下之贤人。”

有了前科，豫让不可能再有接近赵毋恤的机会。现实世界与武侠世界的区别在于，像豫让这样的侠客在江湖中搞到一张人皮面具不是难事，但在现实世界绝无可能。

世间没有做不到的事，只有想不到的事。豫让不放弃，为变成另外一个人，不被人们认出来，豫让决定做手术。春秋战国时代没有整容医师，一切只能靠自己。豫让不惜用漆涂抹身体，使皮肤烂得像癞疮，割须去眉，毁坏容貌，装扮成乞丐，连结发的妻子都认不出来。

为检验化装后的效果，豫让故意接触妻子。妻子听到眼前乞丐说话之后，奇怪道：“你说话的声音怎么和我的丈夫一模一样？”豫让见效果不佳，又吞食火炭使声音变得沙哑。这一次完完全全变成了另外一个人，谁也不认识他。

第二次刺杀，豫让埋伏于赵毋恤必经的一座桥下。然而，他还是被精明的赵毋恤发现了。赵毋恤责问道：“智伯不是你第一个主人，你先后服侍范氏和中行氏，最后才归于智氏门下，为何独独为智氏报仇？”

豫让道：“范氏和中行氏像寻常人一样待我，智氏待我如国士。故而，我用常人方式回报范氏、中行氏，以国士方式回报智氏。”

赵毋恤知道豫让不能容自己，流泪叹息着道出实话：“你为智伯报仇成就忠义大名。我上一次不杀你，也已经成就明君之名。现在，我不会放你走了。”

豫让仰天长叹一声，说道：“你前次宽赦我，天下称君贤明。我要死了，希望你能满足我一个愿望，给我一件你穿的衣服，虽死不恨。”

赵毋恤道：“有何不可。”说罢，解衣让人递给豫让。豫让大叫苍天，纵身跃起，拔剑连刺赵毋恤的衣服三剑，剑剑穿洞而过，随即横剑自刎。

这一场较量中，最终赵毋恤大获全胜。他利用豫让不仅赢得贤明君主的名声，还告诉世人，赵毋恤有察奸本领，将坏事变成好事。

赵毋恤发现豫让行踪是偶然的吗？世界上没有那么多偶然，一次是，两次绝不是。答案很简单，赵毋恤派手下跟踪豫让，唯有豫让这个大傻瓜才被蒙在鼓里。

豫让是义士还是蠢材，后人褒贬不一。有人赞豫让是天下义士。也有人不以为然，因为豫让不忠不孝不智无情。豫让忠于智氏，只因为智氏对他好，而忘记大忠，上有周王室，下有晋侯，几时轮到智瑶？身体发肤受之父母，岂可自毁容貌，甚至自杀。若豫让果真有大智慧，怎不劝说智瑶和睦世家、保全智氏家族。豫让有妻子，当有儿女，甚至父母在堂，弃父母抛妻儿岂是大丈夫所为。

世人决不能把希望寄托在侠士身上，试看古今历史有多少真正的侠士，水浒好汉大多虚构，不载正史，史书所载侠客又有多少？郭靖、杨过、令狐冲、张无忌等大侠更是子虚乌有。人们绝不能陷入其中，不可自拔，到头来一事无成，误了大好青春，白首不见功名与富贵。

捉放豫让成就了赵毋恤“义”名，攻打中牟则成就了赵毋恤“仁”名。

中牟系赵国南疆重镇，赵简子刚刚去世的时候中牟守将叛降齐国。安葬父亲五天后赵毋恤率军队包围城池。恰巧一段城墙倒塌，赵毋恤下令鸣金收兵。将士们不理解，赵毋恤解释道：“君子不乘人之危，不在别人危险时刻落井下石。”受赵毋恤仁义感召，中牟城的将士们修理好城墙之后出城投降。

大家可能非常奇怪，赵毋恤用欺诈手段杀害代王、攻取代国何等残忍，对待中牟将士为什么变得仁义。这正是赵毋恤高明之处。代国是敌国，中牟是臣民。中牟人因为不知道新君是什么样的人而叛变，其心未定，可以展示新君的仁爱之心来打动，否则中牟人即使屈服于武力也不会心悦诚服。

赵毋恤晚年做出一件令人惊讶的事情，没有立五个儿子中任何一人为家族继承人，而是立哥哥伯鲁的孙子赵浣为世子。这一招用心良苦——意在凝聚起赵氏家族团结的意志。赵毋恤在位三十三年，凭借权谋忍术奠定赵国近二百年基业，一曲曲燕赵之地的慷慨悲歌就此唱响。

继赵毋恤后三晋大地又出了一位权谋家，魏文侯魏斯带着赵、韩两位小弟去洛邑拜见周天子，请封诸侯，赵、魏、韩三国正式取得营业执照开张大吉。魏斯之所以当上赵、魏、韩三家的带头大哥，在于一员绝世干将——吴起。

第二章

# 吴 起

## ——魏国霸业的开拓者

吴起背负着一项耻辱的记录——杀妻求将，这一段简历足以让所有用人者心惊肉跳。为求功名不择手段到无以复加的地步。然而，当我们以为吴起是一个贪图富贵的小人时，他断然拒绝娶魏国公主，不惜再次抛弃家园，从零开始。

## 杀　妻

吴起完美，左手执书，右手执剑，谋略过人，武功出众，在那个时代没有人能够战胜。他才是魏国霸业真正的开拓者。尉缭子说："有提七万之众，而天下莫当者谁？曰吴起也。"

尉缭子说这话有事实依据，"与诸侯大战七十六，全胜六十四，余则钧解。辟土四面，拓地千里"。这还仅仅是吴起作为魏将的战绩。纵横家言论多夸张之词，尤以《战国策》最甚，《吴子兵法》是否为吴起之作也有争议。但是，有一点无法改变，吴起文能治国，武能兴邦，战略战术独步天下，从无败绩，同时代将领无出其右。

能够得到吴起的国家无疑非常幸运，吴起为魏将二十余年，魏国雄霸天下；为楚相不到三年，楚军大败魏军。

提问：吴起是天才吗？吴起是独一无二的人吗？

回答：不是，世界上没有天生的人才，只有后天努力的人才。吴起不是独一无二的人，战国近两千万人口，怎么可能只生吴起？换句话说，中国十三亿人中当有数千位吴起，但他们统统淹没于芸芸众生，如同凡夫。

做吴起的父母是一种悲哀，做吴起的妻子更是一种悲哀。吴起心中只活着一个人，那就是他自己。

吴起的结发妻子贤惠。但做吴起的妻子不仅要贤惠，还必须听话，绝对听话，像军人那样服从命令。

妻子给吴起织了一条丝带，丝带的宽度不够标准。

吴起道："带子窄，重织。"

于是，妻子又织了一遍，还是窄。吴起面有愠色，妻子忙道："经线已经固定，拆掉重织过于浪费。钱财得来不易，居家应该节俭。"

吴起道："你回家吧，我不需要你这样的女人。"

妻子仍然深深爱着吴起，再说也不是什么大不了的事情，岳父亲自来求情，吴起道："吴起说过的话，说到做到。"

吴起不是因为丝带休妻，而是因为妻子说他乱花钱，干涉他的事业。

吴起生于卫国，今山东定陶人，富二代，父亲经商，家累千金。与今天吃喝玩乐的富二代相比，千金在吴起看来如同粪土，他要做大官，为此花光家里所有的钱送礼求官。

吴起送了礼，却未得到一官半职。莫非战国时代的官员不爱钱？非也，除了本朝变法之前多少保持着不爱钱的纯朴之外，历朝历代没有不爱钱者。吴起不遂愿，那是因为钱少求的官却大。

"恨少！恨少！"正当吴起郁闷之时，周围的人嘲讽讥笑，花钱打水漂儿，纯粹一败家子。

吴起报复的手段很残忍，仗剑连杀三十多人。

杀人犯法。卫国不能待了，吴起拜别母亲，咬破手臂发誓："吴起不得卿相，决不再回卫国。"

春秋战国之际，最高等的学府在鲁国，相当于今天的北大、清华，吴起慕名而至。

孔子之所以成为伟人，最无法抹杀的功绩在于开办了中国历史上第一所私人学校。以前知识是家传的，贵族们懂知识，却不教别人，藏着掖着，怕外人知道。孔夫子不这么做，他教给你知识。

人之所以比动物高级，在于人会思考，有智慧，有爱心。知识不是让社会进步的，而是让人生存下去，活得幸福。

孔子传授知识的目的，就是让人活下去，活得美好。吃肉也好，吃菜也罢，只要你觉得活得美好，那就是幸福。

孔子写《春秋》一度犹豫徘徊，然而，还是为我们留下皇皇巨著。说它皇皇，不是说写得有多么好，文辞多么优美，而是《春秋》开创了中国编年体史书先例，接下来才有《史记》《二十五史》等。

吴起拜在儒家大师曾子门下学习。不久，师徒反目，因为吴起母死不奔丧。孝道是儒学最基本的信条，一个不爱父母的人如何能爱天下人？

吴起不爱父母，更不会爱天下人，他只爱自己。他不想做罪孔子的人，而想做知孔子的人。

哪一门知识最有用，那要看时代需要什么。吴起看到战国的未来，看到群雄争霸的战场。时代需要战争，战争需要武士。吴起一身武功，连杀过三十多人，但那只是匹夫之勇，兵法才是万人莫敌。

吴起苦学兵书，学业有成，投身鲁国为官。曾子在天下名声响亮，但不喜欢做官。鲁君请不动曾子，其他国家更不用说，“齐聘以相，楚迎以令尹，晋迎以上卿，皆不应命”。因为曾子深深懂得儒学乱世无用，治世有用。假如秦始皇统一六国后改奉儒学，也许秦国不会二世而亡。

曾子不做官，他的弟子们在鲁国谋官却很轻松。入仕鲁国，吴起人生第一步棋走错方向。

鲁国国小志小，只求自保，毫无争霸之心，故而尊崇儒学，吴起无用武之地。机会只有一次，公元前410年，齐国攻打鲁国。鲁国无将可派，鲁穆公想到吴起。

吴起时年31岁，精通儒、兵两家学问，正值建功立业的大好年华。可惜第二任妻子是齐国人，而鲁国的敌人正是齐国，鲁穆公不放心。

休妻不足以表明吴起之心，唯有杀妻才能显示其一心为鲁，绝无二心。吴起杀妻求将，鲁穆公大喜，拜吴起为将军，大败齐军。

鲁军获胜，诽谤吴起的人越来越多，人们把“杀妻求将”的劣迹挂在嘴边，鲁穆公辞退吴起。鲁穆公正是欣赏吴起杀妻表明忠于鲁国的心迹才肯让他带兵的，决不会为杀妻冉罢免。之所以辞退吴起，那是鲁国国家战略的要求。

鲁国国小，没有争霸天下的志向。一个小小鲁国打败昔日霸主齐国，震动天下，必然招来灾祸。为明哲保身，鲁穆公放弃吴起，向战国诸侯表示鲁国永远不称霸。

求官鲁国，一开始就是个错误，好在被动抽身，否则中国历史难有吴起大名，只是付出的代价太高。吴起生活的时代毕竟是战国早期，变法刚刚在魏国艰难兴起。作为一个平民，不付出点东西，鲁国贵族们怎么肯同意鲁君用你。天下只有一个人懂吴起，魏文侯魏斯。

## 敬　礼

从地缘战略角度看，战国像一个并不完全正规的围棋大棋盘。齐国、楚国、秦国和燕国是其四个边角，分别坐落于东南西北四个方向；鲁国、宋国、韩国、赵国、中山国和卫国位于内线，魏国是其腹心。

按照围棋“金角、银边、草肚皮”的基本原理，齐、楚、秦、燕占据地缘优势，而魏国则是最危险的领域。

根据先秦最富有科学性的地理书《禹贡》的九州分类，魏国土地属于中中和中上等，并非最富饶的土地。太史公司马迁的《史记》把河东、河内和河南称为“三河”，认为“三河在天下之中”，“土地小狭”。魏国土地狭窄，四面受敌，即所谓围地。围地则谋，故而魏文侯率先求变。战争打的是经济，经济靠资源。冷兵器时代的资源指土地和人。由于土地处于劣势，魏国主攻人，实施人才战略，用天下人才取天下土地。

怎样才能让天下的人才往魏国跑呢？魏斯有三种办法：给重金，给官位，给面子。

魏文侯三出戏，让天下人看到他的信用和尊重人才的诚心。

其戏一：魏文侯有一天对管山泽的小官说，我明天来打猎。第二天雷鸣电闪，狂风暴雨，魏文侯听歌看舞玩得正开心，想起昨日之约，出门上马，冒雨进山。

其戏二：魏文侯与田子方一起喝酒听音乐。田子方是魏文侯请来的人才，儒家名士，魏文侯尊其为老师。一曲未完，魏文侯说：“钟声不协调，左边的高。”田子方冷笑一声。魏文侯见他笑得有些不怀好意，问道：“有什么可笑的，我说得不对吗？”田子方道：“我笑君侯耳朵聋了。”魏文侯问道：“为什么？”田子方道：“治理国家是君主的本分，您这么懂音律，治国肯定聋了。”魏文侯不生气，挺起腰回答道：“是，我确实聋了。”

其戏三：段干木是天下贤才，是魏国请来的。魏文侯只要路过段干木的家门必定敬礼。那时敬礼不是致军礼，魏文侯坐在车上不能鞠躬，手扶车前横木表示敬礼。

田子方、段干木和管山泽的小官一样，本事了了。魏文侯不是尊敬他们，不是向他们敬礼，而是向天下人敬礼。作为一国之君，能拉下脸向匹夫敬礼，怎么会找不到人才，高手们接踵而至。

魏文侯吸引了四大人才，李悝、西门豹、乐羊和吴起。

李悝变法使魏国富强，粮食充足，物资雄厚，魏军才可能出兵打仗。最值得我们学习的不是变法，而是他的一句名言："家贫则思良妻，国乱则思良相。"

李悝说得好，"家贫则思良妻"。人穷志不短的人必娶善良的女人，老实的女人，贤惠的女人，平凡的女人，面貌丑陋也无妨，不识字更好，"女子无才便是德"。

西门豹担任邺地长官，治理邺地。新官上任，大家不服，怎么立威呢？西门豹以"河伯娶妇"为突破口。

当地长老、豪强、官员伙同巫婆以河里的神仙河伯娶媳妇的名义敛财，谁不给钱就把谁家女儿嫁给河伯，送进水晶宫。

河里有鱼有虾，哪有什么河伯。西门豹将计就计，河伯大婚之日，说新娘子不漂亮，让巫婆去水晶宫下通知，扔进河里；巫婆不回来，大弟子扔进河里再去找；大弟子不回来，二弟子去找。西门豹总共扔进一位巫婆、三名女弟子，最后把三位长老也扔进滚滚河水。

还有谁敢不听话？恐怕没有。七条人命，至于他们其中有谁该死，有谁不该死，管不了那么多。

吴起来到魏国。魏斯问李悝："吴起何许人？"

李悝回答道："吴起贪功名好女色，但是若论打仗，司马穰苴不如。"

"这就够了。"魏斯道："我要和他见一面。"

在魏斯眼里，吴起没有缺点，只有优点。至于杀妻求将，魏斯更能理解，他所做一切就是让天下才士不必用那么残酷的手段取信于异国贵族。不管哪国人才，用人不疑、疑人不用是魏斯的用人准则。

这对当时闻名天下的明君名将会面，魏斯第一句话便向吴起当头泼了一盆冷水：“听说你很会用兵，但是我不喜欢军事。”

吴起没有料到魏国国君竟以这种方式开头。他研究魏国有一段时间，从鲁国出来一直在思考，天下之大哪里才是真正的家，最终选择来到魏国。因为魏国是四战之地，危机四伏的国家，这样的国家拥有一位贤明的君主，不会看不到战国的未来，不会任由王国逐渐衰落，乃至灭亡。

吴起相信自己的判断，坚定回答道：“您为什么说谎呢？”魏斯不置可否地看着他。吴起略带激昂地继续说下去：“我从您过去的言行来观察您将来的抱负。您的魏国生产精良的武器，建造先进的战车，为了什么？如果说您打算保家卫国，那么请问，您找到使用精锐武器的士兵了吗？真正伟大的国家军备强大、内政修明。面对敌人不敢进攻，只能眼睁睁看着阵亡战士的尸体悲伤，这是仁义吗？”

魏斯站起身，亲手铺设席子，让妻子给吴起斟酒，说道：“魏氏家族要缔造一个伟大的国家，要称霸于诸侯。可魏国乃四战之地，请将军为魏国划策。”

吴起道：“抑强吞弱，三晋结盟西击秦。”

魏斯道：“为什么要和韩、赵结盟？”

吴起道：“三家分晋，魏国难比昔年晋国，单凭魏国力量如何称霸？若赵、韩联手，强敌攻于外，两家乱于内，魏国势必难堪。如今魏、赵、韩三家皆非诸侯，我们以此为借口联络两家共图霸业。合三晋之力，削弱强国、吞并弱国壮大自身。秦国是魏国大敌，安邑与秦国一河之隔。魏国若想称霸天下必先灭秦国。灭秦之后，再图诸侯。”

不谋而合，这哪里是吴起在说话，分明是魏斯本人在说话。魏斯大喜，举杯道：“灭秦大业交与将军。”

接手伐秦重任的吴起为魏国练就一支钢铁之师，号“武卒”。他们拉十二石强弓，身着三套铠甲，背负五十支箭，手持戈矛，腰间挎剑，带三日粮半天疾行一百里。

只有强壮的体魄和军事技能没用，为了保证这支虎狼之师卖命，国家许诺赏给有功的战士土地和宅院。吴起以身作则，与最下等的士兵吃相同的饭、穿相同的衣服、同打地铺。不骑马、不坐车、亲自背粮，与士兵们同甘共苦。有士兵长痈疮，吴起用嘴吸出脓汁。有如此军官，士兵们怎么肯不卖力。换作那些吃大餐、住宾馆、出门前呼后拥、入门左拥右抱的将军，只有傻瓜才肯卖力冲杀。

吴起放弃一时的舒适生活，赢得无边的富贵与荣耀。与士兵们同睡同起，给他们吸脓算得了什么。贵在坚持，如果一时作秀，士兵们立马认出你的虚伪本质，吴起毕生不改与士兵们同生共死的习惯。那名被吴起吸过脓的士兵母亲听说这件事后，痛哭流涕道："往年吴将军为儿子的父亲吮脓，父亲战死，不知道我的儿子什么时候死啊。"不管多少母亲哭泣，只要吴起一声令下，士兵们勇往直前，生死无惧。

吴起用战绩证明一切。公元前413年，魏军在赵、韩军队帮助下越过黄河，向秦国发起一拨又一拨凌厉攻势，一直打到郑（今陕西华县）。两年时间，魏军先后攻克临晋、元里、洛阴、郃阳等城镇，取秦国河西之地，号称虎狼之师的秦军退守洛水，只能被动防御，毫无还手之力。

西线形势大好之际，魏斯突然决定攻打中山国。

吴起感到困惑，"中山与魏国不接壤，中间隔着赵国，怎么去打？即使打下来，怎么去守？"

魏斯道："知道谁是魏国最大的敌人吗？"

吴起道："秦国。"

魏斯笑了："以前是，现在不是，我们拿下秦国河西之地，设置西河郡，秦国被削弱。如今最大的敌人是赵国，知道赵都中牟在哪里吗？”魏斯自问自答道：“在我们北方边境线上，赵人为什么放弃晋阳迁都中牟？”

吴起答道：“图霸中原。”

魏斯似笑非笑道：“我不会攻赵，三晋同盟不能散架，但我要给赵国屁股上钉一颗钉子，让他投鼠忌器，有后顾之忧。”

吴起道：“赵国不会同意借路。”

“嘿嘿，”魏斯笑得一脸奸诈，“以前不会，现在赵国的大当家赵浣去世，老子没了，我就要欺负欺负小子。”

吴起道：“我不同意攻打中山国，为今之计，应该集中全部的力量攻灭秦国，让他们永世不得翻身。”

魏斯直视吴起的眼睛：“秦国数百年基业岂是一朝可毁，你有几成把握，用时几年可以灭掉？秦国不亡，赵国兴起，那时怎么办？”

吴起一时语塞，魏斯道：“你替我守西河防备秦军反扑，太子魏击协调与赵国的关系，负责物资供应。至于主将人选，我想好了，乐羊。”

虎毒不食子。见过吃儿子的人吗？乐羊是也。

乐羊，宋国人，被魏文侯吸引到魏国。攻打中山国的战役进行得很艰苦，战争进行到了第二个年头仍然没有打下中山国都。并非乐羊能力不济，而是魏国与中山国中间隔着赵国，长途远征，运粮困难。

赵国小当家赵藉原本不肯借道，谋士赵利出主意道：“魏国打不打得下中山国，于赵国只有好处，没有坏处。如果失败，魏军疲惫，国力削弱；如果取胜，魏国必定不能越过赵国守住中山，中山迟早归属赵国，这是魏兵帮着我们打中山啊。”

赵利说得真是太轻巧，赵国以后曾经两伐中山国都没有取胜，一个中山国外加一个强大的魏国，赵国凭什么可以占有呢？赵烈侯之所以最后应允借道，主要出于当时三晋联合的大战略考虑。

赵、魏、韩三家分晋后势力不如晋国。魏文侯设计三晋同盟的战略。韩、赵曾经翻过一次脸。韩国向魏国借兵讨伐赵国，魏文侯不借，说“我与赵国是兄弟”。赵国向魏国借兵，魏文侯也不借，说“我与韩国是兄弟”。凭借信义，三国同盟不断加深。

可惜魏文侯的战略思想没能继续下去，当赵国讨伐卫国的时候，他的儿子魏武侯自恃国力强大，背弃三国同盟，出兵救卫国大败赵国，破坏魏文侯三国同盟大计，遭到秦、楚、赵夹攻，国力日衰。这是后话，暂且不提。

乐羊攻打中山国不顺利，有人对魏文侯说，乐羊的儿子在中山国为官，所以战事没有进展。

魏文侯准备换人。恰在此时，中山国君给了乐羊一个绝好的机会。他们煮杀乐羊的儿子，并赠予一杯肉汤，本意乱其心性。中山国人太小瞧乐羊，这正是乐羊表现的大好机会，他端起肉汤，一饮而尽。中山国人傻了眼。中山国人丧失斗志，魏文侯坚定对乐羊的信心，不再换人。中山国败下阵来，亡国了。

接着便是魏文侯和乐羊两大同门之间的较量，乐羊表现得有些过分，连儿子肉都吃的人，谁的肉不能吃呢？魏文侯想，不能重用你了，用吃儿子的人太危险啦。于是，乐羊被“养”了起来。

## 委任状

时隔不久，三晋联合发兵讨伐齐国，魏斯担任盟主。吴起又不理解，齐国不与魏国接壤，不会造成威胁，伐齐不如伐秦。魏斯道：“你知道我们魏、赵、韩三家国君最想得到什么吗？”

吴起顿时恍然大悟，魏、赵、韩三家分晋自称国君，但是没有得到周王室的认可，缺一张委任状，这一张纸看似无用，实则有妙用。

直接去逼周王室讨封，不给怎么办？用武力去打，天下人会怎么说？他们缺少个中间人。谁能做中间人呢？必须是周王室最信赖的人，最依赖的人。那就是齐国。齐桓公尊王攘夷成就霸业，齐国是周王室眼里的大好人、大善人。

齐国怎么肯替三晋说话，这不等于让齐威侯承认臣子篡夺君位合法吗？如果有人依样画葫芦夺取齐威侯之位怎么办？

不说不要紧，反正齐威侯只是个诸侯，不是周王。那就打你，狠狠地打，往死里打，打到你投降，求饶，帮我们办事。

公元前405年，三晋联军东进廪丘与齐军展开大会战，用机动灵活的步兵一举全歼齐军，缴获战车两千，斩杀齐军三万，三万具尸体堆成两座高山。第二年，联军继续东进，攻破齐国长城，长驱直入，兵围要塞平阴，兵锋指向齐都临淄。

齐宣公姜积一命呜呼，齐康公姜贷继位。齐康公优哉游哉，该怎么玩怎么玩，因为他不管事儿。齐国大权掌握在田氏家族手里，大执政官田和心急如焚。

两个人来出主意。括子说："赵、魏、韩三国没有一家和我国相邻，却越过宋、卫两国进攻我们，既不攻占土地，也不抢掠财物，到底为什么？还不是为了我们国君一句话。让国君陪他们去一趟洛邑朝见周天子，请天子封三家为诸侯。联军必退。"

无害子说道："你这是什么话呀，我们可以割地赔款，但决不能把国君送给敌人做礼物。"

田和暗笑，原来是这么一回事儿，早说啊，我也在等这一天呢，前有车后有辙，只要周天子册封三家为诸侯，我立马废掉齐威侯。

齐康公来到联军军营，联军果然停止进攻。齐康公陪着魏、赵、韩三家君主去朝拜周天子。

在这里，我们要请诸位回答一个问题，括子和无害子两人，日后田和会用谁？

提示一下，赵毋恤已经给过我们答案了。

有人说，无害子。

答对了。

齐康公凄凄惨惨见到周威烈王，对望哭泣，同病相怜。齐国再也无力扶持周王室，姜氏甚至难以自保。两人知道，今日之举是在磨刀，磨一把杀自己的慢刀。承认魏、赵、韩三家诸侯，从此永无宁日，但不至死；不承认的话，有一把更加锋利的快刀等着他们的脖子。

公元前403年，魏氏家族的魏斯、赵氏家族的赵藉、韩氏家族的韩虔派使者拎着礼物去朝见周天子，请封诸侯。家臣异姓强迫周王室封地，周王朝六百年历史所未有过。然而，时过境迁，周王朝不再是文武周公的时代，没有二郎神、哪吒等神仙帮忙，周兵无力对抗任何妖魔。你不准，这批厚颜无耻之徒一怒之下脱离周朝自立王国，天下效仿，那才是王朝最大的悲剧。周威烈王含着眼泪准了。妖魔摇身变成神仙，新诸侯诞生，魏文侯、赵烈侯、韩景侯披上华丽的羽衣。

魏、赵、韩正式成为诸侯，九鼎震，周天子的宝座摇摇欲坠。虽然春秋时代周天子权力已化为乌有，但面子尚存，而今连仅有的一点面子也被撕掉了。

公元前400年，魏文侯领导的三晋同盟又把战争目标对准楚国。联军在桑丘击败楚军，逼楚国退还郑国土地。三晋同盟先后击败春秋三位霸主，拓展领土，魏国国力达到鼎盛，魏文侯当之无愧成为战国第一任霸主。随着魏文侯去世，强大的魏国孕育着衰落的迹象。

## 惧内

酷爱战争艺术的太子魏击继位称魏武侯，魏武侯是吴起的崇拜者，但无法苟同吴起的战略。秦国乃蛮荒之地，一个士风强悍的大国，攻打秦国远没有攻取郑国、宋国、卫国来得容易，中原土地肥沃，人口众多。

魏武侯没有意识到，他的魏国阻塞秦国东进，使齐国无法向西拓地，挡住赵国南下的道路，又使楚国无法北上，他费力抢占的河南地区又遮住韩国东进之路。无论魏国多么强大，最后必将倒在群狼凶狠的利齿下。

魏国的人民和魏武侯一样，沉浸在魏国繁荣强盛的泡沫中，看不到危险，看不到泡沫破裂后的灾难。

魏武侯与吴起等臣子们坐船沿黄河漂流而下，两岸重山起伏、山势险峻，河水翻卷，奔流不息。魏武侯意气风发，赞叹道："魏国多壮丽，山河险固。"王错在旁道："是啊，若修建长城堡垒守卫，霸业可成。"吴起道："地势险要不足为恃，国家强盛在德不在险。王错的话更加不对，夏、商之国不可谓不险，商汤、周武王灭之，强国不是守出来的，是打出来的。"

魏武侯笑了，"我把西河之地全部交给你，怎么样？"

西河之地怎能灭秦，吴起知道想灭秦只能等自己坐上相邦的位置。

公子魏成死了，李悝死了，魏国相位出现空缺，魏武侯任命田文为相。吴起不服气，把田文叫来，希望他能知难而退："咱们两个比一比功劳和才干，用兵打仗我们谁厉害？治理国家我们谁厉害？守卫西河，秦不敢反攻，赵、韩不敢反叛，你能做到吗？"

田文道："我做不到，我不如你。"

吴起道："那你为什么还有脸面做相邦？"

田文道："主君刚刚继位的时候，魏国人民看你呢，还是看我呢？"

吴起沉默不语，半晌道："看你。"

田文拍了拍吴起的肩膀："吴兄，人民不喜欢你。"

吴起的功名建立在战功上，除了西河“武卒”，无论贵族还是平民，都不喜欢吴起。田文死了，公叔座接任魏相。

公叔座之所以战胜吴起，是因为他比吴起脸皮厚。

公叔座能达到此种境界，是因为他的妻子是魏国的一位公主。畏妻之贵，必然怕老婆，娶公主等于做奴隶。

环顾魏国，公叔座最怕的人即是吴起。吴起在魏国一天，公叔座的相位一天不得安稳，因为主子魏武侯是吴起的粉丝。

有一天，公叔座对魏武侯道：“主君不用吴起的伐秦之策，恐怕有一天吴起会离开我们魏国。”

“啊？那怎么办？”魏武侯最怕吴起离开，不光因为崇拜吴起，吴起去哪一个国家都是魏国的威胁。

公叔座缓缓道：“主君必须将公主下嫁给吴起，拴住他的心。”

魏武侯点点头，心道：“吴起之所以得不到魏国人的尊重爱戴，就是因为出身不够高贵。若公主下嫁，可以留住他的心，拜他为相邦的时候国人不至于反对。看来，公叔座真是个忠臣啊。”

见魏武侯同意，公叔座急忙跑到吴府请吴起喝酒。这一场酒宴，简直变成“狮吼宴”。公叔座的公主妻子颐指气使，大呼小叫，一副高高在上的主子形象，公叔座大气不敢出，点头哈腰如同奴仆。

吴起酒喝得没滋味，好歹挨到散场。公叔座亲自送客，吴起道：“公叔贤弟，你在家中的地位太低了吧？”

公叔座苦笑道：“唉！内子是公主，有什么办法，我是度日如年，苦挨人生啊。”

不久，魏武侯召吴起进宫，告诉吴起一件天大的喜事，“寡人准备将公主嫁给你”。

魏武侯兴高采烈地等着吴起惊喜的神色，不承想等来吴起愕然的神情，吴起左推辞右拒绝，不敢奉命。魏武侯满心高兴抛到九霄云外，冷冷道："你回去吧，回去吧！"

我吴起顶天立地，怎么可能受一个女人摆布，太丢人。

吴起内心高傲，不能忍受女人带来的羞辱，不肯接受爱情的束缚，不愿置身围城。

拒绝与公主联姻只有离开魏国，否则"卿相"的梦想永无实现的那一天。将军、荣耀、财富、土地，弃之如敝屣。吴起背起挎包走了，越过黄河向南而去，继续追寻梦想。魏国的南方是一个古老而又美丽的国度——楚国。

## 华丽转身

山随平野尽，江入大荒流。

月下飞天镜，云生结海楼。

万里大江，千里云梦泽，吴起进入虚无缥缈的神话世界，一个很奇特的人在等他，等了很久很久，望眼欲穿。他的名字叫熊疑，又叫楚悼王。

楚国江河日下，远非春秋霸主楚庄王问鼎天下的时代。几年前，楚军在大梁、榆关大败于三晋联军之手，丧失郑国土地。面对中原新霸主的崛起，楚军节节败退，国内暮气沉沉，楚悼王看不到未来，看不到光明。

吴起来了，犹如一盏明灯照亮荒蛮的荆楚大地。

水雾之气笼罩着云梦泽，迷茫飘忽，楚悼王如在梦境。

"寡人做国君十九年，楚国丝毫没有变化，依然地大物博，照旧兵弱国穷。遥想当年，庄王问鼎，灵王北取陈、蔡，席卷东方，图霸中原，何其壮哉。而今韩、魏攻我北疆，我楚军先败于桑丘，又败于大梁，屡战屡败，楚国无人。"

吴起道："楚国遍地人才，只是不能为大王所用。"

楚悼王道："先生什么意思？"

吴起道："孔子曾经到过楚国，楚狂客接舆歌而过孔子曰，'凤兮凤兮，何德之衰？往者不可谏，来者犹可追'。接舆说孔子生错时代，不应该怀念过去的历史，要开创新的未来。还有长沮、桀溺等人都是楚国的贤士，但他们不肯出来做官，为什么？因为大王不给他们施展才华的机会。"

楚悼王道："怎么可能，寡人求才若渴。"

吴起道："那只是大王挂在嘴边的话，试看如今的楚国，官位世袭，财富集中于贵族之家，大王要钱没钱，要官没官，拿什么来激励人才为国家做事，为国家打仗？"

楚悼工沉默不语，隔了好一会儿问道："先生说怎么办？"

吴起道："取消世袭，接受封地的贵族三代之后必须交回土地重新分配。楚国地大，可以把他们再封到边远的地区搞开发。整顿吏治，罢免官员中没有才干者。用他们的官位和封地奖励有功之士，楚国必将大治。"

楚悼王又沉默了很久，说道："先生是在杀富济贫，逼人造反。魏国就是这么搞的吗？"

吴起道："天之道，损有余而补不足。财富集中到贵族们手里，贵族们会超越国君，三晋、齐国田氏无不如此。魏国与楚国不同，魏国是新兴国家，魏氏对内占有其他公卿的土地，对外疯狂扩张，故而有新土地、新财富赏给将士们，而楚国只能回收土地和财富。"

四周的云雾开始散去，山林原野辽远广阔，云梦一望无垠。楚悼王凝神四望，缓缓道："寡人做楚王十九年，一事无成，愧对先王，愧对楚人。想来时日无多，如此大好河山，岂能丧于我熊疑之手，寡人决心变法图强。先生先到宛地暂歇，一年之后请入郢都。"

吴起担任宛守不过一年，楚悼王拜吴起为令尹变法。楚国贵族屈宜臼劝吴起道：“善治国者，不变法律，不变风俗。你改变社会，就会危害别人，危害别人就会引起他们的仇恨。我们的国君一根筋，能活到现在实在算他好运，您现在做国君的替身，离死不远。楚狂客接舆还有一句话：‘已而，已而！今之从政者殆而！’”

吴起笑了：“楚王是天下最英明的大王，给了我实现抱负的机会，我要让楚国变成全天下最强的王国来报答大王的知遇之恩，虽死无憾！”

吴起入楚拜相的具体时间不详，有人说公元前 382 年，有人说公元前 389 年左右，我倾向于吴起执政 8 年的说法，由于《史记》和《战国策》中先秦纪年的混乱和错误，本书的纪年和一些史实难免会有错误。

在吴起调教下楚国的强盛有目共睹，短短数年间，“吴起相悼王，南并蛮越，遂有洞庭、苍梧；北并陈蔡，却三晋，西伐秦”。

不讲国家是否强盛，单论兵势，楚军兵锋所指无有不胜。说起楚国，大家第一印象，似乎整个南方都划在楚国名下。其实楚国没那么大，吴起时代势力才囊括洞庭湖，到达广西北部。长江之南野蛮荒凉，也就吴越之地稍微先进一些。三国时代南方的繁荣尚局限于沿江重点城市，江南大开发始自东晋，盛于南北朝。

陈国和蔡国的土地早已是楚国领土，但是吴起真正巩固下来，挡住韩、魏两国疯狂扩张。

历史给了吴起一次机会，一次证明自己的机会，一次重回故乡的机会。

公元前 383 年，赵国军队大举进攻卫国，魏武侯彻底背弃魏文侯三晋同盟的战略方针亲自带兵援救卫国。

众所周知，魏国衰落于魏惠王（魏武侯的儿子魏罃）晚年，实际上魏国强盛转折点在于魏武侯，这次救卫行动注定了魏国的衰落。

从救援卫国开始，魏武侯把魏国经营重点彻底从西进变为南下，将魏国置于死地，死地则战，此后魏国发起一轮又一轮的大战，结果嘛，事实胜于雄辩。

魏、赵、韩三国之所以结成同盟，一为强迫周天子封诸侯，二为互相依靠拓展生存空间。魏国攻打秦国，赵、韩帮忙；攻取中山，赵国借道；进攻楚国，赵、韩仍然帮忙。三晋联合作战中，魏、韩两国取得郑国和宋国不少土地，赵国在北方，浪费兵力和财力却没有收获，赵敬侯不满意，发兵攻打卫国，包围卫都濮阳，赵兵蚁附登城。

军力强大的魏国视卫国为附属国，魏武侯起兵救卫，大败赵军于兔台。魏、卫联军发起反击，攻克刚平城，直捣赵国都城中牟，赵国向楚国求救。

面对老东家，吴起毫不手软，楚军越过大梁，屯驻林中，先锋强渡黄河，与魏军大战于河南温县，意图继续北上，切断魏国河东地区与河内地区的联系。凭借楚军凌厉攻势，赵军发动反击，攻克魏国棘蒲、黄城等地。

此战是否为吴起亲自领兵不得而知，但如此大胆而精妙的战术布置非吴起没有人能策划得出来。吴起差一点就可以回到家乡卫国，以战胜者的身份，以“卿相”的身份，然而上天最终没让这位游子如愿。

## 悲剧收尾

眼见魏国败局已定，好消息传来，楚悼王死了。楚悼王死的不是时候，再晚死两年，吴起将为楚国巩固河南占领区，上天不让楚悼王看到变法的赫赫战果。

楚悼王心满意足地去世，晚年拼搏一回，楚国的大旗插到了苍梧的群山之中，插到了黄河以北的土地上。他比谁都清楚，吴起活不成，绝大多数楚国人都希望吴起死，因为变法获利者的势力没有巩固。你要剥夺人家的土地，摘掉人家的官帽，人家就要杀死你，谁也挡不住。楚国净是聪明人，老子就是明证。道家学派在楚国影响深远，吴起想玩楚国人，玩不了。

吴起最爱楚王，最恨楚国人，恨楚国人为什么不理解他，恨楚国人为什么不想富国强兵？楚国人已经告诉他了，能打仗没有用，兵强没有用，严法治国没有用，统一天下没有用。

楚悼王的灵堂上，楚国贵族们带领甲兵冲进来，燃烧着仇恨火焰的长箭暴风骤雨般射向吴起。吴起扑倒在楚悼王的身边享受着羽箭穿身的感觉。他很欣慰，完成了对母亲发过的誓言，得到“卿相”，按照自己的理念风风光光地治理了一把国家，死不足惜。吴起笑望着那些放箭的楚国人，心道：“射吧，射吧，越多越好。”

吴起死了，射他的人也死了，因为他们射杀吴起的同时急如骤雨的长箭把楚悼王的尸体钉成刺猬，七十多家贵族惨遭灭门。

吴起的人生固然绚烂多彩，但有一个词叫作“适可而止”。燕将乐毅说过一句话，前秦相国王猛奉为格言：“善作者不必善成，善始者不必善终。”这是乐毅用一生的荣耀与痛苦换来的人生至理。

吴起在楚国变法之所以失败，是因为楚国文化与法家思想格格不入，屈宜臼与吴起辩论时说：“怒者逆德，兵者凶器，争者人之所去也。”清楚地表明了楚国人的态度。“愤怒是人最不好的品质，武器是最凶残的器械，人们要抛弃战争。”

吴起时代的楚国从一个方圆百里的小国，三百余年间发展成为纵横数千里的大国，地大物博，不缺钱不缺粮，有自己的法律和生活习惯，人民物质和文化水平很高。你再让他们勒紧裤腰带去拼命干活、牺牲生命争霸，他们不想也不愿意。

事实证明“无为而治”的道家思想并非不切实际的虚幻。秦国一统六国为汉朝做嫁衣。刘邦废除秦国苛政，约法三章，汉文帝和汉景帝继续着“无为而治”的国家战略，奠定汉王朝四百多年基业。

吴起供职三国，三起三落，均与鲁、魏、楚三国的国家战略息息相关，鲁国不想称霸，一代名将吴起反倒成为国家的累赘；魏国国家战略从进攻秦国转向进攻中原时注定吴起不可能成为国相，被逼出走；当吴起试图改变楚国人“无为而治”的思想时，最终付出生命的代价。

吴起之死使楚国与魏国较量的天平发生倾斜，魏、楚之战持续四年之久，楚军兵败榆关，丧失河南土地，魏军一直打到鲁阳。大梁重新回到魏国手中，有朝一日大梁将变成魏国的新都。

鹬蚌相争，渔翁得利。韩文侯攻郑伐宋，侵占宋国大片土地，吞并郑国，迁都新郑，赵国继续夺取卫国土地。

公元前370年魏武侯死了，两个儿子公仲缓与魏罃为争夺国君之位大打出手，韩、赵两国出兵帮助公仲缓大败魏军，将魏罃包围在浊泽。

眼见大功告成，两个强盗为分赃的事撕破脸。按赵国的意思，杀死魏罃拥立公仲缓，魏国割地赔款。韩国意思，一个也不杀，立两个魏侯，分两个魏国。无疑韩国想得长远，魏国过于强大，一分为二，永远构不成威胁。赵国急于得到土地，如果一分为二，魏国不会再给那么多土地城池，因此坚决反对。韩国一怒之下扔下赵军和公仲缓退兵。魏罃打败联军，登上国君之位，是为魏惠侯。

三晋联盟正式宣告破灭，中山复国，秦国大举反攻西河，取得石门大捷，斩首六万魏兵，考验魏惠侯智力的时候到了。

魏罃，未来的魏惠王，做了五十年国君。战国182年，他占到四分之一多的时间。他亲手把魏国带上巅峰，又目睹魏国走下神坛。魏罃心中念念不忘称王，不惜把魏国送到火炉上面去烤。

魏国不乏人才。魏罃用公叔座而不用卫鞅，用庞涓而不用孙膑，用惠施而不用孟子。魏国吸引了很多人才，也流失了很多人才。

孟子第一次见魏罃，那时魏罃已称王，因为他迁都大梁，故而又称梁惠王。魏惠王见到孟子第一句话就说：“你千里迢迢来到我国，能给魏国带来什么利益啊？”孟子回答道：“大王为什么要讲利呢？如果大家都讲利的话，最吃亏的就是大王您，您不应该讲利，要讲仁义。”

魏惠王丧失的第一个人才，就是卫鞅，即后来的商鞅。

第三章

# 商　鞅

——毁誉参半

商鞅，后世争论很大，有人称之为神，也有人称之为魔鬼。之所以称之为神，是因为他变法图强，使秦国强大；之所以称之为魔鬼，是因为他杀了太多的人，一百多年来，为其新政而死的人更是不可胜数。足以与华山比高，足以填满黄河。他改变秦国人的生活方式，为秦国人设计出一条崭新的道路，生孩子、种地、打仗、死人……循环往复，直到秦国灭亡。商鞅最终被车裂分尸，车裂是将头和四肢分别拴在五辆车上，五匹马驾车朝五个方向拉去，肢体一分为六。遭受如此酷刑，秦人不怜。无论新法受益者还是受损害者，没有人同情商鞅，尽管秦国人仍然沿用他制定的国家政策。

## 毁　人

商鞅原名公孙鞅，卫国人，他和吴起同为平民，但内心深处比吴起高一等，因为吴起祖祖辈辈为平民，商鞅祖先与卫国国君是兄弟，也姓姬（周王朝的国姓），故而又叫卫鞅。

卫鞅满腹才华，有抱负，从小喜好刑名之学，刑名之学笼统讲就是法家。韩非子之前法家分三派，慎到的“势”派，申不害的“术”派，卫鞅的“法”派。法家集大成者要属韩非子，融势、术、法于一家。

卫鞅的法派，说白了就是国家制定法律，人民无条件遵守。无论是谁，不分贵贱，不管法律好与坏，不许评论，只许执行。

有人会说，太霸道太不讲理了。就霸道，就不讲理，这就是法派。

战国是人才表演的舞台，第一出争霸大戏的中心在魏国，卫鞅来到魏国，投身魏相公叔座门下担任中庶子——相国跟班、侍卫之臣。

公叔座一生毁人不倦。公叔座毁人自有道理，他是相国，一人之下、万人之上，遇到更有本事的人才会取代他的位置，不得不毁，不能不毁。

照说公叔座压制人才，人们应该恨他才是。首先受压制的人应该恨他，其次君主应该恨他。然而，谁都说他好。不可思议吧？

吴起被折腾走了，吴起恨他吗？不恨。吴起只能恨自己，谁让你拒绝公主婚事呢。魏武侯失去一双臂膀，恨他吗？不恨。只恨吴起不识抬举，魏国池水浅养不了大鱼。

公叔座会做人。公元前362年，魏、赵、韩三国之间爆发一场战争，公叔座率魏军大败赵、韩联军于浍水，生擒赵国大将。魏惠侯大喜，亲自到郊外迎接，赏赐田地一百万亩。公叔座不要，对魏惠侯说，仗打赢了五个人有功。第一个主君您，英明领导，指挥有方；第二个吴起，为魏国训练出勇往直前的士兵；第三个两位副将；最后才是臣。

魏惠侯好感动，谁说公叔座排挤吴起呢？瞧人家这高尚的品德。吴起早没了，但后人还在魏国，赏他们田地二十万亩；副将各赏田地十万亩；公叔座再加赏田地四十万亩。好家伙，两句话下来，公叔座得到田地一百四十万亩。

公叔座正风光，秦军趁魏、赵、韩大战之机攻打河西重镇少梁，公叔座只得率魏军长途跋涉援救少梁，战局可想而知，秦军以逸待劳大败魏军，生擒公叔座。

不能据此认为公叔座军事指挥能力差，战术能力再强的将领也难以挽救国家战略方向的错误，放弃三国同盟是魏国最不明智的选择。

公叔座刚刚经历浍水大胜，吹牛皮的话言犹在耳，一下子颜面扫地，做了战俘。好在秦国国君秦献公是魏国资助回国的，当时公叔座一手策划。性命无忧，秦国人把他送回魏国。

公叔座气恼不已，年纪大受不了折腾，一病不起。

公叔座想起卫鞅，论政治，一个比吴起还有才干的人。现在卫鞅再怎么有才也威胁不到自己，因为公叔座马上要去另一个世界继续奋斗。

弥留之际，魏惠侯来看望老相邦。魏惠侯心情不好，少梁战败第二年迁都大梁。不迁不行，秦军打到黄河边的少梁（今陕西韩城），渡过黄河可直取国都安邑（今山西夏县）。如果到时候韩、赵两国落井下石，切断上党交通线，魏国空有大片河内国土支援不上。再说，韩、赵不再是坚定的盟友，说不定哪一天他们联合起来一起进攻安邑，没跑儿。

老相邦误我啊，才打个胜仗，说寡人指挥有方，败仗不是寡人指挥无方吗？你要是打赢，咱们何至于千里大搬家，灰溜溜如丧家之犬。可是公叔座病重，时日无多，人家为魏国辛苦一辈子，这关头不能说扫兴的话。

魏惠侯问公叔座："您要舍弃我而去了，魏国的江山社稷怎么办？"

公叔座爬不起来，喃喃道："我的侍从官卫鞅虽然年轻，可是才华出众，实属天下奇才，希望主君对他言听计从，将魏国托付此人。"

魏惠侯沉默不语，直到走都没说一句话。公叔座明白，等魏惠侯将要离开之时，屏退左右，挣扎着说道："主君如果不想用此人，万万不可让他离开魏国，杀之。"

魏惠侯见公叔座一脸急切的模样，心中不忍，安慰道："好啦，好啦，寡人听你的。"

魏惠侯一行人走出公叔座府第，魏惠侯对左右道："公叔座真是病糊涂啦，让我用卫鞅做相邦，太荒谬。"

卫鞅何许人，魏惠侯没听说过。他有如此反应很正常。卫鞅在公叔座府中待了肯定不止一两天，如果真是天下奇才，你头脑清醒时为什么从来不跟我提起此人呢？病得一塌糊涂，快见阎王的时候才说，这不是发高烧说胡话嘛！

魏惠侯哪里猜得透公叔座的心思，那是老谋深算。魏惠侯刚走，公叔座紧接着把卫鞅叫到府里、喊到床边，悄悄说道："卫鞅老弟，我不行了。你才华过人，我知道，这些年委屈你在我府里做事。今天我向主君推荐你担任魏相，看那意思主君不同意。你知道我这个人，先公后私、先君后臣、先忠后义。我劝主君不能用就杀你，他答应我了，你快跑吧！"

公叔座喘着气，好不容易把这一通话说完。卫鞅眼珠子转了转，回答道："感谢相邦知遇之恩，主君不肯听您的话重用我，自然不会听您的话杀我，我哪里也不去。"

卫鞅猜得没错，魏惠侯早把卫鞅这个人遗忘到爪哇国了。印象一经种下，再难以改变，卫鞅在魏国无用武之地，只有跳槽。

## 跳　槽

跳槽是门艺术，为了更好地实现自身价值，要找一处最适合自己的地方。卫鞅抱定以法治国的理念，不能去弱国。法治是霸道，只能去有志争霸的国家。列国之中强国有七，齐、楚、燕、韩、赵、魏、秦。不想成刺猬，楚国不能去；韩国有同行；赵国公仲连的变法接近尾声；齐国人才济济，稷下学宫有多少人才，况且齐国人太精明。

以法治国最好找文化比较保守的国家，好管理，那就是秦国和燕国。

秦国是唯一保持着井田制的国家。大家知道，井田分公田和私田，公田是集体的，私田是个人的。西周时代，大家在公田一块耕种，一起生活，相濡以沫，互相帮助。春秋时期很多国家井田制瓦解，人变聪明了，干吗给集体出力，都忙活私田。各国公田野草丛生，唯独秦国公田一片绿油油。

去秦国还是去燕国呢？可巧秦献公病死，秦孝公继位。年轻的秦孝公野心勃勃，希望一改秦国的柔弱，向天下宣告："有使秦国富强者，裂土分封。"

卫鞅来了，"裂土分封"的诱惑力实在大得惊人。

到秦国求职的人才不止一个卫鞅，可能有十个卫鞅，也可能有一百个卫鞅，脱颖而出全靠自己的才干。

卫鞅分析过秦国最需要什么，从外部打听、考察过秦孝公为人，有一个大体的认识。然后，贴上秦孝公的宠臣景监，从他的嘴里可以得到一切有关秦孝公的东西。

卫鞅和景监交上朋友。有景监的推荐，卫鞅顺利见到秦孝公。卫鞅谨慎，不肯冒险，毕竟能否征服秦孝公的心关系一生荣华富贵，他还要再试探。

## 坐　谈

卫鞅滔滔不绝地说了很久，秦孝公开始挺兴奋，后来没了精神，听得直打瞌睡。第一次会面结束，秦孝公十分生气，对景监道："你介绍的什么能人，说话不着边际，漫天耍糨糊，云山雾罩，这都什么乱七八糟的，你让我怎么用他？"

景监板着脸，回来教训卫鞅："你不是说你有才嘛，才在哪儿呢？"

卫鞅笑了："别生气，不要紧，过五天你让我再去。"

谁让两人是好朋友呢，景监答应下来。

秦孝公和卫鞅第二次谈话后，秦孝公和颜悦色地对景监道："你的这位能人，我看行，多少能谈得来。"

卫鞅故作神秘地对景监道："放心吧，下回再去，一准让主君用我。"

两人第三次见面，卫鞅一改前两次的温和儒雅，慷慨激昂，说得火花四溅。秦孝公简直像个小学生，崇拜地望着卫鞅，不知不觉一点点向他那边靠近，膝盖到了座席的尽头。

两人一直聊了几天，没说够。景监纳闷，我家国君从来没和一个人聊得这么开心，"卫鞅，你使什么法术让主君入魔了？"

卫鞅一脸得意："兄弟，第一次，我说的是王道，三皇五帝的治国之道，没有百十来年不见成效，所以主君不喜欢听。第二次，我讲的是争霸天下的霸术，二十年可见成效，主君有点喜欢。第三次，我讲的是法术，一年可见成效，所以主君入迷。嘿嘿，只可惜秦国永远不可能达到商周那种水平啦，能存在多少年就不知道喽。"

卫鞅之所以第三次才把"以法治国，富国强兵"的那套理论拿出来，是因为他拿不准秦孝公的心理。

卫鞅必须亲自和秦孝公过过招，摸摸他的底细，按照秦孝公的心思拿出一套切实可行的治国方略。

以法治国，尤其是卫鞅的所谓"法"派，纯粹急功近利。商朝推翻夏朝的统治，用了一代人的时间；周朝推翻商王朝的统治，用了文武两代人的时间；秦国一统六国，从商鞅变法开始，动用七代人的时间，而灭亡仅仅两代而已。

这个道理卫鞅懂，但秦孝公喜欢用，那就给你用。

## 变　法

变法的核心即将秦国变成一辆高速运转的战争机器。

公元前356年，秦孝公任命卫鞅为左庶长，实行第一次变法。变法重点有四：酷法治国，以刑去刑，一人有罪，十家处罚，轻罪用重刑；奖励军功，禁止私斗；重农抑商，奖励耕战；焚烧儒家经典，愚民。

公元前350年，卫鞅升任秦国最高长官大良造，第二次变法开始：废井田，开阡陌；推行郡县制；迁都咸阳。

秦国发生翻天覆地的变化，这些变化到底是好是坏呢？

历史学者们都说，秦国就此富强。富强在哪里？因为国家钱多了，秦军战斗力增强，最后统一六国。

国家钱多那是因为秦国税重，秦军战斗力增强不能全部记在新法名下。卫鞅未到秦国之前，秦献公四次大败魏军，武都、洛阴、石门、少梁，尤其石门之战，秦军斩魏军首级六万，少梁之战生擒魏国主将，逼魏人迁都，控制河西大部分土地，即使卫鞅不来，秦国国力也已经复苏。反观变法之后，秦国虽一度攻占安邑，但魏惠侯与赵、韩讲和反攻秦国，转攻上郡，秦孝公只得求和。秦国历史上本是个强国，秦穆公一度称霸，何来变法强国之说。

废井田，开阡陌，对于秦国人来说根本没有增加多少产量，因为秦国人的井田原本就生产得好好的，无非把公有制变成私有制。

郡县制，似乎大家众口一词说好。

迁都咸阳更不值一提，秦献公已经把都城从雍（陕西凤翔）迁到栎阳（今西安市阎良区），卫鞅又迁到渭河北面的咸阳。咸阳与栎阳一河之隔，什么交通便利、向东图霸中原云云都是扯，无非卫鞅讨好秦孝公建造雄伟宫室而已。

为顺利推行变法，卫鞅精心设计一出“徙木立信”的骗局。卫鞅派人把一根三丈长的木头放在国都市场南门，下令说："谁能把木头搬到北门去，奖赏十金。"围观的老百姓心想不可能啊，这么容易得到十金，世间哪有天上掉馅饼的好事？没人去搬。卫鞅把奖赏提到四十金，终于有一个无赖把木头搬到北门，奖赏兑现。老百姓相信卫鞅令出必行。

接下来还有没有这等好事？没有了。

变法之初有人说新法的坏话，新法执行一段时间，这些人又说新法的好话。卫鞅将这些人一律发配边地劳改。禁止你说话的权利，这就是法家拿出的对策。

坏话让人说，好话反而不让说，这种法律好吗？焚书愚民好吗？轻罪重罚好吗？新法最好的一条莫过于奖励军功。

秦国为新法死了多少人。为什么秦国打一阵要休息一阵，适龄青年军人死得太多，在等小孩子长大。统一六国后，六国成了秦始皇的私产，秦国人分到多少地？那些分到手的土地留了几年？

只有为数不多的秦国人发出微弱的反抗声，甘龙和杜挚与卫鞅展开辩论，卫鞅用一句傲慢的话把他们打了下去："成大功者不谋于众。"

公孙贾和公子虔对新法不满意，却不敢公开对抗新法，他们知道有一个人可以违反新法不受处罚。只要有人违反新法不受处罚，那么就会有第二个、第三个……那个人就是太子。太子会带头违反新法吗？他们有办法，因为他们是太子的老师。

太子果然违法，卫鞅比他们想象得精明。卫鞅没有处罚太子，只是割掉公子虔的鼻子，在公孙贾脸上刻下永远无法消除的耻辱字迹。

新法不折不扣地推行，秦国人以难以想象的善良和坚忍承受着残酷的秦律，短短十几年，秦国路不拾遗、山无盗贼，军力强大，各个诸侯国争先派出使臣巴结秦国，连周天子也派人送来祭肉，表示对秦国的崇宠。

谁最开心，秦孝公最开心。

## 诡　诈

卫鞅也开心，得到无尽的荣华富贵。卫鞅知道，若想得到封地必须有战功，这是新法规定的。换成吴起，打几场胜仗，抢几块土地，轻松容易小意思，卫鞅没有军事才干。天下事只有想不到，没有做不到，上天给了他一次机会。

公元前 341 年，战国最强大的“武卒”大败于马陵，太子魏申被擒，指挥官庞涓自杀，魏国遭受到前所未有的惨败。中原大战，韩、赵、齐三国围攻魏国。第二年，卫鞅带着一贯的奸笑，率领大队秦军向魏国发动攻击，魏将公子昂迎战。

卫鞅给魏军指挥官公子昂写了一封信，信中诚恳地说道:“我与公子昔年相交，而今我们年近半百，追忆往事，感慨万千，不想今日竟为仇敌。若非故人，我必将与之刀兵相见。面对公子怎能忍心。不如你到我营中，我们订立盟约，两国从此休战，将士不再流血，百姓安居乐业，岂不更好？”

公子昂喜出望外，魏国受四国攻击，顾头不顾尾，若能与秦国签订互不侵犯条约，那可是大大的功劳。为表示诚意，公子昂仅带数人赴约。结果可想而知，卫鞅可以欺骗所有秦国人，一个小小公子昂自然不在话下。将公子昂抓起来，秦军全面出击，大败魏军。

兵者诡道。这件事只能怪公子昂无知，不能怨卫鞅不守信用。仗打赢了，卫鞅高高兴兴回秦国领封地。秦孝公把于、商十五城封给他，从此我们要改口叫商鞅，尊敬一些，要叫“商君”。

商君好日子看到头，因为秦孝公病重。一个叫赵良的人来到商君的府第，他要告诉商鞅，秦国有人，秦国人不全是傻瓜，只是我们善良，只是我们能忍耐。

商鞅见到赵良很高兴，赵良是个品行高尚的人。商鞅不喜欢与赵良做朋友，但秦国人如果见到他们两个交朋友，会认为商鞅品德高尚。于是商鞅道：“我们可以做朋友吗？”

赵良道：“不可以，我不会和坏蛋做朋友。”

商鞅轻轻哼了一声：“看来你非要从鸡蛋里挑骨头，我把秦国治理得如此强大，人民如此听话，百里奚比得过我吗？你们秦国人还有什么话说？”

赵良道：“百里奚做秦国的执政，东伐郑国，三立晋君，挽救楚国于危难之间，天下归心。他出行从不带警卫，从不坐车，死后秦国人痛哭流涕。您呢？没有警卫您敢出门吗？”

商鞅冷冷道：“这么说来，你在威胁我？”

赵良道：“事实摆在眼前，您严刑峻法，不把秦国人当人，秦国人也不会把您当人。如果您的靠山死了，您离死亡只有一步之遥。如果您现在退回封地，交出大权，找个地方退隐种地，尚有一线生机。”

商鞅哈哈大笑：“好主意！这样你们秦国人就可以杀死我，难为你想得出这么妙的主意。”

话已至此，两人不欢而散。

秦孝公病危，临死把商鞅叫到床边，诚恳道：“商君为秦国立有大功，寡人无以为报，情愿禅位于商君，看在秦国子民分上，万勿推辞。”

商鞅一时间汗流浃背，秦孝公不信任他，试探他，如果接受这一提议，他会比秦孝公先知道阎王殿的模样。

秦孝公的手法流传后世，成为君主经常用来试探权臣的一招，蜀汉先主刘备、前燕皇帝慕容儁都曾经用过。虽说“人之将死其言也善”，但是还没有一位大臣傻得以为君主真的会禅让君位。

商鞅认为只要秦国不改变他创立的制度，他就不会死。但是，很快他意识到自己错了。

继位的惠文君要他死，因为只有商鞅死才能平息秦国人积压已久的愤怒；也只有商鞅死，惠文君才能享受真正的权力。必须给商鞅安一个罪名，被商鞅割去鼻子的公子虔恶狠狠地说出两个字："谋反。"

狡猾的商鞅意识到不妙，提前逃跑，他还想回到魏国去。商鞅清楚记得六年前的逢泽之会，是他商鞅第一个劝魏惠侯称王，虽说那时是想把魏国架到火上去烤，但毕竟魏罃当上了第一任魏王。那个爱慕虚荣的魏惠王永远不会猜透商鞅的阴谋。当时魏惠王握着商鞅的手说："先生，寡人最懊悔的一件事，就是没有听公叔座的话用你为相啊。"

有魏惠王这句话，只要商鞅到达魏都大梁，他照旧做相邦，到那时你们秦国人会为此付出代价的。可惜商鞅永远到不了大梁了，魏国边境的守军不会让他再走一步。他欺骗公子昂，杀死无数魏国将士，现在像一条落水狗，就差最后一块石头。

万般无奈之下商鞅回到封地，还有最后一招，跳墙。跳墙很危险，容易摔死，商鞅摔死了，区区封地的自卫队哪里是正规军的对手。秦国人没有放过他的尸体，车裂分尸，一个野心家的故事结束。

商鞅死得很值，法家开始在秦国生根，牢牢生根，用不了多久，李斯和韩非子会来继承他的衣钵，继续伟大的事业。

使卫鞅变成商鞅的人，是一个可敬的残障人士。他非常平凡，友善而又诚实，腼腆而又好学，对人生充满憧憬和渴望，正是世间所谓伟大友谊害了他，让他失去双脚，让他意识到世界的残酷。

第四章

# 孙膑和庞涓

## ——友谊的脆弱

## 高山流水

孙膑和庞涓是朋友，很好的一对朋友，而且他们是同学，同窗之谊纯洁高尚、一尘不染，因为那时年轻，未经社会金钱名利的诱惑，没有俗世权谋机诈的污染。

孙膑和庞涓的老师无可考证，史书没有记载，相传二人同拜鬼谷子为师。鬼谷子确有其人，千百年来已如神仙，因为他有两位著名的高足，张仪和苏秦。张仪连横，“一怒而诸侯惧，安居而天下息”。苏秦反间，“兼三国之相，鼓动五国攻秦，助弱燕破强齐”。徒弟名动天下，师傅名声自然更强。孙、庞二人是战国初期的名将，人们将他们归于鬼谷子门下亦是合情合理。

没有友谊的世界只是一片繁华的沙漠，孤单行走沙漠的寂寞可想而知。

谁也不想寂寞。高山流水，同心相知。同为优等生的孙膑和庞涓的友谊如醇酒一样甘甜，昼则同窗，夜则同寝，吃着相同的饭菜，住着相同的屋舍，饮着同一道山泉，走过同一条小路，唱着同一首山歌，学着同样的兵法谋略，渴望着相同的功业。

战国给军事谋略家们提供了一个表演的舞台，军事人才是战国时代最炙手可热的行业，它的前途无限光明。

庞涓下山，豪情万丈，带着年轻人对未来的憧憬。孙膑十里相送，盼望师兄从此长风万里，大展宏图。

庞涓与孙膑道别：“他日若得富贵，定不相忘。”

孙膑时刻记得师兄的话，“我们的前程必如繁花，因为我们才华出众，天下属于你我二人”。

战国永远弥漫着兵戈之气，没有一个国家畏缩，像一头头凶猛的狮子虎视眈眈。秦国崛起；齐国田氏步三晋后尘，夺取齐国政权，列为诸侯；韩昭侯起用申不害变法，国力日强；燕国也在兼并战争中露出峥嵘。齐、楚、燕、韩、赵、魏、秦七雄并立形势确立。

魏惠侯迁都大梁，企图重新修复破碎的三国同盟。他与韩昭侯在巫沙会面，与赵成侯在葛孽相会，费尽唾沫，磨破嘴皮，可惜破镜难圆，由于三国的利益冲突和不信任，昔日的三国同盟无法再现，更不用说重新拥立魏惠侯为盟主。

眼见外交努力失败，魏惠侯再次挥起戈矛，他要用武力让赵、韩屈服，使魏国重新成为天下霸主。

庞涓来到大梁，因为他是魏国人，为自己的家乡效命是每个人的第一选择。望着高大宏伟的国都，庞涓知道，新的人生开始了。

庞涓选对了职业，所以仕途非常顺利。求才若渴的魏惠侯任用庞涓为将，出动魏国强大的军队进攻韩国。宅阳之战，魏军击败韩军，逼迫韩昭侯重新回到巫沙的谈判桌上，承认魏国盟主地位。

庞涓一战成名，深受魏惠侯器重。他没有忘记下山时的诺言，给孙膑写了一封信，让他到魏国来。庞涓兴奋地写道：“就像我们以前预料的那样，凭借你我的才华，天下不足平。”

孙膑下山了，带着对友谊的怀念和对建功立业的渴望来到庞涓身边。

他们谁也没有想到，人性的丑陋把伟大的友谊涂抹得漆黑一片。

其实每一个人早就应该清楚，乌鸦是黑的，从一开始就是黑的。

魏惠侯从卫鞅一事中吸取教训，擦亮眸子，饶有兴趣地观察着臣下们，甚至不肯放过他们的门客。

一个腼腆的年轻人用他特有的气质和才华打动了魏惠侯，他问庞涓:“这个人是谁？”

庞涓回答道:“臣的师弟孙膑。”

魏惠侯的眼睛一亮:“你的师弟，这么说他绝不是一个平庸的人。”

庞涓道:“那是当然，孙膑才华不在臣之下，有过之而无不及。”

魏惠侯笑得很灿烂:“看来魏国人才济济。”

庞涓突然感觉一阵难过，从未有过的难过。这个世界上唯一能够超越他的人就是孙膑，虽然孙膑不是敌人，但比敌人更具威胁。魏惠侯一定会用他，孙膑的功业迟早超越自己，魏国第一名将的头衔势必落到他的头上。

庞涓受不了欲望的煎熬，后悔把孙膑召到大梁。现在没有别的办法，只有除去昔日的好朋友，才能保证一生的荣耀。

幸福来得如此突然。一个齐国平民，刚刚毕业的高才生，在遍地高大男人的齐鲁之邦，身高只有一米六的孙膑实在只能算其貌不扬。有师兄提携，免去面试的苦恼，而且竟然有幸见到最大的老板，前途无可限量。孙膑活在天真里，展望着充满鲜花的未来，甚至一度相信书上所说——“北人南相、南人北相者贵”。

孙膑没有人生经验，怎么也不会想到最好的朋友会害他。

孙膑莫名其妙地触犯了法律。战国法律残酷，孙膑被砍去双脚，脸上刺字。这是何等的痛苦和羞辱，战国法家摧残人的肢体，宋明理学禁锢人的心灵，西方文明放纵人的欲望，难道就没有一条美好的路让人们走？幸福地走？

庞涓冷漠地注视着昔日的好友，心情复杂，良知难以战胜欲望，

“你别怪我，怪只怪你为什么比我强，现在的你永远不可能再超越我”。

人终会醒悟，不要企盼世人永远做傻瓜。孙膑残废了，头脑却清醒了，人在世界上打拼，不能靠施舍，要靠奋斗，自己的奋斗。

以恩报恩，以怨报怨，大丈夫恩怨分明。孙膑要离开魏国，要报仇雪恨。天下之大，哪里是一个残障人士的容身之地？

孙膑想到自己的故乡——齐国，他洞察到齐魏之间必有一战，那将是孙膑雪耻的最好机会。

魏军包围韩国宅阳的同时赵成侯出访齐国，目的不言而喻。公元前356年，在魏军强大的攻势面前，韩国终于屈服，韩昭侯、鲁共侯、宋桓侯、卫成侯等国君同时来到大梁，承认魏国霸主身份，以魏、韩为轴心的军事同盟宣告成立。

赵成侯不甘示弱，与齐威侯、宋桓侯相会于平陆，接着马不停蹄去燕国访问，赵、齐军事同盟浮出水面。双方外交穿梭繁忙，剑拔弩张，大战一触即发。

孙膑来到齐国驻大梁大使馆，见到齐国外交官。

孙膑说了一句话，淡淡的一句话：“魏国与齐国即将发生一场战争，我知道魏国的一切。”

齐国外交官惊诧地望着这位失去双脚的年轻罪犯，问道：“你是谁？”

孙膑一脸平静，缓缓道：“孙膑，魏国将军庞涓的门客。”

两人谈了很久，齐国外交官不仅相信孙膑确实知道魏国的战略计划，而且相信孙膑是天下奇才。

一辆马车把孙膑偷偷载到齐国都城临淄。

那是一座繁华的都市，“举袂成幕，挥汗成雨”，人民生活富足而又愉悦，吹竽、鼓瑟、击筑、弹琴、斗鸡、赛狗、下棋、踢球，与酷法之下苦苦煎熬的秦国人民相比，简直就是天堂。

奢侈滋生腐败，富足使人丧失斗志。在群狼夺食的战国，生于温柔之乡的齐国人如何是强敌的对手，几乎亡国。可是齐国人神奇般起死回生，因为他们有一个神奇的国君，齐威侯田因齐。

## 一飞冲天

太史公写史不喜欢描绘人物的外貌，可能吝啬竹简，钱不够用。当时的人们不知道《史记》的重要性，换成今天，有钱人恐怕会争先恐后给太史公运竹子、盖仓库，希望名垂青史。

田因齐继位之初喜欢喝酒，喜欢音乐，喜欢美女。不过，他喝起酒来没头没尾。国君宴席多，场合多，一顿接一顿，一场接一场，不分白天黑夜，“好长夜之饮”。政事一概不操心，交给大夫们去处理。

各国诸侯一看，田因齐小兄弟有意思，整天喝得烂醉，哪里看得住家，于是纷纷下手。鲁国离得最近，下手最早，接着魏国、卫国、赵国一人割一块地走了。田因齐做国君一年，丢了四块土地。

淳于髡看不下去。淳于髡不当官，只是当时齐国稷下学宫的一名学者。他是山东龙口人，只是个子比孙膑还矮，不满一米六，看来齐鲁之地矮个子也不少。

淳于髡给田因齐讲了一个故事，好像这个故事楚庄王也听过，说：“国中有一只大鸟，落在王宫庭院里，三年不飞，三年不鸣，不知道是什么鸟？”

田因齐眉毛竖了竖，环顾宫廷，似乎在找那只大鸟，随后撇着嘴道：“这你都不知道吗？此鸟不飞则已，一飞冲天，不鸣则已，一鸣惊人。”

淳于髡心满意足离开王宫。淳于髡非常精明，有话不明说，不得罪人。你是齐国国君，我管不了那么多，又不能眼睁睁看你败家，讲个寓言，聪明的话，听得出其中的道理，听不出来也没办法，我尽到力啦，对得起稷下学宫的那份工资待遇。

田因齐这只大鸟确实叫了，也确实飞了。

田因齐的叫声突兀惊人，他把各地的官员们叫到国都开会，会场事先架设一口大锅，水烧得滚烫。

田因齐开始点名，第一个叫到即墨大夫，说:“你到即墨任职以来，不断有人说你无能。但是我知道即墨治理得很好，老百姓丰衣足食，地方太平安稳。说明什么呢？说明你有才能，而且不行贿。我赏你一万户。”

第二个点到阿地大夫，说:“你任阿地大夫以来，天天有人在我跟前称赞你。但是我清楚阿地田地荒芜，民生艰难。赵军入侵甄城，卫军攻占薛陵，你不管不问。说明什么呢？说明你道德败坏，能力低下，而且向我身边的人行贿。”

田因齐说完，下令将阿地大夫及平时称赞阿地大夫的人一个个扔进大锅里煮。望着翻腾的热水，听着凄厉的惨叫声，人们这才知道田因齐是位英明而又凶狠的国君。

田因齐集结军队逐一收复失去的土地，不仅将他在位时的失地收回，连同前代君王的一些失地也拿了回来。

一时间，田因齐威震天下。孙膑在赛马场第一次见到齐威侯田因齐。

齐国人不仅斗鸡、赛狗、赌球，还赛马。除游牧民族之外，赛马是一项贵族运动，是齐国宗室公子们最喜欢的运动。

经齐国外交官介绍，孙膑成为齐国将军田忌的门客。田忌非常赏识孙膑，待遇超过常人。孙膑的遭遇实在催人泪下。

田忌，赌徒一个，经常与齐国贵族们聚在一起赛马。田忌谁都能赢，就是赢不了齐威侯田因齐，每次都输，因为田因齐的马都是一等一的骏马。田忌好马虽多，但还差那么一点点。

孙膑观察几次，对田忌道："下一次您下大赌注，听我的，保管您赢。"

田忌二话没说，答应了，他相信孙膑如同相信自己一样。

田忌甩出千金赌注。田因齐乐了，就不怕赌徒发狂，越发狂离死越近。

比赛即将开始，孙膑对田忌道："您用上等马对主君的中等马；用中等马对主君的下等马，用下等马对主君的上等马。三局两胜，必赢。"

田忌赛马故事千古流传，其中技巧更是不断被沿用。

田因齐输了千金，心服口服，对田忌道："你小子行啊，跟我要滑头，这主意谁教你的？"

田忌笑道："孙膑。"

孙膑见到田因齐——齐国的最高统治者。

田因齐默默注视着孙膑，突然道："你像我，又不如我。"

齐威侯面带难以捉摸的笑意，继续说道："像我，是你聪明；不如我，是你不知韬晦，不懂装糊涂。"

见孙膑不作声，田因齐说道："我刚刚做国君的时候，没有威信，谁都不服。宫廷中的人不服，大夫们不服，老百姓不服。我就装糊涂，我喝酒，我听歌，我不管事儿。他们以为我真糊涂，于是肆无忌惮。结果你看到了，煮了几个倒霉蛋。现在还有谁不服？谁不服煮谁，因为我抓住了他们的把柄。你呢？锋芒露得太早，所以失去了两只脚。"

孙膑静静听着，田因齐才是一个可怕的人，真正可怕的人。

田因齐的话没有结束，讲得饶有兴趣，"先生，你知道国君最大的敌人是谁吗？最好的朋友是谁吗？"

孙膑还是回答不出来。

田因齐道："人民。我田氏家族就是依靠人民的力量取代姜氏齐国。只要给人民好处，他们就会帮你做事，他们力量无穷。所以，我田氏家族的祖先大斗向外借粮，小斗收租。结果呢？收回一个大大的齐国。"

田因齐面带微笑："知道什么最可恶吗？"他根本不需要孙膑回答，继续说下去，"读书人，读书人的那张嘴最可恶。又是仁义道德，又是法家权谋，没有他们不懂的事。"

孙膑听得冷汗直冒，世间残忍无情的人不止一个庞涓，但庞涓用的手段实属下三烂，田因齐才是高人中的高人，高手中的高手。

"我为什么和你说这么多话呢？"田因齐的笑容渐去，现出落寞的神情，"做国君很寂寞，国君没有朋友，不能向任何人流露喜好与意图，一旦泄露出去，臣子们会据此进行欺骗，谋取利益，可是你不同。"

"我是个残疾、卑下的罪犯。"孙膑接口回答道。

田因齐笑了："宁静的生活未必是件坏事，它能让人的思想辽阔深远。谈谈你的军事吧，论指挥作战，我不如你。"

孙膑向田因齐行了个礼，缓缓道："以战止战，必攻不守，争取有利的作战态势，敢于与强敌作战。"

这回轮到田因齐静静地听。孙膑继续说道："用兵之道没有永远不变的模式，战胜则可以避免亡国，不能取胜国家就处于危险之中。那些功德不过五帝、才能不过三王、智慧不如周公的人却妄想以仁义止兵戈，绝不可能做到，唯有战争才能阻止战争的发生。"

田因齐道："何谓必攻不守？"

孙膑道："进攻，进攻，再进攻，进攻是最好的防御。"

田因齐问道："敌国强大，占据有利地形，如何进攻？"

孙膑道："如果说兵多就能取胜，那么我们完全可以掰着手指头算一算，就能知道战争的胜负；如果说国富就能取胜，那么我们完全可以称一称双方粮食的多少，就能知道战争的胜负；如果说兵器锐利、铠甲坚固就能取胜，那么我们完全可以看一看双方谁的武器更先进，就能知道战争的胜负。”

孙膑见田因齐一副不以为然的样子，继续说道，“国家富足，不一定安全；国家贫穷，不一定危险；兵多不一定就能取胜；兵少也不一定就会失败。决定胜败与安危的关键在于掌握用兵的规律。敌军兵多，可以使敌军分散而不能相互救援。敌人武器先进，可以让它们不能发挥威力。敌人占据有利地形，可以调动他们离开，这才是优秀的将领所必须做到的事情。”

田因齐豁然开朗，赞叹道：“说得好！我有先生何惧魏国百万雄兵，我意已决，与魏国争霸天下。今晚你与田忌一同来见我，我们好好谈一谈兵法。先生是我田因齐的军师，也是齐国的军师。”

孙膑走出齐国宫廷，田忌问道：“你看主君此人如何？”

孙膑道：“权诈有余，仁义不足，齐国必然强盛，后世值得忧虑。”

## 围魏救赵

公元前355年，魏惠侯出访齐国，齐威侯设国宴款待，这是一次不愉快的会面。魏惠侯出访目的昭然若揭，希望齐威侯承认魏国霸权，承认魏国国际警察的地位，不要和试图破坏现行国际秩序的赵国掺和到一起。齐威侯为他举行了一次盛大的田猎。战车滚滚，长戟生辉，齐国最勇猛的技击战士列队前进。很显然，田因齐是在向魏惠侯炫耀齐国武力。

魏惠侯不屑一顾，魏国有一支天下无敌的“武卒”，装备之精良，训练之严酷，士气之高昂，远非齐国技击战士可比。魏国武卒自创立至今，唯独败在秦军手下。石门之战是魏军永远的耻辱，秦国精锐之师斩杀六万魏兵；少梁之战更被秦军生擒主将公叔座。为避秦军锋芒，魏惠侯被迫迁都。除去秦国，中原各国尚不放在眼里。

魏惠侯心道："就你这些士兵怎么和我的勇士比，得了，咱们比比财力吧。"于是，故意转移话题，对田因齐道："主君有宝物吗？"田因齐冷冷道："没有。"魏惠侯略带夸耀的语气道："像寡人这般小国，尚有直径一寸的宝珠十颗，每颗宝珠足以照亮前后十二辆车，为何拥有万辆战车的大国却没有宝物？"田因齐多聪明，岂能让魏惠侯讨了嘴上的便宜去，正色道："我国之宝与贵国不同，檀子镇守南城，楚人不敢侵犯；肦子守卫高唐，赵人不敢到黄河捕鱼；黔夫守北境，燕赵之民纷纷归附；种首捕盗，齐国路不拾遗。这样的珠子光照千里，何止十二辆车子！"

会谈在不愉快的气氛中结束，魏惠侯感受到田因齐的杀气，咄咄逼人的杀气，这种杀气是霸主才具有的，齐国不服魏国霸权表现得淋漓尽致。

受到魏、齐邦交不睦的鼓励，赵成侯指挥军队入侵卫国，引发了一次诸侯间的大会战。

赵国对卫国土地的执着令人钦佩，你就不能把眼光放长远点，向北望，取中山国，定塞北，这也是赵武灵王成就霸业的战略。赵成侯不那么想，他就是要取卫国。卫国多繁华，花花世界，丝织品多，漂亮女人多，塞北那些女人脏兮兮的，一身羊膻味，白给都不要。

魏国的执着更令人头痛，只要赵国攻打卫国，魏国指定帮忙。小兄弟有难，大哥如果袖手旁观，以后还怎么做大哥。从安邑迁都到大梁注定魏国悲惨的命运，除了燕国之外，和所有的强国发生利益冲突，真是一方有难，八方落石。

魏国与宋国联兵八万救援卫国，庞涓担任联军总指挥。联军主力直指赵国都城邯郸，庞涓率一支奇兵插入卫境意图伏击攻打卫国的赵军。

赵国派使者向齐、楚两国求援。楚国是当时的军事大国，赵国上一次伐卫就是在吴起帮助下大败魏军。可惜吴起死了，楚军再也不会有那般锐利的攻势。

楚国的大臣争着出馊主意，有的说“不能救，让他们两家打去，狗咬狗一嘴毛”。有的说“要救，明摆着赵国打不过魏国，魏国咬死赵国回过头来肯定咬我们。如果赵国一生气，帮着魏国咬我们那就更惨了”。有的说“这样吧，派一股小部队去骚扰一下，让赵国以为我们帮他，他便不会投降，两家就会使劲咬”。楚宣王一听，最后一招最妙。

楚军出动，声势虽然浩大，但也不过抢抢地盘而已，哪有吴起当年打过黄河去一举灭魏的壮举。

邯郸被围，赵国把希望全部寄托到齐国。

齐国也在开会，研究是否救赵国，很多人又把“狗咬狗”的理论提出来。段干朋道：“我只问一个问题，赵国完蛋，有没有我们齐国的好处？”

田因齐明白其中寓意，每个人做事之前要反躬自问，“做这件事有好处吗？”有好处就去做，没好处就离得远远的。魏国攻下邯郸，赵国屈服，魏、赵、韩三国同盟就会重现，难道齐国还想挨打吗？

田因齐把孙膑找来，“寡人要救援赵国，请先生为主将”。

孙膑道：“我一个残疾之人不能为将。”

田因齐笑了：“先生是聪明人，真的不假。不求非分之福，不敢为天下先。”

八万齐兵浩浩荡荡开往赵国，田忌为主将，孙膑为军师。凉风袭来，轻帷飘扬，孙膑端坐辎车中，手中把玩着竹简，对跨马同行的田忌道：“将军以为齐国将士可是魏军的对手？”

田忌满面忧虑道："打不过，无论装备或者士兵的素质，齐军均不如魏军。"

孙膑道："既然如此，将军匆匆赶往邯郸做什么？"

田忌道："君命不可违，即使战死，在所不辞。"

孙膑说："擒贼先擒王，如果抓到敌军的指挥官，便可大功告成。将军知道庞涓在哪里吗？"

田忌恍然大悟，下令军队向卫国挺进。

孙膑制止道："错，我们这样去抓庞涓，将军认为抓得回来吗？如果我所料不差，庞涓已在卫境击败赵军，现在正向邯郸转进。"

田忌问："那军师为何不让我们去邯郸呢？"

孙膑轻轻一笑道："一团乱麻只能慢慢地解，不能乱扯。善于作战的人，调动敌人而不被敌人调动，况且齐军远不如魏军精锐，只能以巧取胜。既然我们来劝架，又何必和他们打成一团呢。我们不去赵国，也不去卫国，而是去魏国。"

田忌疑团顿解，"围魏救赵，原来军师想打庞涓的埋伏"。

"庞涓伏击赵军，我们伏击庞涓，以其人之道还治其人之身。"孙膑遥望远处的征尘，问道，"将军，五都大夫之中谁最无能？"

田忌道："莫过于齐城大夫和高唐大夫。"

孙膑道："让他们率本都兵马攻打平陵。平陵是魏国的军事重镇，人口众多，兵力强大，南面靠近宋国，北面靠近卫国，进军途中要越过市丘。如果魏军高兴，很容易切断我军的粮道，从而将我军一举围歼。"

田忌诧异道："那不是让他们去送死吗？"

孙膑道："就是让他们去送死，我们要让庞涓认为我军根本不懂战略战术，从而轻视我们。"

田忌道："他们可是五都大夫，齐国的重臣。"

孙膑冷冷道："不管是谁，在我们这个时代，该死就得死，他们战死总比被主君烹了好。况且，只有他们战死，庞涓才会更加相信我们是一群蠢蛋。"

平陵没有攻下，齐军被魏军包了饺子。齐城大夫和高唐大夫死了，死得很惨。他们以为自己为国捐躯，无限光荣。在围棋中，叫作弃子，不懂弃子的人不是高手，不会弃子的人不知其中的乐趣，更不会感受到胜利的喜悦。

齐军一支轻车部队奔袭魏都大梁，抢掠郊区，耀武扬威地奔驰在大梁那高大雄伟的城墙前。

庞涓生气了，非常生气。他忍了很久，齐军攻打平陵，那是自讨苦吃，死了两位大夫，全军覆灭，他们居然还敢进攻大梁？如果不是想攻下邯郸，逼服赵国，庞涓早率一支轻装部队把齐军灭了。

"这样的敌人不值得我回军，拿下邯郸再收拾他们也不晚。"庞涓下达总攻命令，魏、宋、卫三国联军向邯郸城发起一轮又一轮疯狂进攻。

战鼓咚咚，旌旗晃动。第一批士兵开始爬城，那是一批注定送掉生命的人。城头羽箭疾如暴风，石块密如骤雨。这群可怜的士兵推着云梯靠近城墙攀登而上，一次又一次，负伤了也要再爬起来，他们别无选择。身后魏国最精锐的武卒弯弓搭箭虎视眈眈，无论是敌人还是战友靠近他们只有死路一条。

持续的战斗，城下死尸一片。中午过去了，双方疲惫不堪。庞涓拔出长剑，向他的预备队魏军武卒发出进攻的信号。

这支战国优秀的军队怒吼着向城头疲惫不堪的赵国守军发起最后的冲锋，这是一次决定胜负的冲锋。又是一场殊死的搏斗，魏军武卒用胜利回报了他们残酷的付出。

邯郸城破。庞涓站在邯郸残破的城头，傲慢地望着城内的被征服者，想道："多么伟大的时刻，我庞涓攻下赵国的国都。赵国完蛋了，该去收拾一下那些狂妄无知的齐国人了。"

庞涓问侦骑："哪个蠢材在指挥齐军？"

侦骑回道："田忌。"

"贵族子弟永远成不了大器。"庞涓哼了一声，"连兵书都没有看过就出来打仗，实在是可笑。分兵分兵，不断分兵，难道齐国士兵的生命真的不值钱？这样的人也配做我庞涓的对手，这个世界对我真是太残酷了。"

庞涓带着一支精锐的轻装部队，昼夜兼程，卷甲急趋，以急行军的速度赶往大梁。他决不能容忍愚蠢的齐国人在自己的国土上多行凶哪怕一刻钟。

桂陵，初冬的桂陵，寒气沁人心脾，庞涓心中却如炭火般熊熊，他马上就要战胜天下两大军事强国，他的名字将永远镌刻在历史的竹简上。

魏军前进的脚步停止下来，士兵向他报告："前方发现齐国的军队。"庞涓傲慢道："将他们赶跑！"士兵一脸无奈，继续报告道："对不起将军，恐怕赶不跑了。"

庞涓纵马赶到队伍前面举目眺望，发现自己错了，大错已铸成。这不是齐国的小股部队，而是齐军的主力。齐军的主力出现在桂陵，只有一种可能，是有备而来，是来伏击他的。

浩大严整的齐阵向魏军逼来，这阵形太熟悉了，他们拆演过无数次，每次总是他落下风，但最后还是学到了其中的精髓。

"孙膑？他到了齐国？肯定是他！没错！"庞涓的心凉如冰，被人欺骗的感觉真的不好受。如果换作平时，依靠顽强勇猛的魏国武卒，根本不惧怕孙膑，可是现在士兵们刚刚攻下赵国的那座坚城，几乎不停歇地跑了两百里路，人不是青铜不是铁。

“行啊，师弟，你赢了。”庞涓拔出长剑指挥魏军列阵应战。会战很快结束，庞涓带的魏兵全军覆没。

孙膑见到了他的师哥，现在是他的俘虏，他只淡淡说了一句话，声音空洞寂寂：“师兄，感谢以前你没有杀我，我也放你一马，我们如果还有下次，到时恐怕你的运气不会有这次这么好。”

孙膑离开了，不想再见庞涓。这个人改变了他的一生，改变了他的命运，改变了他的性格。

孙膑本不是将才，一个善良的人无法指挥大军，无法掌握自己的命运。他不过是个做军师的材料，也许是后世的赵括。如果赵括被砍去双脚，那么长平躺下的人将是那个百战百胜的白起。

可以说是庞涓成全了他，让他饱尝世间的苦难，感受到人间的冰冷。

田忌问道：“为什么不杀他？孔子说过‘以德报怨，何以报德’。”

孙膑平静地回答道：“那样做对他不公平，知道庞涓为什么没有死吗？”

田忌轻蔑地一笑：“丧师辱国、苟且偷生的人多了去了，不止一个庞涓。”

孙膑道：“你错了，庞涓不是那样的人，他的心里没有爱和感情，只有荣誉，如果败了只有死。之所以没有死，那是因为他并不知道我在将军身边，他不服。我再给他一次机会，公平的机会，让他心服口服。”

田忌奇怪地望着神态安详的孙膑，心中在想：“如果这个人失败了，会不会选择死亡，达到某种竞技巅峰的人是不是把光荣看得比什么都重要，换成我呢？”

桂陵战争的胜利改变了古老中国的国际形势，宋、卫两国像哈巴狗一样匍匐在齐国脚下，齐军向襄陵挺进。楚国和秦国趁火打劫，侵夺魏国不少土地。桂陵虽败，但魏国仍有足够强大的军队。据《战国策》讲，魏国带甲三十六万，损失区区几万人不在话下。魏惠侯在韩国帮助下发动反击，破齐、宋、卫三国联军于襄陵。

魏国四面火起，烧得最猛烈的当属西方，贪得无厌的秦国竟然一度攻克魏国旧都安邑。魏惠侯只得与赵、齐、楚三国休战，不惜将侵占的邯郸归还赵国，扭转四面受敌的窘境，集中兵力反击秦国。魏惠侯布告天下，召集天下诸侯会于孟津朝拜周天子。

那时秦孝公没有死，商鞅的脑袋和四肢尚紧紧连接在躯干上。秦孝公害怕，魏惠侯哪里是朝见什么周天子，分明是想合天下之力攻打我秦国。

商鞅道："主君不必担心，魏侯有个弱点，大大的弱点。"

他继续道："我清楚魏侯的为人，非常好面子，虚荣心强，一直梦想称王。我们就满足他的虚荣心，支持魏侯称王。现如今天下称王的国家只有楚国，楚国只是一个蛮夷之国，魏国却是中原上国。魏侯称王一定会引起诸侯的不满。诸侯反对，魏侯势必恼羞成怒，必然再次发动战争。如此一来，秦国不仅能够免去灾难，而且可坐收渔翁之利。"

不费吹灰之力解除危险，秦孝公自然同意。商鞅来到魏国，魏惠侯果然聚集十二路诸侯，宋、卫、邹、鲁等小国朝见周天子，下一步准备收拾秦国。

商鞅一句话点破魏罃心事："您虽然雄霸天下，但是十二诸侯不足王天下，这些都是小国。如果获得秦国支持，您就可称王。"

魏惠侯想那顶王冠想得发疯，但心中毕竟尚有一丝冷静，摇头道："不行，齐国和楚国不会同意。"商鞅道："有秦国大力相助，再争取到燕国，就不怕齐、楚两国。"

望着昔日的手下，魏惠侯感慨万千，拉着商鞅的手道："寡人最后悔的一件事莫过于没有听公叔座的话用你为相，只有你最了解寡人的心思。”

公元前 344 年，魏惠侯召集各路诸侯到逢泽开会，“乘夏车、称夏王”，正式当起大王。从此，魏惠侯可以改叫魏惠王。

魏惠王陶醉在“天子宫殿、红色龙袍、九带七星龙旗”带来的强烈满足感中，一点没有意识到危险的来临。

“逢泽之会”只有宋、卫等小国和策划此事、包藏祸心的秦国派的公子少官到场，其余列国根本没人捧场。

魏惠侯称王之举激怒列国，尤以齐国和楚国反应最为强烈，又是谴责，又是军事演习，赵、韩两国提出口头抗议：“周天子称王，一个新兴诸侯凭什么称王？楚国是南方野蛮人，不懂事三百多年了。你魏国乃中原礼仪之邦，怎么也干这种大逆不道的事情，眼里有没有周天子？”

列国表面义正词严，其实满肚子嫉妒，魏国虽然强大一些，有一支不错的军队，但也不能骑到我们头上去嘛，当个国际警察就算了，当大爷可不行。

国际形势为之一变，到处充满兵戈之气。聪明人都知道魏国这回悬了，小国们纷纷站回到齐国大旗之下。

面对铺天盖地的谴责，魏惠王万分气恼，不给你们点颜色瞧瞧，不知道马王爷三只眼。上一回先打服韩国，再打服赵国，这一回还是先从小兄弟韩国下手。

公元前 342 年，魏国不宣而战，开动魏军武卒两条腿发动闪击战，一举包围韩国国都新郑，新一轮列国大战再次展开。

仅凭韩国一家之力根本无法抵挡魏国凶猛的武卒，韩国使者飞马向齐国求救。齐威侯田因齐不满魏惠王牛哄哄的样子，准备出兵，偏偏齐相邹忌坚决反对。

邹忌反对战争，反对穷兵黩武，倡导和平发展，和平崛起。谁愿意打谁打，人脑子打出狗脑子来才好，只要不打我齐国，咱就不管。

邹忌是个美男子，本事和长相成正比，能从人才济济的稷下学宫中脱颖而出，足见过人之处，他靠一张琴发家成为齐相。

我们上回说过，说服一个人极其困难，必须投其所好，邹忌投齐威侯喜琴之好。田因齐喜欢弹琴，琴弹得相当好。邹忌自诩古琴国手，两人有共同语言，谈得特别开心。田因齐兴致高涨，去琴房抚琴。一曲刚开始，邹忌推门而入，赞叹道：“啊呀，您，弹得好哇！”

一般人听到赞扬声早眉飞色舞，田因齐何等人物，想拍我马屁，纯粹找死。田因齐推开琴握剑起身，冷冷问道：“你只看到我弹琴的样子，根本没仔细品味，凭什么说弹得好？”

邹忌会说话。他一巴掌拍到马腿上，换作别人早慌作一团，邹忌敏捷善变，不慌不忙道：“大弦声音浑厚温和；小弦声音高亢清脆；手指持弦紧而有力；手指放弦舒缓轻盈；琴声悠扬，曲折婉转。我一听就知道您是琴道高手。”

田因齐脸色平和下来：“邹子解音律。”邹忌道：“何止解音律，治国之道亦在其中。”田因齐又拉下脸来：“你什么意思？治国和音乐有什么关系？”邹忌道：“大弦声音浑厚温和，犹如君王宽广的气度；小弦声音高亢清脆，犹如宰相的精明干练；手指持弦紧而有力，手指放弦舒缓轻盈，犹如国家政令有张有弛；琴声悠扬，曲折婉转，显示国家安定昌明，欣欣向荣。”

邹忌真是高人，根本不相关联的两种事物都可以融会贯通，说得头头是道。邹忌见齐威侯仅仅三个月拜相，一年后封侯。

邹忌为什么反对战争，他怕田忌立功，因为两人不和。这俩忌子都是齐威侯的宠臣，一国不容二君，一相也不容二臣。想揽权就要挤对人，公叔座、庞涓、邹忌一个德行。宁肯国家利益受损害，也不能损害个人利益。

公孙阅对邹忌道："您错了，应该同意出兵，一出兵田忌准保挂帅。如果打赢，您谋划有功；如果打败，田忌有罪。"

邹忌改变主意同意救韩，只为搬掉田忌这块绊脚的石头。

田忌不急于出兵，他有独到的看法，"现在出兵等于把战祸引向齐国，魏、齐打得头破血流，韩国毫发无损，最后坐大，对于齐国来说得不偿失。只有等他们精疲力竭、物资耗尽，才是出兵的最佳时机"。

做渔翁要善于掌握时机。如果你不肯救援，韩国极有可能投降，上一次战争韩国做了魏国的仆从国，导致齐军在襄陵战败。

为了让韩国人感受到齐国的诚意，田因齐信誓旦旦地对韩国使者道："齐国与魏国有世仇。你回报韩侯，寡人必定救援贵国，天地可鉴。"

韩国得到齐国的许诺，士气大振，整军与魏军大战。战事令人沮丧，双方会战五次，韩军均败于魏军大将庞涓手下。

韩国战局形势到了危急关头，而齐军迟迟没有动静，韩国人不断派人催促。烹饪佳肴，火候一定要掌握好，否则弄巧成拙。田因齐不能再等，拜田忌为统帅、田肦为大将、孙膑为军师，齐军大举救援韩国。

## 第二次相逢

十三年一晃而过，孙膑和庞涓这对冤家再度狭路相逢。恩怨情仇，一剑了之。孙膑依然静静地坐在辎车上，温文尔雅，像一尊古佛。十三年的光阴没有改变孙膑任何东西，容颜光洁，头发乌黑，没有欲望的人永远年轻。

重复着十三年前的一幕，田忌问道："军师，这一仗我们怎么打？"

世界上的事总是无聊地重复，我们闭上眼睛会想到许多似曾相识的日子，美丽也好，苦涩也罢。

孙膑静静道：“进攻大梁。”

齐军取最短的距离，穿越宋境，浩浩荡荡杀向魏都大梁。魏惠王大怒，又是齐国，怎么又是齐国，每次我想做点事儿，齐国人总是捣乱。想起桂陵之败，魏惠王怒火更盛，新仇旧恨一起算。魏惠王立刻差人调回攻韩部队，召集十万大军，太子魏申为上将军、总指挥，庞涓担任大将、副总指挥，迎击齐军。

公子魏理对太后道：“太子哥哥年纪小，不习军旅。听说田朌是齐国著名的战将，孙膑善于用兵。太子和他们交战必不能胜，祖母何不劝劝父王，不要让太子出征。”

惠王太后一听，觉得有道理。打仗的事儿说不准，只要去就有危险，不如不去。于是，王太后劝魏惠王。魏惠王板着脸道：“上一次我军与齐军交锋，大败于桂陵，锐气丧尽。这一次我若不让太子去鼓舞人心，国人谁肯向前。我宁失太子，不失国土。”

庞涓回到大梁，与太子魏申会合，联兵向东进发。侦骑来报：“齐军撤了，撤得非常狼狈。”

太子魏申哈哈大笑：“世人都说齐国人怯懦，果然不错，唯知享乐，没有坚忍精神，上无雄主，下无强兵。见我大军来伐，竟然仓皇逃命。这一次绝不会放过他们，兵进外黄，由宋境追击。庞涓将军，你率一支精兵奔袭如何？”

又是奔袭。庞涓比十三年前成熟许多，鬓角竟有丝丝白发。他这十三年备受煎熬，就等这一天，长剑早已铮铮作响，没想到师弟临阵脱逃。

庞涓一脸冷峻，沉思着，一只手紧紧握住剑柄，说道：“一员良将抵得上十万雄兵，齐军今非昔比，因为他们有一个狡猾的军师，比狐狸狡猾三分。我们不能不防，必须慎重，仔细观察。”

太子申笑道：“庞涓将军，放松放松，凭我十万大魏精兵难道不是一个残疾人的对手！”

庞涓脸上没露一点笑意：“杀人不一定需要剑，有一颗聪明的脑袋足够。运筹帷幄之中，决胜千里之外。战争的胜负，庙堂之上早已决定。”

魏军大队人马接连追赶多日，太子申和庞涓沿途仔细察看了齐军的行军路线和宿营地，发现一件极为有趣的事情。齐军的炉灶越来越多，开始是三万人的炉灶，接着有五万人的炉灶，到了魏国边境地带竟然出现十万人用的炉灶。

太子申又笑了：“兵法讲，‘百里而趣利者蹶上将，五十里而趣利者军半至。’齐国人素来懦弱，长途急行军，入我国境时尚有十万大军，不过一天减员一半，最后只剩三万人作战。吏强卒弱，兵法上怎么说的，曰陷。有一头好狮子，架不住带着一群胆小的兔子。”

庞涓露出一丝难得的笑意，心道：“师弟还是那么善良，不善带兵，或许他只是个军师，不负责训练军队？”

太子申见他仍在沉思，似乎举棋不定，问道：“难道孙膑就那么可怕？庞涓将军不是全天下最优秀的将领吗？是不是桂陵的惨败给将军心理留下难以磨灭的阴影？”

庞涓全身的血“唰”地冲上头顶，脸色铁青，恶狠狠道：“桂陵之战是我庞涓的奇耻大辱，我之所以活到现在就为洗刷耻辱。孙膑比我强？笑话！我请率一旅骑兵追击齐军，生擒田忌和孙膑。”

“好！”太子申一脸兴奋，“我就知道庞涓将军打仗天下第一。”

魏国最鼎盛期有五千骑兵，伐齐军队中最多不过三千骑兵，庞涓带着三千轻骑风驰电掣般向北狂追而去。

外黄人徐子道：“太子何必激怒庞涓，即使您打败齐军，占领齐国的一些土地，您仍然是太子，将来的魏王。一旦失利，您未来的王位可就危险了。既然齐军撤退，为何不见好就收？”

太子申脸色变得阴沉，苦笑道：“先生的话我怎么会不知道，父王希望洗刷桂陵之战的耻辱，振我大魏霸主之威。弟弟公子理说我不习军旅。现在齐军逃跑，我都不敢追击，父亲失望，弟弟得意。再说，正因为齐军不战而退，将士们渴望立功获利、大捞一把，我想停下，他们也不同意呀。”太子申顿了顿，对身边的传令官道：“传我将令，全速前进！”

庞涓的骑兵队倍道兼行、不分昼夜赶路，隆隆的马蹄声和着扬起的尘土回荡在原野上空，一直穷追到马陵。

马陵具体位置在哪里有争议，有人说山东范县，有人说山东莘县，有人说山东郯城。我觉得山东郯城可能性极小，齐军怎么可能穿越整个宋国，撤到靠近海边的野蛮人部落九夷那里去。由宋国边境过卫国边境北返，比较符合常识。

之所以出现争议，可能是因为无论范县还是莘县都是平原地带，没有山陵，而郯城恰好有一座马陵山。

魏骑到马陵时日落西山，庞涓举目望去，远方林木笼罩在暮色下一片苍茫，一条狭窄的道路穿林而过。庞涓不假思索，带领骑兵进入林间小路。行进不久，前方道路被杂七杂八倒伏的树木封死。庞涓指挥魏军下马清路，一名骑兵手指路旁的一棵大树叫道：“将军，树上有字！”

庞涓跳下马来，士兵们点燃火把，高高举起，那棵大树被剥得光秃秃的，上面刻着八个大字：“庞涓死于此树之下。”

庞涓大骇，如同全身落入冰窖之中，透体冰凉，大吼道：“上马，撤！”

猛然间，鸣镝之声破空响起，密不透风的箭雨从天而降。魏军惊慌失措，顿时大乱，士兵们抢上前来拨打羽箭，护卫庞涓上马逃命。

庞涓不顾飞射的箭矢，一把推开卫兵，重新望了一眼大树上的那八个大字，惨淡地一笑："用兵之道何其简单，却变幻莫测。'五十里而争利，则蹶上将军，其法半至。'我熟读兵书却不懂变化，两次违背兵法而行。真斗、假斗，斗不过你。也罢！"庞涓拔出长剑，横在颈下，大声道："我庞涓今日成就你小子的名头！"

庞涓死在大树之下，死得无话可说。这是一场公平的决斗，失败者必须付出生命。

魏军骑兵大部死于乱弩之下，齐军趁势大举反攻，生擒太子申。魏军大败，伏尸遍野。

孙膑安详地望着庞涓的尸体，淡淡道："师兄，你砍去我两只脚的时候就注定不如我了。"

田忌兴高采烈骑马过来，喊道："军师，我们回去吧！"

孙膑的声音仍然很淡漠："回哪里去？"

田忌呵呵一笑，说道："当然是国都临淄。马陵之战全歼魏军十万，生擒魏国太子，魏国再也不得嚣张，齐国从此威震天下，这不够吗？难道你想灭掉魏国不成。"

孙膑道："恐怕将军回不得临淄，连齐国也待不下去了。"

田忌一愣，问道："为什么？"

孙膑没有回答田忌的话，反问道："将军想干一番大事业吗？"

田忌更加迷惑："什么大事业？"

孙膑的语气很淡："将军不要解散甲兵，带兵入齐，分派老弱兵众守卫任地隘口，防备齐国南方军队。任地齐南天险，只能通过一辆战车，一夫当关，万夫莫开。将军率大军背倚泰山，沿济水进兵，过高唐，然后渡济水，把军中辎重屯到高宛，选派轻型战车、精兵锐卒突袭临淄雍门。只待大军进城，邹忌自然逃跑，那齐国就在将军的掌握之中了。”

田忌顿觉冷气森森，孙膑竟然将一场兵变说得淡然平和，策划得细致周详。半晌说道：“我与邹忌虽然不和，但他也没本事让我有家难回。”

孙膑平静道：“不是邹忌不想让你回齐国，而是主君不想让你回齐国。”

田忌默然不语，孙膑道：“听说过范蠡和文种的故事吗？”

田忌道：“‘飞鸟尽，良弓藏；狡兔死，走狗烹。’我记得这是越王勾践灭吴国后，范蠡致文种的一封信。范蠡离开越国来到齐国定居，文种不肯离去，最后被逼自尽。”

孙膑一声叹息：“我要回家了，将军保重。”

田忌道：“先生真洒脱，想做陶朱公吗？”

孙膑道：“钱财乃身外之物，我有一件重要的事情要做，将我所领悟的兵法记录下来，流传后世。”

田忌道：“田忌非野心之辈，庞涓如何？一身才华，死于荒郊树下，万箭穿身。若齐王果真不准我入齐国，我去楚国，楚国人喜欢贵族，会有我一席之地。”

孙膑道：“将军也是聪明人。”

田忌展颜一笑：“能做先生的朋友，愚蠢的人也会变得聪明。”

孙膑走了，心愿已了。荣誉与财富不是人生最重要的东西，他喜欢自然、宁静的生活。

临淄城中，邹忌埋怨公孙阅：“你出的什么好主意！田忌又打赢了，这一仗全歼魏国十万大军，看来只有拱手让出相位了。”

公孙阅奸笑道：“那他离死更近，您派人拿十金去市集上算命，就说：‘我是田忌家人，我家主人三战三胜，声名威震天下，想干一番大事业，算一算能不能成功？’然后，您派人把占卜先生抓起来押给主君审问。”

邹忌半信半疑道:“一个子虚乌有的田忌家人，一个算命的先生，主君会相信吗？”

公孙阅道:“您怎么还不明白，主君需要一个理由，一个理由而已。”

面对紧紧关闭的城门，田忌有种说不出的失落和伤感，若能在自己的国家幸福生活，谁会去异国飘零。田忌掉转马头向南而去，走向那片陌生的土地和未知的人生。

## 徐州相王

马陵惨败，是魏国建国以来最惨痛的一次失败，各国诸侯趁机伐魏，齐将田肦继续进攻魏国东境，赵军进攻魏国北境。秦国撕去伪装，商鞅亲自带兵攻魏，用不光彩的欺骗战术生擒公子昂，大败魏军。公元前 338 年，秦军再败魏军，俘虏大将魏错。

三面烽火，屡战屡败，魏惠王黔驴技穷，瘫倒在王座之上踢出最后一腿，向列国招贤。惠施来了，带来一条妙计。

惠施是宋国人，战国有名的哲学家，接到魏国招贤书后玩命往大梁跑。路过一条河，惠施着急，不顾一切蹚水过河。谁知河水挺深，惠施掉水里去了，又不会水。正在那呛水呢，有个船家救了他。船家很纳闷:“你这个人真是的，不会水干吗不等船来？”

惠施吐掉嘴里的水草，抖抖身上的水珠，“你懂什么，时间紧迫，不能等”。

船夫听不懂，问道:“什么事比性命要紧？”

惠施一挺胸脯:“魏国无相，我要去担任相邦。”

船夫乐了:“我以为你家着火了。如果不是我出手救你，你已经喂鱼了。游泳都不会的人做什么相邦。”

惠施嘴巴不饶人，没好气道：“论划船、游泳，我不如你；论治理国家，你就像刚出生没睁开眼的小狗。”

船夫目瞪口呆，这人怎么恩将仇报，非但不说谢谢，反倒骂人是小狗。惠施就是这么一个人，超凡脱俗，不拘泥于俗世的礼节。

我们观察一个人，首先观察其身边的人，能凑到一块的，多是志同道合的人；再者，近朱者赤近墨者黑。瞧瞧身边的好朋友就知道他是个什么样的人。当然这只是一般性观察，许多高手自愿混迹于俗人之中，和光同尘。

惠施最要好的朋友即是庄子，道教大师庄子一天天云山雾罩，是一般人理解不了的神仙。两人最要好，因为惠施能听懂庄子大师说的话。高山流水，一对知音。惠施去世，庄子去送葬，哀叹道：“我再也没有能说话的人了。”

惠施不属道家，是战国时代名家大师，名家主张“名实”，即名实相符。世界上名不副实的事情多了去了，怎么办呢？后来用上诡辩。什么“鸡三足”“白狗黑”“郢有天下”“火不热”等，都是这位惠施先生的杰作。惠施天天与人辩论，最后把那些不服的人全说跑了，然后仰天大言：“天地其壮乎！”我说的都是真理。只有这种人才能与庄子大师交上朋友。

惠施有没有本事？有本事，肯定比凫水、撑船本事大。这些人看问题有一双锐利的眼睛，惠施一眼看穿商鞅的阴谋。

魏惠王见到惠施时还大吹牛皮，不倒霸主的架子：“先生，齐国败我大军、擒我太子，寡人要报仇，倾国之兵伐齐。”

惠施对魏惠王说：“大王到现在还不醒悟，您上商鞅那个骗子的当了。您想称霸不懂计谋怎么行。以前魏、秦两国因西河土地成为世仇，魏国与赵国因卫国结怨。您听商鞅的话称王得罪齐国和楚国，还进攻韩国。魏国四邻皆是敌人，您想进攻齐国，恐怕齐国打不下来，魏国先让人瓜分掉了。”

魏惠王听得一身冷汗，惠施说得不假，环顾四方，魏国还有一个朋友吗？连宋、卫那些哈巴狗都跑了。魏惠王心想总不能让我把王冠摘下来吧，忙问道：“先生说怎么办？”

惠施道：“这条计策秦国会用，大王您怎么不用？您叫上韩、宋、卫等国君一起去齐国，请齐威侯称王。韩侯刚刚受了齐国恩惠，正是报答的时候，自然应允，其他小国不去也得去。只要齐威侯一称王，楚国和赵国就把妒忌之心从大王您身上转到齐威侯身上去，魏国就安全了。”

魏惠王道：“齐国称王，寡人的风光不再啦。”

惠施道：“名实相符，魏国不再是以前的魏国了。这样一来，您也能一雪马陵兵败的耻辱。”

魏惠王叹息道：“好吧，给田因齐送一顶倒霉的大帽子去，不知道他会不会接受？”

惠施笑道：“天下虚荣的人多了去了，以前夹着尾巴做人，那是因为实力不强。如今齐国两胜强大的魏国，齐威侯的尾巴早翘到天上去了，孙膑归隐田园，田忌投奔楚国就是明证。”

伟大的“徐州相王”见证人类的虚荣。聪明绝顶的田因齐戴上那顶惹祸的王冠，曾经不可一世的魏惠王头戴布冠，与一帮子大小诸侯，“变服折节”，以臣礼朝见齐威王于徐州。

投桃报李，齐威王承认魏惠王的王号。但不是所有的齐国人都是傻瓜，齐国大将匡章讽刺惠施道：“你不是天天喊平等嘛，怎么跑来给齐威侯上尊号，人为制造不平等。”

惠施撇撇嘴，“我尊齐威侯为王是为了魏国老百姓免受刀兵之苦”。这句话的潜台词是：“谁让你们齐国不拜我为相呢，我拿人钱财替人消灾。你们齐国死人活该，关我什么事。”

气得匡章对魏惠王说：“惠施这种人纯粹就是蝗虫，整天什么事不干，什么价值不创造，专门偷吃农民粮食。”

惠施觍着脸道：“看过盖房子的吗？三伏天农民工搬石头运土、拿瓦刀砌墙，累死累活，汗流浃背，老板坐车里乘凉。我就是老板，没有我，他们能吃上饭吗？有钱赚吗？我怎么是蝗虫呢？”

徐州相王使魏、齐两国关系得到缓和，齐国和楚国交恶。楚威王为表示对齐威侯称王的愤怒，率大军攻打徐州，击败齐军，两国关系极度恶化。

惠施虽然稳定住东线了，但西线形势不容乐观，简直糟糕透顶。秦孝公和商鞅死了，但秦惠公没有停止对魏国的进攻。他们的目的很明确，重新拿回西河之地。

公元前 332 年，秦国兵分两路大举进攻魏国。秦将公孙衍指挥北路军突破魏国长城，兵围上郡雕阴，经过两年多的艰苦奋战，俘虏魏国大将龙贾，斩首八万，大败魏国西河和上郡主力军，接连取得雕阴、岸门、封陵、高商、赵庄一系列战役的胜利。残暴的秦军杀死三晋数百万军民，变西河为无人区。

秦将樗里疾率南路秦军出函谷关沿黄河东进，攻占曲沃和焦。樗里疾比较人道，没有执行“三光”政策，只是强行赶跑城里的所有居民。公元前 329 年，秦军兵锋越过黄河，攻占汾阴等地。

面对遍地的难民和破碎的山河，魏惠王欲哭无泪。如果当初不贪图中原的繁华，让赵、齐、楚、韩去争，而自己一心一意攻掠秦国，何至于此。大错铸成，落花流水春去也，天上人间。魏国霸业不再，沦落为战国二流。

恰在此时，一位权谋术顶尖高手凭借三寸不烂之舌横空出世。后世诸葛亮效仿此人孤身入江东联吴抗曹，舌战群儒。此位权谋高手舌战列国，外连横而斗诸侯，足与孔明先生媲美。

第五章

# 张　仪

## ——一代纵横大师

“一人之辩，重于九鼎之宝；三寸之舌，强于百万之师。”这是纵横家生存的信条。影响世界、存灭国家、实现人生目标靠什么？靠人的智慧，靠人的舌头，而且是一个人的舌头，这就是纵横家。

## 善 良

纵横家就是现在的外交家，不是外交官，是外交家。只要是个人就可以做外交官，但并非每个外交官都能成为外交家。《孙子兵法》讲“上兵伐谋，其次伐交”，外交家即是“伐谋和伐交”的主角。

纵横家的开山掌门人是鬼谷子，鬼谷子神龙见首不见尾，是隐居深山的世外高人。他因弟子出名——两位高足纵横捭阖，翻江倒海，将天下诸侯玩弄于股掌之间。鬼谷子的大弟子下山了，他叫张仪。

青衫磊落江湖行，俊雅、天真、爽朗的张仪带着年轻恩爱的妻子来到荆楚大地。

张仪是魏国人，贵族出身，之所以离开故乡来到异国求职，是因为在魏国没有施展才华的机会。魏惠王招聘天下人才，惠施、邹衍、淳于髡、孟子等人先后来到大梁。这些人名声赫赫。惠施，名家掌门人；邹衍，阴阳家掌门人；淳于髡稍差一些，稷下学宫的长老；孟子，大名鼎鼎的儒学大师，继孔子衣钵的天下第一人。

和以上战国诸子百家各大门派比起来，纵横家当时默默无闻，师傅鬼谷子见到诸位大师也要礼让三分，更别说张仪只是个大弟子。避实击虚，张仪选择楚国。

楚国比较保守，魏、赵、韩掀起私有化浪潮，激进变革，任用平民，向集权国家转型，秦国和齐国跟进，唯有楚国保持着传统，敢于变革的法家人物吴起被乱箭射死。楚国信奉道家学派，当时社会极为吃香的法家人物不肯再选择楚国，孔子周游列国时在楚国受到的质疑最多，儒家人物也不肯去楚国。

同法家和儒家相比，纵横家不讲究内功的纯厚，而是讲究招式的精妙。他们认为称霸天下、兼并土地不必像法家那样伤筋动骨地搞社会变革，弄得鸡飞狗跳、人仰马翻，甚至家破人亡；不需要像儒家那样修身养性，倡导礼仪道德；不主张像墨家那样爱别人胜过爱自己，世界人民大团结；也不像道家“无为而治”“无为而无不为”地搞阴谋诡计。

纵横家只需要一个人，一颗脑袋，一张嘴而已。即如何争取盟国，借力打力，玩太极拳。纵横家有两个法宝，一件是“合纵”，另一件是“连横”。

合纵与连横不难理解，治国不比农民种菜、工人修理机器、作家写本书来得费劲，老子说“治大国若烹小鲜”，煮条小鱼而已。合纵即所谓“合众弱以攻一强”，连横即所谓“事一强以攻众弱”。

合纵就是一群武功弱的合力打一个高手；连横即是混混们跟着大哥欺负弱者。

张仪来到楚国，投身楚国上柱国昭阳门下。一件看似偶然又必然的事情改变了善良天真、不谙世故的年轻人的一生。

昭阳和门客们一起饮酒，喝到高兴之时取出一块价值连城的玉璧供大家欣赏。这块玉璧便是著名的和氏璧。和氏璧乃楚国之宝，从不轻易示人，楚威王将它赐给昭阳。虚荣心作祟的昭阳只顾争胜显摆，忘记一条人生至理，珍奇玩好之物，不可使见贪婪奸伪之人。

昭阳门下鱼龙混杂，少不了贪婪奸伪之徒。昭阳自以为官大威重，没有人敢打宝贝的主意，岂知世上没有不可能的事情。

和氏璧不翼而飞。昭阳大怒，追查无耻小偷。

遇到这种情况，一般恶人先告状，隐藏自己揭发别人，大多数人怕受到怀疑也急于找个替死鬼，大家一致选定张仪。一则张仪来的时间短，没有好朋友，没有圈子。二则张仪满腹才华、口齿伶俐，大家妒忌。于是乎，众人昧着良心纷纷怀疑张仪。他们给出两个理由："第一，张仪家贫，穷小子等钱用；第二，张仪无行，不修身养性。"

张仪出身贵族，后来家境败落，总有股潜在的傲气，大家不喜欢。张仪学纵横术，当然不像儒者仁义道德不离口，整天油嘴滑舌，不似好人。

一个人怀疑倒也罢了，众口铄金，积毁销骨，昭阳相信必是张仪偷窃玉璧无疑，把张仪抓起来拷打。张仪第一次入官场，反应没有那些官油子快，慌乱之下平时的伶牙俐齿竟然施展不出来。

好在张仪有骨气，抽了几百竹板硬是不招，没偷怎么招，招了也拿不出玉璧。打得皮开肉绽，昭阳有些后悔，毕竟没有证据，打死人楚王问下来怎么回答。张仪时常在宫廷中走动，说一些纵横之术，联合这个打那个，联合那个打这个。楚王虽然没有采纳，但也不反感。突然不见人，让我打死了，没法子交代。于是，昭阳将张仪释放。

张仪让人抬回家，遍体鳞伤，后背、屁股、大腿开了花。妻子伤心气恼，数落道："不让你学那些乱七八糟的东西，你非学。说什么大丈夫志在天下，游学四方。现在可好，学得一身本事回来，落得如此下场，让人家羞辱。"

张仪躺在席子上动弹不得，张开嘴道："看看我的舌头还在吗？"妻子气得笑了："在，好好在着呢，继续出去侃。"

张仪长出一口气："舌头在足够了。"

妻子道："我们还是回家吧，安生过日子，男耕女织多好，何苦四处奔波，受人家的闲气。"

张仪道："受人的气是为了以后给别人气受。那些当官的见到上司点头哈腰像条狗，见到下属呼来喝去指挥狗，找心理平衡。他们打我羞辱我也是好事，让我看清这个社会，懂得一个道理。马善被人骑，人善被人欺。"

养伤期间，张仪一直寻思，自己的未来到底应该着落在何方？

铁器出现使耕地面积不断扩大，人口不断增加，土地私有之后人们对土地的极度渴望引发兼并战争。魏、赵、韩因领地狭小急于扩张领土，楚国由于地大物博不急于发动战争，故而张仪的那套理论不具有吸引力。张仪想到秦国，秦国地方偏僻、民风彪悍、文化落后，难以吸引大学者，专门从默默无闻的小人物中选取精英，白里奚和商鞅都是如此，何不去西方呢？

张仪伉俪离开郢都，踏上归途。张仪站在楚、魏两国的边境线上远眺南方，叹息道："这个世界就是小偷的世界，偷东西的人安然无恙、逍遥法外，真正善良守法的人却被人羞辱，无容身之地。人改变不了社会，只能顺应社会。我不会去做窃钩摸玉的小偷小贼，要做就做堂堂正正的窃国大盗。"

张仪回到魏国老家，简单收拾收拾，再度出发，过韩国经东周向秦国而去，路上他遇到人生第一个知己。

风雨如晦，鸡鸣不已。

张仪夫妇途经东周巩城，天气大变，天空刮起阵风，飘着阴雨，两人狼狈进入一处酒店避雨。

小小酒店竟然摆了一桌丰盛的酒席，有肉有熊掌。春秋战国时代的寻常老百姓只有七十岁才能吃到肉，更不用说熊掌。

宴席的主人是一位儒雅的年轻人，从身边随从毕恭毕敬的神态看，绝非寻常之人。年轻人衣衫华丽、举止文雅，尽显雍容华贵，张仪一身布衣粗服显得寒酸落魄。

年轻人冲张仪夫妇一笑："听说张仪先生欲过函谷关，略备酒水以表心意，恭候多时了。"

张仪落落大方，一边行礼，一边说道："感谢主君盛情，张仪微末之士，何敢劳主君大驾。"

年轻人一脸惊讶："先生见过寡人？"

张仪道："主君气度不凡，巩城之中恐无二人。"

来人确是东周国君昭文君，昭文君含笑道："人道张仪天下才士，果不虚传，寡人国小，不足以留客。此去西方若不如意，请您回转。寡人之国虽小，愿与先生一同治理。"

张仪心中感动，后退数步，朝北再拜道："主君大德，张仪没齿不忘。"

酒宴结束，张仪拜别昭文君。昭文君道："先生去秦国带了什么东西？"张仪道："我的一张嘴。"昭文君道："除了先生的舌头之外，还缺一样重要的东西。"张仪苦涩道："我知道，可惜张仪生来贫困，囊中空空。"

昭文君道："没有钱，如何能见得到秦君，如何说得上话，这个包在寡人身上。"昭文君供车供马供盘缠送张仪出境，张仪也没有再谦让，一并收下，头也不回地走了。

有人对昭文君道："张仪一介书生，主君为何如此看重，据说此人乃无行浪子。"昭文君道："识人全凭一双慧眼，你觉得张仪是个浪子，寡人觉得张仪是个奇才。日后必定执掌秦国相权，寡人之国处于韩国境内，要为国家寻一个强援。"

张仪即是昭文君手里的潜在绩优股，他能给东周国带来的好处用金钱无法衡量。

张仪的妻子嫣然笑道："前些日子你说世上净是骗子，现在看来傻瓜也不少，我们发财啦。"

张仪道："没有人会无缘无故地给你送东西，有送就有求。如果收受人家的财物不给人家办事，会留下不义的恶名，不义会害死人的。三十年前有个叫卫鞅的人和我们走着相同的路，就是脚下这条阳光大道，他当上了秦国的大良造。但是，你知道他的结局吗？车裂，五马分尸。因为他的心里只有事业没有人情，无论敌人还是朋友一概得罪。"

妻子听得心惊肉跳，忙道："我宁愿秦国人也抽你几百竹条，把你抽回魏国。"

张仪微笑道："看来你非失望不可，秦国没有和氏璧。想做大事不可能不得罪人，该得罪的人一定要得罪，不该得罪的人决不得罪。"

## 恐吓

张仪来到秦国新都咸阳见到秦惠文君嬴驷。

不服输是历代秦国国君共有的性格。惠文君 28 岁，正当人生大好年华。他并非仁慈君主，刚一继位就车裂权臣商鞅。没有一位君主会反感商鞅的思想，因为法家会把君主变成神，把臣民变成奴隶。

商鞅执政二十年，嬴驷的太子生涯笼罩在商鞅的阴影之下，嬴驷甚至成为商鞅杀鸡吓猴的工具。商鞅说过："法之不行，自上犯之。"法律最基本的原则就是公平，法律面前人人平等。嬴驷触犯法令，商鞅在太子老师公孙贾脸上刻字表示对太子的处罚。

商鞅给惠文君留下的印象可以用一句话来概括："秦国的妇女儿童都在讨论商君的法令，而不知道这是大王的法令。"法家的一切均为君王服务，惠文君非常清楚。君主若想大权独揽必须除去权臣，法家的术充分论证了这一点，“人主者不操术，则威势轻而臣擅名”。

有人奇怪为何惠文君杀死商鞅却沿用商鞅的治国之术。那是因为惠文君懂得法家的精髓，不杀商鞅才背离法家思想。商鞅走投无路时曾哀叹过：“为法之弊一至此哉！”商鞅当然不是指店主人以没有身份证明为理由拒绝他入店，而是指出法家思想的弊端所在。那就是君主。法家不讲人民之法，专讲帝王之法，所以秦国人既要修“驰道”“灵渠”“长城”，又要建“阿房宫”“陵园”。天下不可能永远是一个人的，这不仅是商鞅的悲哀，也是李斯的悲哀。

张仪问了惠文君一个问题：“秦国崛起，秦军攻占西河大半领土，屠杀数百万三晋军民，列国的眼睛盯住秦国，天下弥漫着秦国威胁论。请问主君，以现在秦国的国力可以灭魏国吗？可以抵抗列国的联军吗？”

答案很明显，不能。惠文君内心升起一丝寒意。张仪继续道：“秦国可以取回西河土地，因为那里原本就是秦国的国土，如果秦军再前进一步，列国会向秦国扑来，把秦国扼杀在崛起的黎明前。魏国当年何等强大，秦国攻其西，赵国攻其北，楚国攻其南，齐国攻其东，现在已是风雨飘摇，魏王甚至不得不布冠折节以臣礼拜见齐王，主君难道也想这样吗？”话未说完，惠文君流汗了。

张仪到了无可奈何之时，两手一摊，孑然一身，不寻到突破口，浑身才学无法施展。先让你害怕，再让你欢喜。人在情绪波动时容易露出内心真实的想法，一惧一喜之际，门户洞开。

惠文君果然问道：“先生有什么办法？”

自然有办法，叽里呱啦吓唬了一顿，再一伸舌头：“对不起，我也没辙。”

张仪学纵横术，察言观色是必修课，一见惠文君流露出害怕的神态，缓缓说出两个流传千古、名动天下的字：“连横。”

惠文君不懂：“什么叫连横？”

张仪解释道：“事一强以攻众弱。”张仪见惠文君仍然懵懵懂懂，继续说道：“打强者不容易，欺负弱小容易，这是正常人的思维。利用人们欺软怕硬的心理，让一些国家做小弟尊奉秦国为老大，帮着秦国去收拾其他国家。如果韩、魏成为秦国的盟友，秦国向西攻打巴蜀，向西南攻取汉中，诸侯不敢插手。这样秦国会变得更加强大，对手将被削弱，然后我们再回过头来收拾小弟。”

惠文君默不作声，仔细聆听。张仪道：“当我们收拾小弟的时候，那些国家无力救援或者幸灾乐祸，我们就可以一个接一个地吃掉。”

惠文君击案道：“妙计，妙计。”一阵兴奋过后，惠文君感到失态，一国之君怎能如此轻浮，轻易被他人折服，遂冷冷道：“诸侯凭什么服从我秦国？”

张仪说道：“秦国没有强大到一根大棒无敌天下的地步，需要不时拿出点蜜糖。比如魏国，主君用武力重创魏国西河方面军，魏王同意将西河归还秦国，可魏军仍然坚守着一些战略要地不肯撤退，因为魏王不是心甘情愿将西河之地献给主君。魏国人不甘心，日后统治西河会遇到麻烦。”

惠文君饶有兴趣地听，张仪继续讲：“送礼送别人的东西不心疼。楚王死了，新王刚刚继位，魏、楚两国大战，大王派一支军队帮助魏军作战，把夺取的楚国土地送给魏国，魏王自然会开心地交出西河。您无须在西河进行屠杀，因为那是魏王心甘情愿给的。魏国与我国结盟，夹在两国中间的韩国自然归附。秦、魏、韩三国连横成立，天下诸侯谁敢不服。”

惠文君依计而行，一切如张仪所料，秦军助魏军大败楚军，秦国兵不血刃顺利接收西河全部土地。张仪客卿之位到手。客卿不是张仪的目的，张仪要做秦国最高长官大良造。

大良造已经有人做了，公孙衍是惠文君从魏国挖来的人才。不负众望，公孙衍率秦军大败魏军主力，论军功张仪还差那么一点。张仪有办法，再次施展出空手套白狼的口技绝活，让世人领略到什么叫作“三寸之舌，强于百万之师”。

## 龙门会

公元前328年，张仪到秦国的第二年，张仪与公子华率领秦军越过黄河攻下素有“河东重镇、三晋雄邦”之称的魏国蒲阳。魏国国土大体可以划分为三部分，中原地区、河东地区和河西地区，即今天的河南北部、山西西部和陕西东部地区。河东与河西顾名思义，中间隔着一条黄河，河东与中原地区并未连成一片，中间隔着韩国，只有上党山区一线地相连。

张仪进攻蒲阳这一招实在凶狠，之前秦军攻占汾阴，现在拿下蒲阳，完全断绝魏国黄河东部和西部（即河东地区与河西地区）的联系。而且蒲阳位于魏国中原地区与河东地区的北部走廊上。蒲阳丢失意味着河东地区完全孤立，魏国只能通过韩国支援河东。一旦韩国态度出现变化，魏国将无力救援河东。

魏军自马陵之战后十年间战争不断，败多胜少，魏惠王实在鼓不起勇气再度调集全国之兵与秦国人决战。但是，不进行决战的话，河东地区恐怕会被秦国慢慢蚕食。紧急关头，戏剧性的一幕出现了。

秦国非但归还蒲阳土地，并且送来惠文君的兄弟公子繇做质子。质子就是人质，把公子繇押在魏国，可见秦国求和的诚心。

魏惠王忐忑不安，上天不会无缘无故掉馅饼。果然，时间不长，张仪轻车简从来到大梁。张仪轻裘缓带、潇潇洒洒步入魏国宫廷，只说了一句话：“秦君对魏国如此宽厚，大王不可无礼。”魏国自诩礼仪之邦、中原上国，怎么能不讲礼呢？

魏惠王端坐宝座之上注视着张仪，为什么魏国的人才流失这么严重，先有公孙衍，后有张仪，还有那些曾在魏国供过职的人，吴起、卫鞅、孙膑，每个人离开魏国后都把魏国当作敌人，给魏国致命一击。难道我的眼睛真的花了吗？

眼前的年轻人牙尖嘴利，令人生畏。秦国用魏国的土地索取魏国的土地，真会算账，没办法，蒲阳事关河东地区的安危，是魏国核心利益。既然秦国有本事拿去一次，当然可以拿去第二次。魏惠王明白秦国人想要什么，上郡和少梁。那是魏国黄河以西所剩下唯一的一片土地。

“黄河远上白云间，一片孤城万仞山。”唐代王之涣的《凉州词》倒是生动描述出此刻上郡之地的窘境。弱国无外交，谁让魏国打不过人家。魏惠王强压心头的愤怒，无奈笑了笑，说道：“秦国诚心议和，寡人岂能珍惜土地伤害百姓，上郡十五县连同少梁一并划归秦国，希望以后两国和平相处，不再交战。”

张仪心花怒放，脸色却平静得像一泓秋水，盛赞魏王英明。魏惠王站起身，踱到张仪身边，声音低沉道：“张仪先生，寡人最后说一句话，莫忘记你是魏国人。”

不用魏惠王嘱咐，外交上张仪从来不把事情做绝。张仪回到咸阳，秦国又把焦、曲沃以及皮氏归还魏国，主动退到黄河和函谷关以西。

张仪立下大功，不战而唾手可得数百里土地，拉来两个盟国。依靠秦军旺盛的战斗力攻下上郡和少梁只是时间问题，可是秦、魏两国之间必然有一场血战，死多少将士，花多少年才能够巩固占领区？不费一兵一卒，不杀一个平民，只凭聪明的大脑和一条灵活的舌头做成十万大军才能做到的事，张仪居功至伟。

如何表彰张仪令惠文君颇费心思，毕竟大良造公孙衍战功卓著，思来想去，惠文君想到一个折中的办法。谁也不用争，谁也不用抢，一人一半。秦国以前不设相邦，现在按照中原国家的传统设置相邦。文武分治，相邦统领文官，大良造统领武官。

张仪当上相邦仍然不满意，他想除去公孙衍独揽大权，因为公孙衍不服。公孙衍常对人说，张仪有什么功劳，他取得的土地是用秦国将士们打下的土地换来的，没有威武的秦军做后盾，那条破舌头就是条死蛇。

公孙衍故意掩盖了一个事实。张仪用烫手的山芋换来甜蜜的苹果，互换土地为秦国赢得休养生息的良机，与魏国结盟破坏列国联合扼杀秦国崛起的企图。公孙衍心知肚明张仪的功劳，但他们两人是竞争对手，不是你挤走我，就是我挤走你，又怎肯抬高对方。张仪知道凭他在惠文君心中的地位仍然不足以收拾公孙衍，必须继续增添砝码。

张仪成功策划了“龙门之会”与“咸阳称王”。

公元前 326 年，秦国举行盛大的腊祭。腊祭顾名思义，腊月祭祀鬼神，庆祝丰收。腊祭那天，秦国人会从全国各地、四面八方赶到祭祀地庆贺礼拜。与往年不同，此次腊祭安排在黄河西岸的龙门，位于今天陕西韩城东北，原属秦国，被吴起的魏军占领，八十年后重新回到秦国怀抱。

惠文君登上绝壁陡峭的山峰，脚下黄河汹涌澎湃、奔腾不息。收复失地，重整河山，西北狼高昂着头重回人间。惠文君神采飞扬，一手叉腰，一手挥动致意，大声向一眼望不到尽头的人群喊话：“秦国从此崛起，屈辱的时代一去不复返！”

万众欢腾，秦国老百姓热烈欢呼，惠文君的声望超越历代秦君。包括远在陕北、宁夏游牧的戎狄部落也跑来参加活动，争睹秦君风采。虽然这片土地几年前由魏国统治，甚至留有魏国人的定居点。但是，策划大师张仪把龙门之会办成一场和平、安全、盛大的集会，没有发生任何骚乱，没有一个魏国人抗议。如果不是秦、魏结盟，秦国人敢在龙门搞联欢吗？龙门之会向外界宣示了和平的力量、连横的力量、张仪的力量。

惠文君大获民心，欣喜若狂。张仪一扫商鞅残留的影响力，给秦国打上新的商标“连横”。接下来的节目彻底把惠文君推上神坛，张仪无可置疑地成为秦国二把手。

公元前 325 年，秦国人撒下英雄帖，骄傲地对外宣布惠文君称王。秦国周边的小国和游牧民族一百余名国君齐来庆贺，西北群狼云集咸阳。

齐、楚大国及中原各国充满嫉妒和不屑地瞧着这场群魔乱舞的闹剧，齐威王和楚怀王腰间的宝剑悄悄等待着机会，伺机出鞘取狼头。

出乎人们意料，昔日的霸主魏惠王和韩威侯竟也来到咸阳参加惠文君的加冕典礼。有此二人捧场，列国诸侯松开握剑的手，不痛快只能憋在心里。魏、秦之间百年大战，现在握手言和，共结盟约，人家魏国人不计前嫌，你算哪根葱。

三国领导人亲密无间，魏惠王亲自给惠文君驾车，韩威侯充当护卫，又出现魏、赵、韩三家灭智氏时的一幕。魏、韩两家国君各怀鬼胎，不怀好意大捧惠文君。日后他们唆使楚、秦相斗，可惜楚怀王并非赵毋恤那样的雄主。战国最有谋略、最会说话的骗子张仪站在惠文君身后，站在智瑶身后的却是那个百无一用、只会给自己做毁容手术的义士豫让。

惠文君继魏惠王、齐威王之后成为战国第四个称王的国君，是为秦惠王。秦惠王承认魏惠王的王号，同时鼓励韩威侯称王。韩威侯开始羞答答拒绝，韩国实力不如秦、魏两国，两年后见秦惠王坐得舒舒服服，也就掀起盖头变成韩宣惠王。

值得一提的是，东周国君昭文君参加了咸阳称王之会。秦惠王待昭文君异常亲热，一口一个老师地叫。看得魏、韩领导人傻眼，没想到两人关系这么铁，日后自当另眼相看。昭文君对张仪的投资终见回报，带来丰厚的利润。

## 内　斗

两次漂亮的策划使张仪成为秦惠王跟前的大红人，现在可以放心打击竞争对手，公孙衍首当其冲。

公孙衍原为魏国将领，秦惠王花费大力气从魏国挖来的人才，战功赫赫，位居大良造。秦惠王宁肯为张仪另设官职也不肯替换，足见扳倒公孙衍委实不易。两人不和是众人皆知的事情，张仪不便亲自出手。

想撵跑公孙衍的不止张仪一人，张仪发现秦国大将樗里疾与自己志趣相投，那就借力打力。借力打力说得难听一点就是借刀杀人，借刀杀人的境界不是你拿着人家的刀杀人，那样做一样判刑入狱，而是让别人拿着他的刀杀你希望死掉的人。

樗里疾出身宗室，是秦惠王的弟弟，为人滑稽多智，秦国人称之为“智囊”。这位智囊不喜欢待在朝堂上出谋划策，喜欢攻城略地带来的快感。公孙衍入秦，风头日盛，出兵打仗时樗里疾沦为替补，心有不甘，与张仪很快结成统一战线。

在张仪指点下，樗里疾对秦惠王和公孙衍进行窃听。战国时代没有窃听器，樗里疾有花招，利用公子身份出入宫廷的便利，在秦惠王经常同他人密谈的地方挖了个洞。只要公孙衍一入宫，他就像鼹鼠般藏身洞中窃听。很难想象一位公子、闻名遐迩的名将会做此等卑鄙、龌龊的事情，比起对权力的渴望，荣誉实在不算什么。

樗里疾听到一则重要的消息，秦惠王与公孙衍商议攻打韩国，决定由公孙衍挂帅于秋季发兵。军事行动越保密越好，对外谁都不知道。时过不久，咸阳满城风雨，连韩国人都知道秦国秋季攻打韩国的事情。韩国外交官提出抗议，直接点出公孙衍担任此次军事行动的指挥官。

秦惠王非常气愤，把樗里疾叫进宫来问："伐韩军事行动是不是你们军方造的谣？"樗里疾道："好像是公孙衍说的。"秦惠王有心计，并没有发火，反而装糊涂道："我从来没和公孙衍提过伐韩的事，怎么会是他说的？"樗里疾皱了皱眉头："可能公孙衍寄居我国，内心孤独，急于表现，吹吹牛炫耀一下吧？"秦惠王怒火中烧，立刻派人去找，这么重要的事情，公孙衍竟敢泄密。

找遍咸阳城不见公孙衍的影子，公孙衍溜了，溜回魏国去了。不走待何，浑身有嘴说不清，伐韩军事行动只有两个人知道。秦王没说，那指定是他说的。公孙衍心知受到张仪陷害，两人水火不容，难以共事。临行前公孙衍咬牙切齿："好你个大骗子，不报此仇，誓不为人。"

挤对走公孙衍，张仪把目光投向潜在的竞争对手陈轸，因为陈轸是一个极为可怕的人，他们之间的交锋是张仪出道以来第一次失手。

陈轸是秦国的平民精英，论口才，口吐莲花、天花乱坠；论头脑，深谋远虑、聪明伶俐，各方面素质均不亚于张仪。陈轸一直主管着秦国的外交事务，尤其和楚国关系密切，常在两国之间走动，见识过张仪的才华。张仪离开楚国到秦国来，陈轸事先得到消息，预料到张仪必然得志。自负才华之人不甘心居人之下，陈轸不想讨好张仪，又怕张仪得宠之后实施暗算。于是，陈轸选择先下手为强，在张仪未到秦国之前恶狠狠敲了张仪一闷棍。

陈轸的同党田莘有一次对秦惠王说："听说张仪要来秦国，我担心主君成为第二个虞君。"

虞君是谁？虞国的亡国之君，不在人世了，著名成语"假道伐虢"中的副主角。秦惠王感到惊讶，问道："此话从何说起？"

田莘道："从前晋献公讨伐虞国，害怕虞国大臣宫之奇，有人对晋献公说：'您派一个能说会道的弄臣去离间君臣关系逼走宫之奇，然后再进兵。'后来宫之奇被逼离开虞国，虞国随之灭亡。如今秦国武有公孙衍，文有陈轸，国力日强，楚国害怕，张仪来到我国居心叵测，或是楚国的离间之计。"

这一招妙在哪里呢？妙在人没到大棒先举起来，只要张仪一开口难保挨一棒槌。张仪真就领受一棒。来楚国不久，张仪说了一回陈轸的坏话，发现秦惠王对他的话相当反感。张仪赶紧闭嘴，时机未到，要耐心等待。

明君跟前争宠，功劳第一。陈轸虽然聪明，却想不出连横之策，更没有策划龙门之会和咸阳称王的美事。有如此功劳，张仪可以不避忌讳地说"真话"。

张仪千方百计收拾公孙衍和陈轸是为了争宠，争宠为了什么，为了顺利执行自己连横的战略思想。

连横若想推行下去，张仪必须树立绝对权威，无论外交部还是军方都要配合，不配合的就扫地出门，绝不客气。有过错没的说，没过错创造过错也要把你撵走。

公孙衍和张仪平级，对付公孙衍不如秦王兄弟樗里疾说话更有分量。陈轸是下级，张仪可以直接挑毛病。

诋毁一个人要抓住他的过错，罗织罪名，张口闭口某某人不行，没本事，空洞的话不起作用。没有证据怎么办？可以用逻辑去进行推论。

张仪诽谤陈轸的话特别高明，他说："陈轸全权负责对楚国邦交，拿着公家的钱财奔走于楚国和秦国之间，照理说，秦国和楚国的关系应该有个质的飞跃。可是，现在楚国对我国根本不友好，反倒对陈轸特别亲密。国家拨了这么多款不见成效，可见陈轸为个人打算多，为秦国打算少，是不是为将来去楚国铺路啊？”

张仪告陈轸假公济私，因私废公，可惜没有证据。张仪没搞到证据，故而只是说出怀疑，让秦惠王自个儿寻思去。

今非昔比，张仪间谍之说早已不攻自破，他在秦惠王心里已红透半边天。秦惠王立马把陈轸找来，单刀直入：“寡人听说先生想离开秦国到楚国去，有这事儿吗？”

与楚国关系好是陈轸的一块心病，因为陈轸喜欢充满自由气息的楚国文化，喜欢楚国“无为而治”的哲学，相反，秦国法治严酷，令人窒息、压抑。楚国也有缺点，贵族情结浓重，讲究出身，讲究门第，平民很难有所作为。所以陈轸一直拿不定主意，该不该移民。

仕途险恶，只要有弱点敌人早晚会抓住，必须把漏洞堵上。陈轸想好对策，自然信心满满，故而干脆地回答：“是的。”

秦惠王冷笑道：“张仪说得果然不假。”

语言艺术和棋艺同理，高手观大局，能看好几步，一般的棋手走一步算一步，敢在秦惠王面前诋毁陈轸的人，数得过来的那么几个人，所以陈轸听到张仪的名字根本不惊讶。

陈轸早想好和楚国关系密切的托词，心中默念过好几次，而今只需不紧不慢说出来：“不仅张仪知道这件事，连路人都知道。从前伍子胥忠于吴国，天下的国君争着要他做臣子；曾参孝顺父母，天下家长都希望有这样的儿子。正因为我忠于秦国，所以楚国才想得到我。如果我不忠于秦国，楚国会要吗？如果我忠心耿耿却遭大王抛弃，不去楚国去哪里？”

陈轸打消了秦惠王的疑心。张仪不是以前的张仪，现在的张仪在秦惠王面前有什么说什么，输了一局还有第二局。张仪对秦惠王道：“大王别相信陈轸的话，这是反话正说，他经常泄密给楚国人，就为了日后去楚国。”

陈轸的反驳挺有意思，他告诉秦惠王一个故事：“从前有个楚国人娶了两个妻子，有人勾引大老婆挨一顿骂，却成功勾引到小老婆。不久老公死了，有人问勾引者，‘娶大老婆还是娶小老婆。’勾引者道：‘当然娶大老婆，谁愿意做绿毛龟。’大王您想想，如果我吃里爬外，楚国人会要我吗？”

秦惠王笑了，告诉张仪：“陈轸是忠臣，寡人相信他。”

谁都有看走眼的时候，秦惠王也是。

我比你强，就为证明这一点，陈轸要超越张仪。若想超越张仪，只有嘴皮子功夫是不行的，必须击败张仪的成名绝技——连横术。

陈轸要在决斗场上击倒张仪，决斗场就是战国大舞台，两千三百多年的中国人全是这场世纪决斗的观众，为之兴奋、喝彩、鼓掌、叹息、流泪。

陈轸需要一个帮手，一个站在明处的帮手。这样他就可以退居幕后，一明一暗，一阴一阳。陈轸相信凭借他们两人的聪明才智定会让战国风生水起，打得张仪满地找牙。

## 陈轸的妙计

月白风清，公孙衍在庭中独酌，孤零零的一片落叶轻轻从枝头飘落。没有战鼓声，没有戈矛的铮铮，没有人头堆成的景观，世界变得那么奇怪，那么陌生。

这里不是西方咸阳，而是中原大梁。他已不是秦国大良造，而是魏国犀首。

公孙衍到大梁，可以用“狼狈不堪”四个字形容。魏国人的眼睛里分明流露出幸灾乐祸，他们没有拒绝他入境，因为公孙衍杀人光明正大。魏惠王依旧笑脸相迎，丝毫不责怪，虽然眼前这个逃亡人士抢过魏国大片土地，杀过魏国无数的将士，但在魏惠王看来，公孙衍攻毁魏国长城，本人却是一座新的长城，可以抵御秦国进攻的长城。

公孙衍披上魏国的战袍，渴望获战功、将功赎罪，赢得魏国人心。他向魏惠王请命攻打赵国。魏惠王不同意，魏国经不起折腾，不再是以前说打谁就打谁的霸主时代。公孙衍找到齐国将领田肦，希望齐国能够出兵。两人一拍即合，田忌南投楚国之后，副将田肦负责齐国的军事，想借伐赵战争树立一下威信。

他们之所以如此热衷攻打赵国，是因为赵国新君赵雍继位不满两年，就是日后威震塞北、胡服骑射的赵武灵王，不过当时只有 17 岁，小老虎的钢牙和利爪没有长出来。

公孙衍对田肦道："我们各自向国君汇报，只需两国合兵五万人，五个月即可攻破赵国。"田肦吃了一惊，想当年魏国强盛之时合三国之力，十万大军用时三年两围邯郸，才打得下来，区区五万人怎么可能取胜。田肦理智地劝道："话说得太满不好收场。"公孙衍狡黠地一笑："田兄什么时候变得这么不聪明，两国国君本来无意伐赵，我们再把战争说得那么困难，他们怎么肯出兵。等仗打起来，凭魏王与齐王的智慧，决不会让我们孤军冒险。"

事情按照公孙衍的设计进行，魏、齐两国大败赵军。公孙衍收获战功，但是魏国人仍然不喜欢他，对屠杀西河居民的暴行耿耿于怀。

有才难展，有怨难报，公孙衍心里不痛快，不出门，不会客，终日借酒浇愁。世间既生公孙衍，何必再生张仪。张仪那个长舌妇竟把手握十万大军、战功赫赫的天下名将逼得只能拎着酒壶，对影成三人。

又有一片落叶飘下，落到酒杯里，公孙衍浑然不觉。下人禀报："有客来访。"公孙衍头不抬、眼不睁，喃喃道："不见。"一会儿下人第二次回来通报："您的好朋友陈轸来访。"公孙衍翻翻眼皮，半晌道："不见。"好一会儿下人又回来通报："您的仇人张仪来访。"公孙衍愣了半天，说道：“请进。”

陈轸施施然迈着方步走了进来，轻笑道：“天下鼎鼎大名的犀首公孙衍竟然与美酒为友，与明月做伴，优哉游哉，真是令人羡慕。”

公孙衍脸一红，放下酒杯，起身道：“先生怎么有闲暇到魏国来？”

陈轸朗声道：“我忙得很！哪里有闲暇，奉命出使齐国，刚从咸阳出来，百忙之中特意来看望犀首，不想犀首早已忘记昔日的羞辱。”

公孙衍叹了口气：“公孙衍无能，奈何不得张仪那小子。”

陈轸道：“怎么奈何不得，你整天喝得醉醺醺当然奈何不得。他有舌头，你也有舌头；他有脑子，你也有脑子。张仪所倚仗的，不过是连横而已，此等小小把戏，张仪会耍，我等怎么不会？”

公孙衍瞪大眼睛：“先生有何妙计？”

陈轸道：“他不是连嘛，我们合，他不是横嘛，我们纵，合纵。他召集一批小弟帮着老大欺负人，我们拉小弟们对付老大。连横利用世人欺软怕硬的心理，合纵利用世人恐惧、虚荣的心理。和他对着干，只要把连横搞垮，张仪就垮了。”

公孙衍豁然开朗，兴奋一阵又摇头道：“怪我在西河杀人太多，魏王不信任我，魏国外交事务田需说了算。”

陈轸道：“我早想好了，过些日子田需出访楚国，你就坐他车里。魏王肯定问你想干什么呀？你就说：‘我和赵、燕两国国君有过约会，现在正好没什么事做，想去拜望一下，希望大王能借几辆高级车子装装门面，十五天准回来。’魏王一定不会拦你。你在朝廷上放风，派人四处宣扬，说有要事出访燕、赵两国，急需准备车辆，然后待在家里等着。”

公孙衍道：“就这样？”

陈轸嘿嘿一笑：“是啊，就这样！”

公孙衍依计而行。不等公孙衍出发，齐国外交官来到公孙衍府中，说道："听说先生出访燕、赵两国，我家大王说了，齐魏邦交之事全权委托先生。"齐威王听说魏国分派使者到楚国、燕国和赵国去访问，偏偏没到齐国来，怕有什么不利于齐国的图谋，故而抢先派人结交公孙衍。

公孙衍心中暗暗得意，第一步计划顺利实施，接着取消去燕、赵两国的行程。燕、赵两国国君不清楚到底发生了什么事，一会儿说来，一会儿又说不来，莫非因为齐王私下贿赂公孙衍，向魏国施加压力？没过多久，赵、燕两国外交官来见魏王，表示愿意把两国的外交事务交给公孙衍打理。

楚怀王本来好酒好肉招待田需，听说公孙衍全权处理齐、燕、赵三国事务，马上看眼前的田需不顺眼，闹了半天你在国内不吃香。说了不算、没权力，我搭理你做什么。楚国不理远道而来的田需，派人到大梁去，把楚、魏的外交事务也交给公孙衍打理。

魏惠王把公孙衍找来，满脸堆笑："前一段时间寡人不用先生，是想让先生好好休息休息，现在先生该出来为魏国做点事情了，外交事务全权交给先生处理。"

## 五国相王

陈轸妙计大功告成，帮助公孙衍取得了魏惠王信任，捞到了魏国外交部长的官帽。公孙衍开始实施合纵计划。合纵的精髓即是联合弱国对抗强国。战国群雄林立，齐、楚、秦三国最强，公孙衍选定赵、燕、韩为合纵目标，最后还把中山国拉了进来。中山人极其坚韧，魏文侯灭中山，二十多年后中山人凭借顽强的意志力复国。

为把五国成功捏合一处，公孙衍效仿张仪"咸阳称王"发起"五国相王"运动，由魏国带头支持韩、赵、燕、中山四国称王，换取他们与魏国结盟。

魏国相邦惠施不赞同合纵，提出不同的战略思维，不结盟、不打仗、不称霸、奉行独立自主的外交政策，争取齐国和楚国的支持制约秦国。用惠施自己的话说："以魏合齐楚以按兵。"

惠施的不结盟主张还是做人家的小弟，和连横没什么区别，连横只有一个老大，现在变成两个老大。

公孙衍对魏惠王说："秦国取魏国西河之地，您甘心吗？单凭魏国的实力确实不足以对抗秦国，合五国之力还怕一个秦国不成？五国地位平等，团结互助，戈矛一致对外，何惧秦、齐、楚三国！"

满头白发的魏惠王深深倚靠在御座之上，外表平静，内心悲愤。77岁高龄、46年国君生涯，他创造了一个纪录，战国在位时间最久、最长寿的君王。每再活一年，纪录都将改写。然而现在魏惠王感觉生不如死，被那顶沉甸甸的王冠压得喘不过气来。

魏惠王接手的是一个欣欣向荣的国家，那时的魏国如日中天，武卒纵横天下，什么秦国、楚国、齐国都不放在眼里。在他手里魏国达到鼎盛，然而几十年下来打了无数仗，国力越打越弱，地盘越打越小，而今沦落到与赵国、韩国、燕国，甚至曾经的殖民地中山国为伍。为了魏国的利益，他给齐王行过礼，给秦王驾过车，屈辱啊，这把年纪不能再当马车夫，不能再给人家做狗，留点尊严吧。魏惠王同意公孙衍的合纵外交计划，抛弃一年前刚刚订立的秦、魏、韩三国连横条约。

"五国相王"大张旗鼓进行，魏惠王先后承认韩、赵、燕和中山四国国君的王位。消息传到秦国，秦惠王非常紧张，傻瓜都瞧得出来"五国相王"是对抗秦国的邪恶轴心，连横出现危机。

张仪对秦惠王道："大王放心，合纵绝不会成功。不要迷信团结的力量，人最难做到的就是团结。合纵和连横不同，合纵缺乏核心，缺乏一个强有力的领导者。蛇无头不行，鸟无头不飞。合纵没有头儿，用不了多久，他们就会出现内讧。现今之计是联合齐、楚两国，给合纵国施加军事压力。”

公孙衍发现把事情想简单了，“五国相王”不仅伤害秦国利益，同时刺激到楚国和齐国的大国战略。这些强大的国家根本不允许弱国们抱成团。

齐威王首先跳出来，大骂中山国君不知羞耻，小小国家竟敢与大国平起平坐。齐国与中山国断绝外交关系，进行经济制裁，威逼中山王取消王位，这一切后面掩盖着齐威王对中山国的觊觎之心。秦国反应更是迅速，秦军兵出函谷关，重新攻取陕，渡河北进，进攻曲沃、平周等地，向魏国宣战。楚国则趁火打劫，上柱国昭阳率楚军向魏国发动进攻，而且带来一个人，魏惠王的儿子公子高。楚国强迫魏国收下此人，不仅要收下，还要立为太子。楚国时机抓得巧妙，瞅准魏国与秦国翻脸的机会，意图报陉山一箭之仇，重新收复被魏国占领的土地。

强大的军事压力下合纵联盟内部出现裂痕。五国联盟中的赵武灵王赵雍出手了。

五国相王，赵雍主动摘去头上的王冠，第一个退出五国同盟。赵雍毕生不称王，不仅不称王，而且自降一等，只允许臣民称呼“主君”。赵雍和前辈赵毋恤非常像，懂得面子最无用，虚荣心害人。

“没有称王的实力，图个虚名有什么用！”明代的谋士朱升将赵雍这句话上升到国家战略的高度，“高筑墙，广积粮，缓称王”。名实相符本是惠施名家学派的主张，拥有四海可以称王，割据一方可以称公侯，赵国实力处列国末席，硬要出头称王，岂不是做出头鸟？

不是所有的人都甘心退居人下。赵雍懂得韬光养晦，中山国君舍不得头上那顶王冠，态度强横，差点和齐国打起来。多亏齐威王年老不复当年壮气，加上燕、赵两国对中山国的袒护，齐威王未能发兵灭中山。中山王不过风光二十年，就被赵主君灭掉了。

赵国退出，中山自保。面对秦、楚两国对魏国的进攻，没有一个国家肯出兵帮忙，五国相王运动刚开个头便自动终止。秦国攻西面，楚国攻南方，魏国两面受敌，楚军在襄陵大败魏军。无奈之下公孙衍搬出陈轸救火。

战国第一次合纵是场双簧戏，公孙衍在台上表演，陈轸在台下操纵。公孙衍顺利得到各国信任，少不了陈轸游说列国诸侯的功劳。齐国外交官之所以第一个找到公孙衍，正是陈轸借出使齐国的机会，故意向齐威王泄露公孙衍和赵、燕两国有秘密约会。合纵失败，公孙衍无法收场，只能由这位幕后策划者出来收拾残局。

陈轸从齐国匆忙赶往楚军营中劝说昭阳退兵。陈轸和楚国人最熟，但人缘好不代表人家会听你的话。昭阳立功心切，正杀得高兴怎么肯退兵。

陈轸讲了一个故事，讲完后昭阳二话没说，拔营起寨。

那个故事叫作“画蛇添足”。蛇本来没有脚，有人给它画上脚，变成四不像。昭阳为楚国立下大功，按照楚国的制度，最高级的武官是上柱国。昭阳已经是上柱国，再行封赏的话只有相当于总理的令尹。换句话说，如果昭阳继续立功，那就无官可赏，无官可赏只有死路一条。齐国的田忌因为功高震主至今客居楚国，你昭阳想变成无家可归的多脚蛇田忌吗？

昭阳走了，带走魏国八座城市，其中有楚军占领的，有魏国割让的。求人家办事总要带些礼物，昭阳只是中间人，楚王才是说了算的正主。昭阳打了大胜仗却两手空空回去，楚王会怀疑昭阳用楚国的军队谋私利收受贿赂。

楚军打着护送公子高回国担任太子的旗号，本意把魏国变成楚国的附庸国。一旦公子高继承王位，魏国就是楚国死党。魏国不接收，怎么能随随便便撤军。陈轸知道楚怀王的缺点，好贪小便宜，只需弄点眼前的利益足以蒙住他的眼睛。

### 两国相印

南线安定下来，秦军仍在猛烈进攻西线，魏惠王焦头烂额。哪里有困难哪里有纵横家的影子。张仪又来了，带着胜利者的微笑第二次来到大梁。他此行有一个目的，讨一份工作。

张仪缓步从惠施、公孙衍面前走过，嘴角挂着笑意。他击败名家掌门人、当代名将和著名智囊的联手进攻，天下第一纵横家的名号非他莫属。

讲起来，魏惠王应该不好意思见张仪，几个月前亲亲密密拉着手一起连横，几个月后搞合纵，拆人家的台。魏惠王的脸皮久经磨炼，神情丝毫不变。

忘掉以前的不愉快，有共同利益大家还是好朋友。张仪要魏惠王明白一件事，听张仪的话永远不吃亏。

“大王想获得土地吗？”张仪一句话吊起魏惠王的胃口。魏惠王叹息道：“寡人又一次战败，谈什么土地。”张仪正色道：“我能使大王获得半个魏国的土地。”魏惠王一下子睁大了眼睛，“果真？”

“当然。”张仪坚定地回答道：“只要大王任命我为魏国的相邦。”

魏惠王万分惊讶，“先生肯弃秦国来我魏国？”

张仪声音平和，像是在诉说一段动人的故事：“不错，不仅如此，我还要劝说秦王进攻韩国三川之地，大王可以借机向韩国索取南阳土地，秦、魏两国共同发兵，韩国可灭，然后两家平分土地。”

魏惠王沉吟不语，张仪开出的条件足够诱人，让人难以拒绝，半晌道：“好，容寡人与臣下们商议一下。”

张仪不失时机地说道：“大王千万小心陈轸这个人，他和楚国关系密切，我听说这次会谈他为楚国谋地特别卖力气，得了不少好处。”

张仪的话传到陈轸耳朵里，陈轸淡淡一笑。像他们这种高手，输得起、放得下，唯有输得起才能赢得起。陈轸没有到魏王跟前去解释，解释没有用，因为陈轸现在无法给魏国带来好处。陈轸把张仪的话透露给楚国，让楚王先听一听。随后，收拾行装出发。这一次向南方去，流浪是他的宿命。有人撤退是为了逃跑，有人撤退是为了反击，陈轸属于后者。陈轸从南行的马车里探出头来，望了一眼宏伟的大梁城，真正的较量才刚刚开始，张仪你等着接招吧。

魏惠王召开国会讨论魏国战略方向。魏国日薄西山，先后败给秦、齐、楚三国，老牌强国秦国重新强劲崛起已成事实。夹在列国中间的魏国势必要做出选择，有三种战略供魏国人民考虑：

第一，顺从秦国，受秦国保护，搭秦国顺风车，做秦国小弟，为秦国的胜利欢呼，即接受连横；第二，联合弱国对抗霸权；第三，不结盟，采取均势，利用秦、齐、楚战略三角关系进行投机，做墙头草顺风倒。

合纵同盟瓦解，公孙衍闭嘴不言。成功者说什么都是对的，失败者只能闭上嘴巴。惠施仍然坚持不结盟政策，拒绝连横，他知道一旦连横成功魏国相邦将不再姓惠。

纵然惠施出口成章，有指鹿为马的大才，事实证明不结盟政策保护不了魏国，不能使魏国免受列国攻击。最后大臣们举手表决，以压倒性的优势欢迎张仪入魏国拜相，也意味着惠施的任期提前结束。

张仪兴冲冲回到咸阳向秦惠王提出秦、魏合兵瓜分韩国的战略计划。张仪的计划遭到秦国名将司马错反对，司马错主张先讨伐蜀国，再进取中原。双方展开激烈辩论，这是一次著名的辩论，决定此后秦国的战略。

此次辩论中，张仪史无前例地提出一个经典的战略方针“挟天子以令于天下”。这条计策在五百年后成就曹操霸业。司马错则认为攻取韩国、挟持天子会过早暴露秦国的军事实力，引起列国干预。乘合纵瓦解之际讨伐南方的巴、蜀，拓展疆域、积累财富更加稳妥。

司马错的担忧不无道理。成王败寇，胜利掩盖一切。只要胜利，一切都好说，只要失败一切白扯。三国曹操“挟天子以令诸侯”的作用完全被后世夸大。“挟天子以令诸侯”引起各地实力派军阀的眼红忌妒，在外没有一处地方军阀听命于曹操，在内曹操承受保皇派巨大的压力，汉献帝与保皇派暗中策划“衣带诏”。内外交困，“挟天子以令诸侯”的战略使曹操成为第二个董卓。若非袁绍愚蠢，换作刘备或者孙权，凭借河北的军事和经济实力取曹操易如反掌。纵是如此，官渡之战曹操亦是险中取胜，这是慕虚名致实祸。

这一点，秦惠王比我们强得多，他没有去建设咸阳，而是把眼光投向贫困的巴、蜀大地。

张仪满脸恳切，说道：“大王的知遇之恩，臣铭记于心，无以为报。只想辅助大王攻灭列国，统一天下。挟持周天子号令诸侯才是真正的王业，攻打荒蛮、偏远、地势险要的蜀地会使秦国的王业推后，大王永远看不到统一的那天。大王若担心齐、楚干涉，臣请求到魏国担任相邦巩固秦、魏邦交，使魏国不敢背叛秦国。”

秦惠王道：“寡人知道先生的心意。人贵在知足，寡人打下西河土地，恢复祖宗疆域，不敢奢望争天下。蜀地穷困，频繁发生水旱灾害，水灾一片汪洋，旱灾赤地千里。因为蜀穷，所以楚国近在汉中却不肯取蜀。蜀地的穷困在于没有强有力的政权，不肯治理环境，寡人有信心把蜀地变成秦国的粮仓。司马错的话不错，‘得蜀则得楚，楚亡则天下并’。秦国拥有新的南方制高点，可以从长江出发偷袭楚国腹地。寡人虽看不到秦国一统，后世当记得寡人。”

张仪赞叹道：“大王深谋远虑，是臣下过于急功近利。”

秦惠王道：“连横必须搞，一直搞到秦国有能力灭亡列国的那天。寡人派兵护送先生去魏国拜相，让魏国替秦国挡住东方诸国，我们好腾出手来收拾巴、蜀。”

张仪思忖片刻，说道：“蜀地道路不通，地势险峻，谋蜀需从长计议。”

秦惠王笑道：“寡人想出一招妙计，让蜀国国君为我大军建桥修路。”

张仪会意地笑了，世界上没有办不到的事，只有想不到的事。成功往往眷顾异想天开的人。

张仪在大梁拜相，第一次连横与合纵的较量以张仪完胜结束。合纵阵营土崩瓦解，头头们各谋前程。

陈轸有先见之明，早早离开魏国去楚国。惠施抱着相邦大印不放，直到张仪入魏境，才匆匆逃窜。张仪进入大梁下达通缉令，名家大师逃得狼狈，化装后好不容易逃到楚国。

楚国怕影响与秦、魏两国的邦交，把惠大师送往宋国。宋君戴偃是个牛人，国家不大，势力不强，心气儿却足得很，最反对强权，齐国、楚国、魏国均不放在他眼里。宋君是诡辩论的信徒，对惠施大师特别崇拜。惠施回到老家宋国，在戴偃保护下整天和庄子大师抬杠，生活过得十分逍遥。

狡猾的公孙衍依然选择留在魏国，为自己找到新的靠山——韩国国君。我们不能不佩服纵横家的胆识与谋略。公孙衍透风给韩国人，说张仪拜魏相，秦、魏连横之势确立，两国要瓜分韩国。你们韩国人不想亡国的话，必须全力支持公孙衍对抗张仪。公孙衍提出一个无耻的建议，要求韩国人故意战败把南阳地区割给魏国，作为公孙衍留在魏国对抗张仪的资本。

为免受瓜分之苦，韩王与公孙衍秘密商定割让南阳。公孙衍率一支魏军耀武扬威杀向韩国，不费吹灰之力，南阳到手。张仪傻了眼，公孙衍为魏国立下大功，不能像驱逐惠施那样收拾人家。公孙衍在张仪眼皮子底下成功潜伏下来。

为方便张仪魏国拜相，秦国对外宣布免掉张仪秦国相邦职务。张仪从魏惠王手里接过相邦大印，说不出的得意。

世界真是奇妙，公孙衍和张仪两位合纵和连横的风云人物又一次同殿称臣，第二回做同事。这一次公孙衍学乖了，为了让张仪宽心不再算计人，厚着脸皮讨好说："我劝大王把魏国禅让给您。"

张仪皮笑肉不笑道："犀首好主意，那样张仪快滚蛋了。"

公孙衍一脸谄笑："相邦何出此言，您当然要坚决拒绝，我会劝大王另行赏赐一座万户的城池表彰相邦的功劳以及谦恭之心。"

万户封地，张仪心动，看来人是可以改变的。我和公孙衍本无深仇大恨，无非争权夺利。送这么重的礼，再算计人家可就不对啦。

第二日，魏国人惊奇地发现，昨天横眉冷对、互相瞧不起的两位绝代高人竟然乐呵呵有说有笑，亲密无间，犹似多年不见的一对老朋友。

张仪与公孙衍缓和关系有他的目的，一来文武齐心，魏惠王高兴；二来强化秦、魏、韩三国同盟。

连横的核心在于大国有实力保护小国并为之谋利。小弟们之所以前呼后拥跟着大哥舞刀弄棍是因为有好处，没有好处谁跟着你混。张仪必须给魏、韩两国吃一块蜜糖，提出新的战略"以秦、韩与魏之势伐齐、楚"。西面失掉的土地，东面、南面补回来，同盟国对齐国开仗。魏、韩两国负责提供物资保障，秦军越过魏、韩国境向齐国发动进攻。为协调盟军关系，张仪兼领秦相，成为战国第一位身佩两国相印的风云人物。

连横术不是万能的，战争瞬息万变，谁也无法保证战争的胜利。秦国远征军失败了，败在齐国名将匡章手下。

## 孤独匡章

如果有人问战国最孤独的人是谁？回答是：匡章。匡章是战国的独孤求败，匡章虽是名将但却达不到吴起那种打遍天下无敌手的境界。

人最孤独的事情莫过于“无父无母、无妻无子”。匡章更加悲惨，“有父有母、有妻有子”却不得相见。最令人难以置信的是，匡章故意造就孤独、寂寞的生活。

匡章触怒父亲离家出走，从此不登家门；父亲杀死母亲，抛尸马栈之下，匡章不管不问，至死不重新葬母；匡章的妻子儿女均无缘无故被无情赶出家门。

令人惊奇的是，儒学大师孟子是匡章最要好的朋友之一，为此孟子饱受齐国人指责，却无怨无悔，卖力为匡章辩解。

儒家非常看重孝道，讲了很多，“无违”“色难”“父母唯其疾之忧”等，能养活父母不算孝，还要尊敬、态度和蔼，所谓“生，事之以礼。死，葬之以礼，祭之以礼”。礼仪繁多，做个孝子实在太难。

难吗？不难。匡章违背孝道，不养父亲、不葬母亲，更不用提和颜悦色。但是，孟子大师说匡章是孝子。为什么？因为“义”比孝大。

匡章与父亲闹翻根源在于信仰和学术理念的不同。战国百家争鸣，学术自由，人人有不同的学术思想。匡章曾经无情斥责惠施为“蝗虫”，可见匡章的偏激，他的指责激出惠施大师的一番高论。

匡章的父亲田鲔曾经这样教育儿子：你想得到好处，首先让君王得到好处；你想使家庭富有，首先使国家富强。君主出卖官爵，臣子出卖智力，在社会上混只能依靠自己不能依靠任何人。

忠君报国变成做生意，父亲教育儿子自私自利，有这样的父亲吗？匡章一气之下离开腐朽没落的贵族家庭，追求真正的理想去了。

从田鲔的姓氏和见解看，田家绝非平民家庭，极有可能为齐国宗室，匡章抛弃富二代生活令人敬佩。匡章从此更改姓氏，不踏入家门一步，直到父亲去世。为感受父亲失去儿子的痛苦，匡章把妻子儿女扫地出门，自动放弃天伦之乐，一个人孤单地过着清教徒式的生活。

为追求“正义”抛弃父母不能算不孝；为追求“正义”舍弃妻子、儿女，不能算不慈。这才是真正的儒教。对此，庄子对儒教无情讥讽道：“孔子不见母，匡子不见父，义之失也。”

匡章长大后参军入伍，成长为一名优秀的军官。齐军统帅田肦慧眼识人，将匡章当作齐国军界的一颗新星推荐给齐威王。战国是军人表演的舞台，军人们永远感觉不到寂寞。秦国远征军成为匡章军事才能的试金石。

西方霸主秦国不远千里越过韩、魏向齐国进攻，创造了战国大规模远距离投放兵力的先例。战国时代主要兵种是步兵，如此长距离的作战不多见，没有盟国支持更无法想象。即使现代拥有海军和空军，若没有盟国提供土地和后勤保障也是无法完成的，显然连横国是有备而来。

秦国大军压境，匡章接到命令来到齐王宫廷。当他怀着激动的心情见到齐威王后，突然明白了为什么秦国人不远千里进攻齐国。执政长达三十六年的齐威王病了，病得不轻，面色蜡黄，斜躺在床上，唯有一双眼睛依然透露着睿智的光芒。

齐威王活动着肢体，强自振作，表明自己充满活力，不想在他的将军面前流露出虚弱。齐威王的声音低沉缓慢：“秦国人以为寡人快死了，他们竟敢跨国进攻我们的国家，秦国人要为他们的狂妄付出代价。”齐威王的眼睛盯住匡章道：“三十年前寡人任用孙膑把骄横不可一世的魏国人打回原形，那时孙膑只是一个身有残疾的罪犯，所有人都不看好他。这一次寡人看中你，他们同样不看好你，知道为什么吗？”

匡章心中一阵剧烈的痛楚，那是他永远的伤痛。

齐威王见他咬紧牙关不说话，安慰道：“你放心，只要你打败秦国人，寡人出面重新安葬你的母亲。”

匡章的生母启得罪父亲，被父亲杀死扔到马栈底下。古代养马的棚子里铺着木头床防马受潮。马在上面睡，人在底下眠，一身马粪很悲惨，根本不当人。父亲如此对待母亲，犯错只是一方面，匡章离家出走受到迁怒才是真正的原因。

匡章说话了，话语冰冷，令齐威王大感震惊：“改葬母亲等于欺骗死去的父亲，我不会做。身为大王臣子保卫齐国责无旁贷。”望着匡章坚毅的面庞，齐威王眼中亮光一闪而过，嘴边露出一丝笑意。

秦国和齐国的战争打响了，密探一次接一次向齐威王报告前方的战局，消息一个比一个令人震惊。

静悄悄的战场，沸腾的军营，欢乐的将士们，双方使者往来频繁，互赠礼物，哪里是打仗，分明是在开联谊会。大臣们说出第一个感觉：“匡章卖国，与秦国人串通。”齐威王不动声色。

许多齐军士兵改旗易帜，换穿秦国人军服进入秦营。大臣们说出第二个感觉：“匡章投敌。”齐威王神色不变。

第三个消息印证大臣们的猜测：“匡章率齐军向秦军投降。”齐威王仍然泰然自若。大臣们忍不住，纷纷道：“匡章叛国投敌，大王为何不赶快下令其他的部队向匡章所部发起攻击。”

齐威王闭目凝神片刻，信心满满道：“明显不是投降，为何要攻击章子。”

顷刻间捷报传来，匡章率齐军攻入秦军大营，与先前混入秦营的齐国将士里应外合大败秦军。群臣大感惊讶，赞叹之余纷纷询问：“大王如何知道章子不会投降？”

齐威王缓缓道：“连死去的父亲都不会欺骗的人，又怎么会背叛我这个活着的君王。”

活着的人不会永远活着，说完这句话不久，齐威王安心去天堂报到。田因齐采取欲擒故纵的手法控制住齐国的大臣们，扩大稷下学宫的规模，不惜重金养活读书人。他发掘出两位将才，孙膑和匡章。孙膑使弱齐击败强魏，齐国由弱变强；匡章保持住齐国强盛的势头。这只是开始，此后匡章辅佐两代齐王伐燕、征楚、破韩、攻秦，用一系列眼花缭乱的战功回报齐威王知遇之恩。田因齐为儿子和孙子留下一笔庞大的财富，这笔财富足以使齐国成为东方霸主。

伐齐军事行动失败把张仪推到火山口，齐、楚两国不断向魏国施压。执掌秦、魏两国相印的张仪无奈解下魏国大印回咸阳，连横关门歇业。战国不乏人才，又一位大师级的人物走到历史的前台。他叫孟子。

第六章

# 孟子与魏襄王

## ——道不同

世界上的任何人都具有两面性。每个人都有另一面，一个不为外人所知的另一面，圣人也不例外，请看孟子大师。

## 最高境界

八十一岁高龄的魏惠王再也经不起折腾，在一个鹅毛大雪飘扬的深夜紧紧闭上双眼，远离痛苦，远离悲伤，永远解脱。魏惠王一生不易，直到最后一刻仍在孜孜不倦地探求治国之术，一位大师级的高人陪伴他度过晚年时光。他就是亚圣孟子，儒家学派仅次于开山掌门人孔子的一代宗师。

和我们大多数人一样，魏惠王不喜欢这位迂腐的儒家大师，认为口喊仁义道德的儒学无益于魏国的强大，但他仍然仔细琢磨着孟子大师的每一句话。

孟子告诉魏惠王，绝不谈利，要讲仁义道德。君王带头争权夺利，上行下效，最后必然危及君王的生存，因为君王财富最多。但是，战国时代各国争先恐后用利益引诱人们打仗。吴起、商鞅用军功、土地诱导人民报国建功；齐威王、孙膑用军事诈术赢得战争的胜利；张仪用口香糖换取奶酪，他们不讲仁义道德却都取得胜利。

魏惠王告诉孟子：“我对待老百姓非常仁义，遇有水旱灾害，赈灾、捐款从不延误。河内地区粮食歉收，我从河东调粮救济；河东地区发生水灾，我把灾民安顿到河内。你再瞧瞧邻国怎么办的。相比其他各国，我做得最好，为什么人口不见增长、战争打不赢？”

孟子提出著名的理论“仁者无敌”，告诉魏惠王：“您那套做法是五十步笑百步，小仁而已，不是大仁。”什么叫小仁？小仁即是妇人之仁，项羽看到别人生病心里就不好受，流着眼泪给病人送饭，而不能把这种慈悲之心推及每个人，这就是妇人之仁。救灾、捐款都不重要，重要的是富足，让每个人过上富裕的生活。

孟子问魏惠王：“用棒子杀人和用刀子杀人有区别吗？”魏惠王回答说：“没有。”孟子又问：“用刀子杀人和用政治杀人有区别吗？”魏惠王只得再次回答道：“没有。”

孟子神色凝重，说道：“现在贵族们家里的肉吃不完，名马跑车一应俱有，而老百姓面有菜色，路有冻死骨。”

孟子大师的话说得很清楚，打仗靠谁，靠老百姓。贫富如此不均，他们会为您打仗吗？会为您卖命吗？不会，怎么才会呢？杀富济贫，把贵族们多出来的财富拿给老百姓。但是这四个字孟子大师不会出口，自己琢磨，民为贵。

用棒子杀人和用刀子杀人是一样的，杀贵族和杀平民也是一样的，没有区别。只要大多数人说你“仁”就是“仁”，多数打少数自然“仁者无敌”，即所谓得民心者得天下。商鞅主张把贵族的财富拿出来赏给有军功的人，孟子主张把贵族的财富拿出来分给每一个人。

魏惠王不敢，没有勇气得罪贵族阶层，得罪既得利益集团，更没有勇气实践“民为贵、社稷次之、君为轻”的儒家思想。魏惠王至死没有领悟孟子真正的思想。贵族阶层损失一些钱无关紧要，命多值钱。美国富豪的遗产税高达百分之五十，他们已经懂得其中的道理，国家长治久安才能保证幸福安宁的生活。

魏惠王死了，心有不甘。上天似乎懂得老人的留恋之心，暴雪不止，一天又一天，天地、山川、城郭全部笼罩在白茫茫的大雪之中。

风紧，雪更紧。孟子一袭深衣、双手合拢袖中站在宫廷院内，愁眉紧锁，仰望阴沉广袤的苍穹，任由纷飞的玉屑扑面打来。积雪厚达行人腰间，几乎没及拉车的牛的眼睛。连绵不断的暴风雪竟然毁坏了大梁一段城墙，可想而知会有多少老百姓的房屋倒塌，有多少人被冻死。

一辆辆牛车艰难驶到宫外，仆人搀扶大臣们下车。风雪交加的日子人们还要赶到宫中，因为大殿里躺着死去的魏惠王。

内侍迈着小步匆匆跑来，细声细气道："大王召孟子先生入殿。"

## 天下定于一

新君襄王魏嗣拥着裘皮长袍，烤着熊熊的炭火，倚靠在小矮几案上。见孟子进来，没等孟子行礼，突然冒出一句话："天下恶乎定？"（如何定天下？）

饶是孟子大师见多识广、修养甚高，也冷不丁吓一跳。新王过于轻佻，虽然自己确实是来讲述治国平天下之道的，但起码的礼貌该有，起码的礼仪该有。儒家讲礼，君王有君王的礼，臣子有臣子的礼，老百姓有老百姓的礼。再说两人也不熟，才第一次会面，搞得像多年的老朋友似的。

君王的礼就是领导人的威仪，威从心中出，所谓"泰山崩于前而色不改"。一切按部就班，不能着急。泰山崩了，脸不变色心不跳，不慌张不逃跑。因为发生那么大的山崩，你跑得了吗？横竖埋山底下，何苦丢那个人，这就是领导人该有的素质。千丢万丢，尊严不丢，否则威风扫地。越王勾践可以舔吴王夫差的粪便，但在越国人民面前必须保持威严。

魏襄王着急是为了治国，刚刚继位便急匆匆把孟子大师召进宫来询问治理天下的道理，求治心切可以理解。

对于孟子来说，这是一次机会，难得的机会。到魏国做什么来了，求官，一展平生抱负，泽被苍生。好容易魏惠王有些理解自己的观点，不巧老王去世。换班子是进人的大好机会，一朝天子一朝臣，新君新臣新气象。魏襄王在考察干部，组建新团队。

孟子平静回答道："定于一。"

没边际的回答，一什么呀？一个人？一句话？一把戈？一个国家？

魏国，四战之地，刚刚退出连横，得罪西方强国，魏襄王此时满脑子战争，立即意识到"一"就是"统一"的意思，天下一统才能四海平安。于是，魏襄王又问道："孰能一之？"（谁能统一天下？）

孟子顺着魏襄王的意思回答道："不嗜杀者能一之。"（不喜欢杀人的人能够统一天下。）

魏襄王嘎嘎一笑，质疑道："不杀人，谁肯把地盘交出来？"

孟子道："天下所有的人都会交出来。"然后，孟子大师开始讲道理，"天大旱，禾苗枯萎。此时下一阵好雨，禾苗就会恢复勃勃生机。如今列国诸侯没有不喜欢杀人的，各国频繁发动战争。早晚有一天人们会厌倦战争，厌倦杀人的君主，仰盼倡导和平仁爱的明君。大王何不做不喜欢杀人的君主，何不做及时雨呢？"

魏襄王木然地听完，挪挪身子烤火去了，孟子知道魏国的旅行结束了，该回家啦。

孟子行礼毕，转身走出大殿。有人问道："新君何许人？"孟子毫不掩饰对魏襄王的不满，回答了一句被儒家子弟奉为经典的骂人话："望之不似人君，就之而不见所畏焉。"

孟子大师和魏襄王只见了一面，他从哪个角度得出的结论，到底什么是“一”呢？

魏襄王和孟子大师一开始就各说各话，孟子说“定于一”，那是哲学范畴的理论。《道德经》中载：“道生一，一生二，二生三，三生万物。”一就是道，自然界的总规律。一是最根本的东西，是出发点，所以《道德经》用一来代表事物的规律。

宇宙真理好比一山好矿，春秋战国诸子百家都是上山开采的人，老子采的东西最丰富，因而《道德经》一书是周秦学派的总纲。“天得一以清；地得一以宁；神得一以灵；谷得一以盈，万物得一以生；侯王得一以为天下正。”孟子说“定于一”，即引用《道德经》上的话。

做君主真是不容易，天天被别人考，不读书、知识少遭人笑话，别说魏襄王一个纨绔子弟，有几个人懂啊，太难为他了。

魏襄王不问，自以为是，搞错孟子两个意思，“一”不是统一；“不喜欢杀人”不等于“不杀人”，两个完全不同的概念。孟子从来没有说过“不杀人”。

孟子瞧不起站没站相、坐没坐相、一副小人得志模样的魏襄王，如果换作旁人，老夫子早不搭理他了。但是孟子心里清楚，这是一次大考，魏襄王在选择新相邦。孟子耐心做了一番比喻，劝魏襄王做及时雨。

儒家好比“练内功”。魏惠王这种人不喜欢练内功，练内功日久天长，耗神累心，不见进步，不如练几招精妙的招式，直接取人性命。想一招见效唯有“纵横家”。魏襄王放弃孟子，选择公孙衍。

## 五国伐秦

公孙衍由犀首升任相邦，惠施从宋国归来辅佐，合纵重新开张大吉，只不过公孙衍和惠施互相交换了一下位置。因为危急关头惠施逃跑而公孙衍仍旧为魏国做事。公孙衍之所以召回惠施，是因为惠施有过人之处，那张利嘴足以抗衡张仪。

惠施刚刚回到魏国便化解一场危机。大雪不停，魏襄王执意冒着大雪为父王下葬。大梁地区雪厚一米多，掩埋了道路，魏襄王下令修栈道。群臣认为劳民伤财，请求推迟安葬时间。魏襄王为此大发脾气，训斥道："难道因为老百姓累一点、苦一点，国库多花一点钱就不为父王举行葬礼吗？"群臣劝不听，去找新相邦公孙衍。公孙衍狡猾地一笑："我解决不了这件事，让惠施办。"

惠施见到魏襄王，只用寥寥数语解决争斗："大王知道上天为什么降这般大雪？"魏襄王摇摇头："不知。"惠施道："那是因为先王留恋这片国土与人民，想多看一眼，大王怎能违背先王的意愿。"魏襄王无语。

推迟父王安葬时间是件小事，魏襄王要打一个翻身仗，树立自己在人民心目中的威望，君臣三人一拍即合。

为报复张仪，报一箭之仇，公孙衍、惠施与陈轸联起手来再次策划合纵。他们吸取此前群龙无首、各国内斗的教训，略微修改一下，把弱小的中山国踢出合纵国，另外吸收楚国加盟。为引诱楚怀王参加合纵抗秦，公孙衍给楚怀王戴上一顶高帽子——合纵国盟主。楚怀王在陈轸的鼓动下欣然入盟，当起楚、魏、赵、韩、燕五国同盟盟主。

五国合纵目标明确，打掉秦国超级大国的梦想。楚怀王、魏襄王、韩宣惠王、赵武灵王、燕王哙各自派出一支军队会盟。说是五国攻秦，实际上还有另外一个不甚出名的国家。

中原诸国进攻秦国只能由东方进兵，如果有人能在秦国后院放把火岂非妙事。公孙衍做过秦国大良造深知秦国战略弱点所在，唯有两线作战，甚至多线作战才能打败秦国，公孙衍想到了义渠国。

义渠国位于秦国北部，属于半游牧半农耕的民族，最强盛之时东达陕北，西及陇右，北至河套，南抵渭水，在西方与秦国分庭抗礼。

义渠与秦国经常发生战争，公孙衍为秦将时曾率兵攻打过义渠，迫使义渠降服秦国。而今形势大变，公孙衍做起魏国相邦、合纵策划大师，反过来唆使义渠人背叛秦国。

义渠国君不远千里来大梁向公孙衍取经，不是取普度众生的佛经，而是取攻打秦国的战经。公孙衍告诉义渠国君："只要秦国人给你们送礼，你们就发兵。"义渠国君一脸困惑，人家好心好意来送礼，怎么能出兵打人家。野蛮人就是野蛮人，有力气没脑子。公孙衍鄙夷地瞧了一眼义渠人的头头："你怎么不想想，谁会无缘无故送东西。秦国和中原国家开仗，为安抚你们才会送礼。如果外来威胁消除，秦国人就会出塞烧荒，抢掠你们的马牛羊。这么简单的道理都不懂？"义渠国君恍然大悟，怪不得经常打败仗，茹毛饮血就是脑子不够用。真经到手，义渠国君千恩万谢地走了。

公元前 318 年，五国合纵兵团浩浩荡荡杀向函谷关。六国伐秦，两线进攻，看你秦国还有什么本事。公孙衍得意扬扬地站在战车里，遥望西方笑道："张仪，我又来了。"

公孙衍固然厉害，可他的对手实在不弱，天下第一纵横家的桂冠到底花落谁家凭的不是国家和军队的数量，而是嘴皮子和谋略的功夫。

张仪主动交出相邦大印，从台前转到幕后。秦惠王任用赵国大臣乐池为相邦，企图分化合纵国。不想年轻的赵武灵王玩两面派手法，乐池走马上任，而赵军仍旧参加合纵军团。张仪对秦惠王道："秦国不是五国合纵军的对手，但在他们握紧拳头之前伤其一指还是不费力气的。楚王虽然当上盟主，但决不肯让楚国人冲在前面，燕国距离遥远。据探报，楚国和燕国军队到达尚有一段时间。如今只有魏、韩、赵三国向我国开进，我军迎头痛击，只要击败三国军队，合纵军立即瓦解。"

张仪所料不差，合纵军声势虽大，但内部仍不团结。魏、赵、韩三国感受到秦国咄咄逼人的压力，所以三国特别卖力气，而楚国和燕国则态度悠然，楚怀王图个领袖的名号，燕王哙不想被世界遗忘。楚军和燕军借口路途遥远，磨磨蹭蹭来得晚。

天下武功，唯快不破。南北朝白袍将军陈庆之用得最好，“快”字诀成就了陈庆之的赫赫战功。

魏、赵、韩三国军队匆匆抵达函谷关，黑压压的秦国甲兵立即杀出关来。公孙衍未料到秦军敢于主动出击，慌忙应战。魏国是合纵发起方，赵、韩两军脖子探得高高地望着魏国武卒。公孙衍不能丢人，指挥魏军与秦军一场恶战，魏军损伤惨重。

魏襄王接到前线报告，大为不满，五国出兵为什么唯独魏国吃亏，都干吗去了？派人向楚怀王告急，请求增援。谁知楚国人仍然不慌不忙，继续游山玩水。

魏襄王大怒，这位“望之不似人君”的君主不顾大局决定与秦国议和，群臣劝不了，惠施道：“大王想议和不能由魏国出头，否则秦国会认为魏国是这次伐秦军事行动的首恶，盟国会认为魏国不仗义，以后谁肯与魏国结盟，不如让楚国牵头和谈。”

惠施来到楚国，谁知楚怀王识破魏国的用心，敷衍几句，让惠施先回去，说随后派人到大梁去，一切听魏国安排，球随即踢了回来。魏、楚两国谁都不肯带头公开提出议和，私底下却各自派人偷偷与秦国商谈。

世上没有不透风的墙，五国军心大乱，各国争先退兵，秦军大将樗里疾乘胜追击。楚、燕两国军队没到达前线，魏军事先得到通知撤得快。韩、赵两国军队行动稍微慢些，秦军穷追不舍，自西而东穿越整个韩国国境，在魏、韩边境的修鱼追上联军，痛殴一顿，赵、韩军队毫无斗志，秦军击败赵公子渴、韩太子奂，俘虏韩国两员大将，斩首联军八万二千多人，联军惨败。

正当各国惊慌失措之际，秦国后院起火，义渠人趁秦国国内空虚发兵打到李帛（今甘肃天水），揪住秦国的头发，狠狠揍了一顿屁股。秦国真倒霉，大军出函谷关追击联军之前，秦惠王刚刚送给义渠首领一百名漂亮美女，一千匹绸缎，想稳住大后方。

秦惠王为北方和南方的君主各预备一批美女。不承想义渠首领取得真经，先厚着脸皮收下礼物，然后马上召集关中各部野蛮人冲进秦国烧杀抢掠一番。

赔了美人又折兵，秦惠王心里不痛快，好在北方美女白入虎口，南方美女却赢得壮士开山。

## 五丁开山

“蜀道之难，难于上青天。”“尔来四万八千岁，不与秦塞通人烟。”面对连绵起伏的群山峻岭，秦国的美女们徘徊踯躅、望眼欲穿，渴望天降一条大道通往那美丽的巴山蜀水。

奇迹出现，路通了，崇山峻岭中一条大道蜿蜒而出，五个蜀国大力士出现在美女们的视线里，他们没能得到美女们哪怕一瞬间眼波流转的垂青，轰然倒下。身后数以千计的蜀国人用血肉之躯连成了一条通往秦国的蜀道。

“五丁开山”写在《水经注》里，传说秦惠王凿刻五个巨大的石牛，说是天上神牛，能屙黄金，看护神牛的人每天都能收到神牛屙的黄金。秦惠王将神牛送给蜀王。蜀王大喜，派五个大力士率蜀国人开山辟路修出一条道路。“地崩山摧壮士死，然后天梯石栈相钩连。”修路时发生重大工程事故，山崩地裂，五个大力士葬身乱石之下。

“五丁开山”的故事显然荒谬，蜀王再愚昧也不至于相信石牛会屙黄金，修路却是事实。秦岭、剑阁是一夫当关、万夫莫开的地方。曹操攻掠汉中时说:“南郑直为天狱，中斜谷道为五百里石穴耳。”足见汉中和蜀国地势险阻，易守难攻。汉末尚如此，何况战国时代。秦惠文利用蜀国君主贪婪的心性，送美女，送财物。路不通进不去，蜀国人付出沉重的代价修了一条“石牛道”。

秦国人的美女和财物一车车载往蜀国，载往神秘的巴山蜀水。秦、蜀开始通商，隐藏在美女和金钱背后的往往是锋利的刀刃。蜀地的人不知道西北狼盯住了他们生存的家乡，仍为蝇头小利上演着三国演义。四川有三个较大的国家，成都地区有蜀国，重庆地区有巴国，广元地区有苴国。蜀国强大，苴国和巴国联合抗蜀，联合起来仍然打不过蜀国，苴国向秦国求救。

秦国人来了，张仪和司马错率数以万计的黑衣甲兵进入石牛道，向蜀国进兵，蜀王兵败被杀。请神容易送神难。灭蜀之后，秦军随之攻灭苴国和巴国，大体统一四川地区，先是设置傀儡王国，接着巴、蜀大地慢慢变成秦国不可分割的土地——郡。

五国合纵攻秦非但未能取得一丝成果，反被秦国抓住机会灭亡了巴蜀，合纵国兵败内讧无力干涉，任由秦国做大。张仪重新挂上秦国相印，登上函谷关，遥望东方大地，嘿嘿笑道:“我一辈子只做一件事，谁也别想挡我。”

合纵国铩羽而归，魏襄王撤掉公孙衍的相邦，改用齐国人田需。公孙衍罢相降官，合纵联盟再度散伙。短短三年的相邦生涯，人生一大失意。

魏襄王移情别恋，与田需打得火热，因为田需有齐国背景。楚国不中用，魏襄王向东方霸主寻求帮助，尊宠田需在情理之中。群臣纷纷转向，拍新贵田需马屁去了，连名学大师惠施也忙着给田需支招:“您对大王身边的人一定要亲善，大王的秘书、司机、跟班，甚至打扫卫生的，只要能递上话的人都要给点好处。为什么呢？您瞧杨柳，生命力够顽强，横栽能活，倒栽能活，折一枝栽也能活。但是，让十个人来栽柳，一个人来拔，那就没有一棵柳树能活下来。十个人栽易活的柳树，顶不上一个人破坏。您地位尊贵，深受大王信任，但想除掉您的人也很多，不能不小心。”田需笑道：“先生多虑，今非昔比，以前公孙衍从我手中夺走外交部，现在休想如愿。况且两次合纵失败，公孙衍罪无可赦。”

算计我？公孙衍一阵冷笑，挫折不过小菜一碟，张仪我都不怕，还怕你田需不成。公孙衍又想出新花招，田需靠齐国上位，我给你来一招釜底抽薪。公孙衍进宫面见魏襄王，连吓唬带诱惑道：“魏国赶走张仪，使其蒙羞，他会放过我们吗？秦军很快会攻打韩国，下一个目标就是魏国。我有办法让齐、韩、魏结成盟国。”

合纵国散架，魏国临阵议和，落下不义之名。魏襄王本想处罚公孙衍，一听这话又害怕了，忙问道：“怎么办？”公孙衍板着脸道：“田需是不是在大王面前说我的坏话。我一心一意为魏国拓土开疆，为大王谋取霸主之位，田需却从中破坏。有他无我，有我无他，大王把他赶走，我就说话。”

魏襄王不相信，田需和齐国关系铁，人家以前是齐国人，公孙衍怎么可能取代田需在齐国人心目中的位置。魏襄王道：“田需是寡人的宠臣，你也是。我保证不让田需妨碍你，如果田需阻挠你做事情，我就把他赶走。”

公孙衍心中暗笑，目的达到，就要魏王这句话，说道：“我去临淄见齐国相邦田婴，请田婴之子田文到魏国做事。田文来大梁，我再去游说韩国，让韩国替魏国挡住秦军的东进之路，魏、齐、韩三国结盟即是铁板一块，何惧秦国报复。”

真是好办法，魏襄王无法拒绝，田需明知田文来大梁，势必替代自己，却不好反对，魏国利益至高无上。

齐国果然背弃田需，与公孙衍套起近乎。田婴是齐威王的小儿子，新君齐宣王的弟弟，他的儿子来魏国做相邦，相当于把齐、魏两国合成一国，齐国人哪能不高兴。

年轻人田文来到魏都大梁拜相，他就是日后威震战国、声名赫赫的四公子之一的孟尝君。年轻的孟尝君展示出极高的政治天赋，他让魏国人相信齐国会帮助魏国。齐军厉兵秣马，只是谁也没有想到，他们长戈所指却是另有他国。

韩国为拉拢魏、齐两国抵抗秦国进攻，拜公孙衍为相邦。魏襄王打算辞退田需，有人劝魏王道："田文做魏国的相邦，实际为了齐国；公孙衍做韩国的相邦，未必为魏国。大王不能把田需打发走，田需才真正是大王的人。"魏襄王恍然大悟。

## 隔岸观火

第三次合纵阵线刚刚建立，秦军挺进中原，张仪、樗里疾来了，一文一武带来一张嘴巴、两只铁拳，要生还是要死？要连横还是要合纵？

三年前，赵、韩联军丧兵八万，至今未能恢复元气。秦军长驱入韩境，与韩军在浊泽展开激战。韩国分成两派，公孙衍主张合纵，公仲朋等人支持连横。公仲朋对韩宣惠王道："盟国不可信，合纵搞了两次，败了两次，韩国夹在中间最吃亏。秦国的战略目标很清楚，即是收拾强国，打楚国，打齐国，我们何苦替齐、楚两国挨刀子。现实的世界很残酷，谁的拳头硬谁是老大。不如割一座城池献给秦国，联合秦军南下攻楚，跟着老大混才有饭吃，此一失两得之计。"

韩宣惠王默不作声，联合抗秦，说的比唱的好听，事到临头齐、魏没有一个国家发救兵。他和公仲朋已经私下与秦国议和，今日朝堂之上无非向群臣表明态度。

齐国和魏国拒不出兵，公孙衍从韩王君臣脸上瞧出事情的不妙，到了纵横家力挽狂澜的时候了，公孙衍朗声道：“秦国是虎狼之国，连横乃与虎谋皮，楚国路近，不如向楚国求救。”

公仲朋道：“楚国人不会来。”

公孙衍反问道：“你怎么知道楚国人不会来？”

公仲朋毫不示弱，讥笑道：“上一次合纵，楚国身为盟主不肯向前，令韩国损失两员上将、数万人马，这一次当然不肯来。”

公孙衍笑了，环顾韩国的大臣们说道：“我敢保证，楚国人的军队已经在路上。”

话音未落，有大臣急匆匆进殿向韩王呈献南方边境的情报，汇报道：“楚国使臣抵达新郑南门，楚军在边境集结，战车塞满道路。”

公仲朋恶狠狠瞪了一眼扬扬自得的公孙衍，劝道：“一定是陈轸的诡计，楚人哪有与秦人对战的雄心和胆量，无非做做样子给我们看。陈轸近来得宠于楚王，此人素有谋略，诡计多端，不可不防。”

韩宣惠王问道：“楚国使者一行几人？”

来人道：“楚国使团队伍浩大，车辆众多。”

人数众多的外交团队显示楚国高度重视与韩国的邦交，韩王放下心来，下令让楚使觐见。

楚使进入王宫献上贵重的礼物，高高地挺起胸膛，信誓旦旦地表示：“敝国虽小，已然征调全国所有的军队，誓与贵国共进退，与秦国死战到底。”

韩国群臣兴奋鼓舞，韩宣惠王心中大喜。平心而论，谁也不肯跟着别人做小弟，毕竟是带甲近三十万的一国之君。韩王从宝座上站起身，大声道：“寡人决心抗击秦国，再有言和者，斩！”

望着垂头丧气、叹息不已的公仲朋，公孙衍傲然请命：“微臣不才，愿讨一支兵马增援浊泽。”

“好！”韩宣惠王充满感激地赞道：“公孙先生才到韩国不久即能忠心报国，你们真应该以公孙先生为楷模。”

公孙衍全副武装上路，吩咐仆人道：“给我准备一匹快马，你回去通知家里人，不必到新郑来，我很快会回大梁。”

仆人道：“战败秦国，韩王定会重用主人，主人何必回大梁。”

公孙衍道：“你懂什么，只管去。”

仆人满腹疑惑地远去。公孙衍喟然长叹，这一次他又输了。连公仲朋都瞧得出来楚国人不会出兵，公孙衍怎么会看不出来。想来陈轸在楚国处境不佳。老牌强国，贵族当政，暮气沉沉，定是楚王不肯出兵，陈轸才想出这条妙计，给韩王打气，让韩王以为楚国会倾全国兵力救韩，唆使秦、韩决战。救兵不到，以韩国国力想打败秦国人无异于痴人说梦。

之所以带兵到岸门来，是因为公孙衍预备开溜，难不成留在新郑等死？公孙衍丝毫不感到内疚，纵横家就是骗人的，战国不讲究什么忠君报国，“忠”那是儒学成为国教之后的事情。人有生存的权利，有选择事业的权利。士人不是哪一个贵族的奴隶，也不是哪一位君主的奴隶，是活生生的自由人，哪里能实现人生的价值就去哪里。

韩国人坚持了很久，战争进入第二年仍然不见楚国援兵，却等来一个极具爆炸性的新闻，齐国向燕国开战，合纵国内部爆发战争。合纵结束，一切都结束了。形势发展对韩国越发不利，秦、韩两军进行了最后一场战斗，战争地点：岸门。

公孙衍远离战场，骑马伫立高坡之上俯视两国军队交锋。他一直搞不懂为什么东方霸主不肯发兵救韩，现在谜底揭晓，他们看中了幽燕之地。公孙衍叹息道：“张仪，你赢了，我会在大梁等你，我们之间的决斗没有结束。”

公孙衍扭转马头向东北方向驰去。韩军大败，被秦军砍去一万颗人头。秦军逼近新郑，韩宣惠王低下脑袋屈服，将太子韩仓作为抵押品送往咸阳。得到韩国请和的消息，一支秦军北上向赵国蔺地（今山西离石）进攻，另一支秦军出函谷关向魏国焦和曲沃发起攻击。

韩国兵败求和，楚国袖手旁观，齐国忙着进攻燕国，魏襄王束手无策。张仪第三次来到大梁，带着一张胜利者高傲的脸庞，倨傲地教训着魏王：“魏国国土方圆不过千里，士兵不过三十万，地势平坦，无险可守，列国环绕，四战之地。列国一旦入侵，魏国立时四分五裂。”

魏国臣子们任由张仪放肆地用轻蔑的语气贬低昔日霸主，无一人出来反驳，打不过人家有什么话说，凭人多唾沫多把他淹死吗？

张仪话锋一转，转到合纵上来，“合纵无非凭一纸盟约，亲兄弟、亲父母尚有争夺钱财的，合纵可信吗？”接着，半威胁半引诱道：“大王不事秦国，秦军北上，断赵国南下之路，胁迫韩国向东进攻魏国，魏国指日可灭。大王若事秦国，楚、韩必不敢打魏国的主意，大王高枕无忧。再说，秦国的战略不过想削弱楚国。楚国虽大，大而空，士兵虽众，多而弱，逃兵多，不敢打硬仗。秦、魏联手，破楚国易如反掌。大王如果不听臣下的话，待得秦国百万甲兵东进，悔之不及。”

说到这里，张仪望了一眼公孙衍，轻笑道：“策划合纵的人好讲大话不守信用，说服一国诸侯，出门则坐诸侯们的马车，与一国签订盟约，回国即封侯。所以，天下游说之士争说合纵的好处，争做合纵之士。积羽沉舟，群轻折轴，众口铄金，大王深思，不要受他们的欺骗。”

公孙衍心中想，张仪果然好口才，天下第一纵横家的头衔非他莫属，我比不过他。不过，你也莫要得意，三十年河东，三十年河西，只要我不死，总有扳倒你的那天。

魏襄王服了，心服口服。此时，侍从急匆匆小跑进殿，附在魏襄王耳边汇报了一个震惊战国的战报，齐国吞并燕国，燕国亡国。魏襄王的恐惧突然从西方转向东方，都说秦乃虎狼之国，秦国虽狠，未能灭亡一个万乘之国。齐国才是真正的虎狼，齐国灭燕，势力膨胀两倍，下一个目标是谁呢？

魏襄王心意已定，站起身恭恭敬敬行了一个礼，说道："寡人愚蠢，以前的策略失算。魏国愿为秦国藩国，为秦王建行宫，接受秦国冠带，奉献河外土地。"

张仪满意地点点头，说道："秦王只有一个要求，希望大王立公子魏政为太子。"魏襄王犹豫了一下回答道："好！听命就是。"

"高，实在是高。"公孙衍看透张仪的心思，什么做藩国、建行宫、奉献土地都是虚的，河外土地早被秦国占领，用得着你献。立魏政为太子才是绝杀。

公孙衍露出狡黠的笑意，忽然发现张仪一个小小的破绽。张仪为秦国想得太多，一个英才若想成大事保平安不能太忠心，太忠心会有灾祸，文种、吴起、商鞅都是因为至忠变"至奸"。看来想战胜张仪不能从外部，要从内部，堡垒从内部攻破最容易。我们的下一场决斗不在大梁，不在新郑，而是在咸阳。秦、魏结成盟国，我便是秦国人的盟友，登堂入室再进关中。做大事者，能屈能伸。既然合纵斗不过连横，那我也搞连横好了。

看着公孙衍莫名其妙的笑，张仪充满喜悦的心中升起一丝寒意，这个屡败屡战的多年老对手又在琢磨什么阴谋诡计。反过来一想，若世上没有公孙衍，人生岂不太寂寞。张仪冲公孙衍微微一笑，惺惺惜惺惺之态油然而生。

张仪和公孙衍的私人恩怨开启于战国连横合纵的时代，双方斗智斗勇，影响中国数千年，世人赞叹两人说："公孙衍、张仪岂不诚大丈夫哉？一怒而诸侯惧，安居而天下息。”两人一生气，天下诸侯感到恐惧，两人宁静下来喝杯茶、睡个小觉，天下太平。这种人难道不是大丈夫吗？

儒家大师孟子不以为然，傲慢批驳道：“公孙衍和张仪算什么大丈夫。真正的大丈夫，富贵不能淫，贫贱不能移，威武不能屈。”公孙衍和张仪不为天下人，只为一己私利；不能安守贫贱，只为一时富贵。谁是大丈夫呢？孟子大师暗示得很明白，我，孟轲也。

魏襄王选择纵横家，抛弃儒家，不理睬孟子。孟子大师黯然离开大梁，不能再忍受对牛弹琴的感觉，寻找真正懂得自己的君主。天下之大，斯人安在？那人在泰山脚下，清河之畔。如果这个人不懂孟子，那么世界上再也不会有孟子大师的知遇之君了。

那个人就是齐宣王，这一对君臣五十日占领燕国，开创战国一大奇迹，以千乘之国灭千乘之国的奇迹。这之前，无论春秋还是战国，没有一个人能够做到。

第七章

# 田辟疆

——大智若愚

大智若愚，大巧若拙，大音稀声，大象无形。真正的聪明人表面看上去好像很愚蠢，齐宣王即是此道中人。

## 海大鱼与齐貌辩

齐宣王名唤田辟疆，齐威王之子，齐国第二个称王的国君。提到齐宣王，我们会想到南郭先生，想到“滥竽充数”的故事。

齐宣王喜欢艺术，爱好歌舞，爱好音乐，尤其喜欢听竽。每次听竽总要组织像交响乐团那么盛大的乐队，气势恢宏的场面，一次三百人。南郭先生来报名，说自己精通吹竽。南郭先生不会吹竽，毫无音乐细胞，只会数钱。之所以敢来，是因为发现了吹竽乐团的漏洞。齐宣王把南郭先生编入乐队，每次乐队吹奏时，南郭先生混在人群里，摇头晃脑鼓着腮帮子装模作样。年复一年，直到齐宣王去世，白白领了好多年薪水。后来宣王儿子齐湣王继位，齐湣王也喜欢听竽，只不过喜欢听独奏，一个人一个人轮着吹竽。于是，南郭先生混不下去，溜之乎也。

有人讥笑齐宣王，上当受骗，白付工资，完完全全一个冤大头。齐宣王叹了一口气：“都云辟疆痴，谁解其中味。我一个正宗的音乐发烧友，会看不出南郭先生不懂音乐、装大头蒜？多大点事儿，齐王宫这么大的单位还能没几个混饭吃的？水至清则无鱼，人至察则无徒。”

齐貌辩是靖郭君田婴的门客。田婴乃齐宣王的弟弟，齐威王最喜欢的小儿子，孟尝君之父。齐威王在时田婴格外受宠，拜为齐国相邦。田婴为人狡诈，专门揣摩父王的心意做事。

齐威王王后去世，宫中有十个妃子深得威王宠爱，大家猜不准哪一个将要被立为新王后，一旦说错势必得罪新王后。田婴有办法，让人制作十双玉珥，其中一双特别精美，一起献给父王。然后观察谁佩戴着那对漂亮别致的玉珥就知父王立谁为王后。果然，一说就准。

为掌握齐国大权，田婴主动劝齐威王亲自审查“终岁之计”，就是一年来齐国的财政收支状况。田婴让齐国的五官——司徒、司空、司马、司士、司寇抱来一大堆竹简材料，大大小小所有的账目和凭证，逐一念，逐一对照。没听五天齐威王就厌烦了，把齐国的财政大权一并交给田婴处理。据《韩非子》中记载，这次齐威王亲自主持的大审计，仍然不乏作弊者，官吏们趁齐威王打瞌睡，抽刀悄悄削掉凭证上的结算。当着君主的面作弊，足见官员之难管理。

大权在握、精明狡诈的田婴岂能不觊觎齐国王位，当时的太子正是田辟疆。齐貌辩对田婴道：“太子相貌不仁，过颐豕视，定会背叛您，早点想办法搞掉他。”

田婴不听，他被田辟疆“兄弟好、好兄弟”的亲热劲儿蒙住，被他流露出来的愚蠢和傻气欺骗，几乎遭遇杀身之祸。

齐宣王继承王位露出本来面目，板起脸来，撤掉好兄弟田婴的职，收回财、政、军大权。田婴心惊肉跳，唯恐遭遇不测，离开国都临淄回到封地薛。兄弟反目成仇。田婴心有不甘，礼贤下士，收买人心，招兵买马，打算修筑一座坚固无比的薛城，作为保家争位的根据地。

田婴的门客们觉得主人的做法不妥，既劳民伤财又引起齐宣王的猜疑，纷纷登门劝阻。田婴铁下心来与哥哥抗争，听不进去，最后听烦了，告诉看门人，关门上锁，一条狗也别放进来。

有一位门客来见田婴被挡在门外，此人对看门人说：“去告诉靖郭君，我只说三个字，多说一个字请把我扔进锅里烹掉。”

田婴心想，这位有意思，三个字能表达出什么意思来，好奇心顿生，破例接见。门客进门来看到田婴深鞠一躬，果然只说了三个字“海大鱼”，说完掉头就走。田婴听得莫名其妙，丈二和尚摸不着头脑，什么海大鱼、海小鱼？一把揪住来人，“你什么意思，说完再走！”来人连连摇头：“说不得，说不得，再说一个字生人煮成熟人啦。”田婴急道：“把话说完，说半句藏一句，让人听得难受。”

田婴上当了，来人就是为吊起他的胃口，让他仔细听其中的道理。时机成熟，此人不紧不慢道：“见过海里的大鱼吗？大鲨鱼。钓不着，网不到，谁也奈何不得。但是，一旦失去水，小小的蝼蛄和蚂蚁都可以得意忘形地一口一口吃掉它。如今齐国如同您的水，没有齐国的荫庇，即使您把薛城的城墙筑得高达云天，又有什么用呢？”

是啊，田婴离开齐国什么都不是。前几天楚国令尹昭阳听说他与齐王关系不好，劝他献薛地给楚国，保证另封一块比薛地大几倍的土地。他没有去，因为到外国去，土地再大，也没有在齐国的权势和地位，齐国才是真正的家。

兄弟隔阂如此之深，筑城只会引起更大的猜忌，但束手待毙不是办法。齐貌辩站出来对田婴道：“我去一趟国都。”田婴知道他想调和兄弟二人的关系，苦笑道：“我和大王水火不容，你去只有死路一条。”齐貌辩道：“我没打算活着回来。”

齐貌辩受田婴恩惠最深，其实他这个人毛病特别多，许多人看不上眼，为此有的门客离开田婴，连孟尝君也劝父亲辞退齐貌辩。田婴愤然道：“即使门客走光，家族败落，只要能够满足齐貌辩，我没什么话说。”这就是“义气”，君臣之义，朋友之义。真正的朋友是不会让你败家的，真正的朋友只会帮你。

齐貌辩置生死于不顾来到临淄。齐宣王没有掩饰对田婴的愤怒，这个弟弟邀买人心，广收门客，对抗王庭，难道他想重复先祖“大斗放租，小斗收租”的游戏吗？齐宣王怒气冲冲地指着齐貌辩道：“你就是靖郭君最宠信的那个人？他的所作所为全是你的谋划，对吧？”

齐貌辩平静地回答道：“宠爱是有的，听信谈不上。大王做太子的时候，我对靖郭君说太子不仁，劝他除掉大王另立幼主，他流泪不听，如果照我的话办，会有今天的忧患吗？楚国以数倍土地换取薛地，我劝靖郭君换，他说不能将祖宗的土地交给别人，又不肯听我的话。”

齐貌辩的话柔中带刚，刚柔相济，其一指出田婴有兄弟亲情在，不忍心害你；其二指出楚国在打齐国的主意。田婴经营齐国十多年，势力庞大，如果兄弟之间打起来，胜负难测，楚国必定趁机入侵齐国。

齐宣王何等聪明，如何听不出，既然弟弟给了台阶，自己顺势下台：“寡人年轻不懂事，以至于此，先生能替寡人请回靖郭君吗？”

田婴回到国都担任相邦，兄弟和好。田婴明白，只要自己在台上一天，齐宣王一天不能安心。七天后托病辞职，齐宣王假意挽留三天后才放行。他们二人共同演了一出兄弟和睦的喜剧给齐国和天下人看。

## 王 斗

魏国没落之后，秦国凭借专制集权、森严的法律与强悍的士风雄霸西方，生长于繁华锦绣之地的齐国人能与之分庭抗礼，得益于人才战略。齐宣王承继父亲齐威王养士的做法，网罗天下人才，不仅能养，还能给予尊重。稷下学宫越发兴旺，稷下先生多达上千人，师生数千人，邹衍、淳于髡等76位大师级的人才赐爵上大夫。

优厚的俸禄，壮观的府第，使天下贤士、诸侯宾客竞相投奔齐国。儒、道、名、法、墨、阴阳、小说、纵横、兵家、农家各派林立，“致千里之奇士，总百家之伟说”，盛况空前。

齐宣王的精明远远不止养人。孔子大师说，孝敬父母不能只会养，养鸡、养狗、养猪、养猫、养父母，“不敬何以别之”。衣食住行之外人们好面子，吃上美食，穿上名牌，住上别墅，我还要面子。齐宣王给，只要你有本事，不管什么本事，要钱给钱，要面子给面子。

有个叫王斗的稷下先生来见齐宣王，走到宫门口不进殿。齐宣王吩咐侍者到殿门迎接，王斗不动地方，语气平和地对侍者说：“我进殿见大王是趋炎附势，大王过来见我则是礼贤下士，不知大王怎么想？”齐宣王一听，要面子的人来了，急忙抢步出门迎接王斗。

同样给足面子的礼遇，许攸感动得给曹操献上火烧乌巢的妙计，王斗却拐弯抹角骂了齐宣王一顿。王斗说：“大王像齐桓公，桓公有五种爱好，您有四个。”齐宣王听得心花怒放，齐桓公九合诸侯，一匡天下，春秋五霸之首，简直就是齐宣王的偶像，说自己像偶像如何不喜。齐宣王心中极其渴望王斗继续讲下去，讲自己如何像齐桓公那般英明神武，嘴上极为谦虚：“哪里话，哪里话。寡人愚蠢、见识浅陋，守住齐国就不错了，怎敢与先主君相比。”

王斗不急不慢地接着道：“先主好马，大王好马；先主好狗，大王好狗；先主好酒，大王好酒；先主好色，大王好色。只有一种爱好大王没有，先主喜好人才，大王不喜欢。”

齐宣王从喜悦的天空栽入失落的地狱，心里气得一鼓一鼓的，表面不动声色。王斗说他不喜欢人才意有所指，稷下学宫的人才可以说居列国之首，但齐宣王养而不用。齐宣王养士是为养而养，不是为用而养。稷下学宫可以议政，随便发表意见，爱怎么说怎么说，但是齐宣王不用他们当政，不采纳建议。

齐宣王修养不错，这么讽刺都不生气，还有话挡，“世无人才，让寡人喜欢谁？”言外之意，你们稷下学宫几千人都是酒囊饭袋，供你们吃喝就不错了。反过来把稷下先生们损了一顿。王斗有策略，也不反驳，没把星光灿烂的邹衍、淳于髡、田骈、孟子、接舆、慎到、环渊等人拿出来唬人，随便拿出一位都是当时社会有影响力的大师级人物。但是，拿出来又怎么样，你说有本事，我说没本事，你说学术渊博，我说经验不足，又要抬杠。

王斗有才，几句话把齐宣王说得目瞪口呆："古时有骅骝等好马，现在没有，大王不惜重金从全国各地的良马中去挑，可见大王真喜欢马。古时有豹肠、象肚等美味，现在没有，大王命人跋山涉水地去找，可见大王真喜欢吃。古时有毛嫱、西施那样的美女，现在没有，大王从天下丽人中去选，可见大王真喜欢美女。可是人才呢？大王非要等他们出现才去喜欢，足见大王不是真心实意爱才。大王不爱才，他们怎么肯出来呢？"

齐宣王听呆了，王斗的逻辑没问题，就是这么回事。没等齐宣王转过脑子来，王斗又说起来："臣以为大王忧国忧民远不如爱惜一尺纱布。"齐宣王张大嘴，摇脑袋："不至于吧？"王斗道："怎么不至于，大王做帽子，为什么不用亲信做？因为能工巧匠手艺高超，会做帽子，您怕亲信弄坏纱布。可是大王治理齐国却任用亲信，不去任用人才，所以臣私下以为在大王心中，国家社稷不如一尺纱布。"

真会说话，真能狡辩，说得齐宣王张着大嘴，半天答不出话来，最后长叹一声："寡人于国有罪。"

## 钟离春

雪宫，齐国的宫外之宫，雪宫之美，美不胜收，佳木葱茏，奇花异草，亭台楼榭，曲水沁芳，崇阁巍峨，层楼迭起。

雪宫迎来一位客人，刚从大梁来到临淄的孟子大师。齐宣王与孟子漫步雪宫胜境，大发感慨，摸着大肚子问道："贤者也喜欢如此美景吗？"孟子大师回答道："喜欢。"齐宣王笑了："我以为贤者心中只有百姓和仁爱，不想也有园林之乐。"

秦始皇有阿房宫，隋炀帝有迷楼，宋徽宗有艮岳，李后主有凤阁龙楼，慈禧有圆明园，以至于后代自诩孔孟子弟的儒学家们纷纷指责君主玩物丧志，孟子大师不这么看，一语道出永恒国度的真理："乐民之乐者，民亦乐其乐，忧民之忧者，民亦忧其忧。"四个字"与民同乐"。

孟子大师告诉齐宣王，这么漂亮的园林，您别一个人玩，让所有的齐国人都来玩。按照孟子大师的设想，园林没有私有之说，全部对外开放，那就是现代的公园。

齐宣王不笑，与所有的人共有，我算什么君王？齐宣王不懂，大家都来玩谁会反对您大兴土木呢？大家高高兴兴生活，国家就会长治久安，牺牲独自游玩的乐趣却赢得天下人心。

你相不相信？一个女人来检验齐宣王了。

这个女人叫钟离春。钟离春又叫钟无艳，极有名气，她的名气、财富和地位全是一句话喊出来的，这句话久久回荡于雪宫上空："我要做齐王王后。"

守卫大司马门的侍从们差点把早晨吃的饭全部吐出来，钟离春太丑，前额突出，双眼下凹，鼻孔向上翻翘，粗脖子，大喉结，手脚长大，驼背，皮肤漆黑，头发又黄又少，如同秋天的枯草，穿着一身又旧又破的衣服。

长得丑不是你的错，跑出来吓人就是你的不对。侍从们强忍胃内的不适，问道："你多大？"

"四十。"钟离春回答道："不过，请你们放心，我至今未婚，大王一定会喜欢我的。"

侍卫们笑得前仰后合，不要脸的人见过，没见过这么不要脸的人。战国是开放的年代，百家争鸣的年代。侍卫们不敢怠慢，再者想看看这个笑话以什么方式结束。于是，有人一路小跑向齐宣王汇报：“有个女人向大王求婚，只是长得比较寒碜。”

在座的大臣们哈哈大笑，陪同的漂亮侍女们莫不掩口而笑，“这么厚颜无耻的女人，大王应该见见”。

钟离春大大方方步入雪宫，众人一看，哪里是什么比较寒碜，分明是一个丑八怪。齐宣王愣了，暗道：“好生奇怪，这个女人倒像在哪里见过，这么眼熟！”钟离春见到胖大的齐宣王，更加坚定做他妻子的念头，当众说道：“大王和我想象中的一模一样。”

对啊，齐宣王把这个问题抛给钟离春：“先王已经替我挑选过几位夫人，你想做王后，给个理由吧？”

“长得丑就是理由。”说罢，钟离春扬目炫齿，举手再四，拊膝而呼：“危险，危险，危险啊！”

众人吓一跳，龇牙咧嘴什么意思？齐宣王懂，只有齐宣王才能更加真切体会到这份危险。只要你想出人头地，想向上爬，就要参与弱肉强食之争，人生道路遍地虎狼、处处陷阱，你的对手是比虎狼还凶残的人，比猎手还狡诈的人，如何不危险。

钟离春道：“我翻眼睛告诉大王，敌国快打过来了；我露牙齿告诉大王，左右大臣要不得，老百姓恨得咬牙切齿；我拍膝告诉大王，天天纵欲饮酒会损伤身体。危险啊，危险！”

越王勾践卧薪尝胆，三千越甲吞并吴国，眼前这个丑女人岂不就是柴草，岂不就是苦胆。

齐宣王说出一句让满座衣冠、一宫美女惊讶三个月的话：“立钟离春为王后，即刻拜堂成亲。”

齐王妃子们瞠目结舌，这都可以？早知道托生做丑八怪啊。

孺子可教也，孟子大师看在眼里，喜上心头，他要再加一把柴，再烧一把火，让齐宣王成为第一个施仁政的国君。

## 真心禅让

公元前318年，公孙衍组织合纵，魏、赵、韩、燕、楚五国伐秦，楚国为协约长，齐宣王表态支持，但是没有出兵，冷眼旁观时局变化。第二年五国联军大败，齐宣王趁机支持齐裔魏国人田需拜相，使魏国亲近齐国。

不想魏国朝局发生戏剧性变化，下台的魏相公孙衍主动邀请田婴之子田文到魏国拜相，公孙衍去韩国为相，再建魏、韩、齐三国合纵。齐宣王大喜，与田婴进行秘密会谈。田婴认为公孙衍不怀好意，田文到魏国拜相，一旦秦军进攻魏国，势必将齐国拖进战争，白白替五国合纵买单。

齐宣王睁开那双蒙眬的眼睛："我们的目标不在中原，而在北方。燕王禅让君位给燕相子之，燕国王族和既得利益集团必定大为不满，内乱很快会出现。我们与韩、魏结盟，他们才有胆量与秦国对抗，秦国与三晋战争打响，我们即出兵伐燕。"

田婴这才真正相信齐貌辩的话，"齐王不仁"。这位貌似糊涂的哥哥志向之高、心机之深远远超过惯耍小聪明的自己，不觉额头微微冒出冷汗。齐宣王继续道："田文这个孩子聪明、有胸怀，可当大任，去魏国历练历练是好事。魏国四战之地，得魏则得天下，这也是秦国每每欲与魏国连横的原因。"田婴忙点头称是，齐宣王幽幽道："你多派人手去燕国观察局势，与燕太子平取得联络，告诉他，齐国永远和他站在一起。再者，去给燕国老贵族们打气，以齐国王族的名义支持他们。"

齐宣王缓缓站起身，晃着胖大的身躯走了几步，自言自语道：“一个国家只有内乱，外敌才有可乘之机。伐燕之事，我还要征求孟子的意见。”

田婴道：“孟子这个人迂腐，所讲治平天下的道理不合时宜。”齐宣王直视殿外的天空，说道：“你们太小看孟子，他才是高人中的高人，只不过不能为我所用。”

田婴道：“大王待孟子不薄，列为客卿，后车数十乘，从者数百人，他到哪里能享受此等荣耀。”

齐宣王略显惋惜道：“孟子不看重荣耀和财富，只看重自己。才华不得施展，外衣再漂亮华丽又有何用？可惜他永远无法得志，让君主交出权力给人民，谁又能做到呢？”

田婴道：“燕王哙做到了。”

齐宣王咯咯地笑起来：“燕王真是千载难遇的妙人，我们这个时代怎么产生这么多拥有奇思妙想的人。禅让不过是人们编造出的一个美丽的童话，他却想成为童话中的主人公。如果他能把权力交给人民，仁者或许真的无敌，他却给了一个奸诈之徒。”

燕相子之是个精通权术的人，《韩非子》一书集“法、术、势”法家思想之大成，收录过子之的事迹，用以说明老板考察员工“七术”中第六术“挟知而问”。所谓“挟知而问”即是老板对一件已知的事情故意再询问员工，从而考察他们的真实用心。

子之有一天坐在堂上，突然对左右随从们说了一句话：“什么东西跑到门外去了？白马吗？”众人忙摇头，没看到啊。唯有一个机灵的小厮匆匆跑到门外去东张西望一番，回来向主子汇报：“确实有一匹白马。”

本来没有发生任何事，子之用诈术了解到手下有一个小厮不诚实，手段确实高明。赵高用过“指鹿为马”的诈术，以此分辨不服自己的人。

禅让之说来源于战国，首倡者为墨家，墨家学说本身充满理想主义的浪漫色彩，“兼爱”“非攻”“尚贤”，这种浪漫用到君王身上即是“禅让”，国家领袖由天下的大贤人来做。于是，社会开始流传尧、舜、禹的禅让故事。

此学说一出，诸子百家人人响应，齐声喝彩，因为战国充满杀戮和权谋，人们希望通过君主的博爱来普及世人的博爱，为天下谋太平。魏惠王有意传国于惠施，公孙衍亦曾鼓动魏惠王禅位于张仪。姑且不论他们出于什么目的，可以想象当时社会舆论对禅让的鼓吹。

燕王哙具有明君拥有的一切素质，不好音乐，不近女色，不修园林，不兴土木，不游玩，不打猎，厉行节俭，爱惜民力，甚至亲自跑到田地里和老农民一起面朝黄土背朝天干活。

燕王哙实践着明君所应该做的一切，努力超越前代“圣王明君”，实际上已经实现超越，比之尧、舜、禹的那些虚构的仁爱故事有过之而无不及，但苏代仍然认为他做得不够好。

苏代，战国纵横家，名气远远小于弟弟苏秦，与子之有姻亲关系。苏代作为燕国外交官从齐国归来，燕王哙忧心忡忡地问道：“齐王的霸业快成功了吧？齐王礼贤下士，稷下学宫人才济济，贤者如云，得人才者得天下。”

苏代答道：“未必。”

燕王哙颇感奇怪，问道：“为什么？”

苏代道：“齐王虽然礼贤下士，爱士养士，却不能用。”

燕王哙道，“寡人用子之，真正做到用人不疑，疑人不用，为什么天下人才不到燕国来？”

苏代道：“大王仍然做得不够。”

燕王哙沉默不语。

不久，子之独揽燕国大权，苏代从子之手里接过百金。有人眼红，挣钱原来这般容易，鹿毛寿即是害红眼病的人。他劝燕王道：“大王不如把国家禅让给子之，尧之所以称为贤君，因他想把国家让给贤者许由，许由不接受，尧获得‘让天下’的美名，实际上仍然掌握着国家。现在，大王把国家让给子之，子之必不敢接受，这样一来，大王可与伟大的尧君相媲美。”

燕王哙手握大权，太子平长大成人，岂可把国家让给外姓。

谁知燕王哙非但没有动怒，反而面露欣慰之色，淡淡说道：“就这样办吧！”

太子平闻讯，急匆匆赶到王宫，询问燕王哙道：“听说父王欲将国家让给子之？”

燕王哙道：“不错，有这回事儿。”

太子平脸色大变，颤声道：“国家是先王传下来的，父王有什么权力让给他人？”

燕王哙微微一笑，“子之未必肯接受。”

太子平冷笑道：“如果子之接受呢？”

燕王哙笑道：“我真怕他不接受。”

太子平气急败坏道：“父王还是想把国家交给他。难道一个禅让的美名对父王来说这么重要。”

燕王哙正容道：“其他一切对我均不重要，国家对我最重要。如今四海烽烟，大国已经具备吞并天下的实力，列国连横合纵为了什么，为了蚕食他国领土。燕国土地偏僻，文化落后，无人肯到燕国来。若再无所作为，只有灭亡一条路。若想打败列国，唯有招揽天下英才。寡人肯将燕国禅让给子之，天下人才岂不望风而来。子之有大才，治世之能臣，燕国在他手里定能国富兵强。”

原来父王打算利用子之，太子平极度紧张的心情稍微放松，说道：

“大权旁落，父王能控制子之吗？”

燕王哙道：“我有禅让美名，百姓归心，又有军权在握，子之能翻天？”

## 占领燕国

公元前318年，五国伐秦的同一年，燕王哙发布了一则惊世骇俗、震惊列国的消息——禅让王位于燕相子之。

子之并未表现出一丝一毫的谦让，双手接过燕国沉甸甸的江山。他知道自己只是一个替代品，一个让燕国强盛起来的替代品，因为太子仍然是燕王哙的儿子平。

子之的野心一天天膨胀，不甘心为人做嫁衣。于是，有人对燕王哙说，“想当年，大禹把伯益定为继承人，但天下官吏都是他儿子启的党羽。等到禹老了，觉得启不足以担当天下大任，传位给伯益，而启则率党羽攻打伯益夺取君位。所以天下人认为禹虽然名义上传位于伯益，但实际上传位于启。如今，大王您口头说要把国家让给子之，而官吏们皆是太子的人，这就和当年的禹一样，明用子之实用太子。子之无法施展才华，大王蒙受欺骗世人的恶名”。

造假的名声传出去不好，为表明绝非欺世盗名之人，将这场世纪大戏演下去，燕王哙爽快地将三百石俸禄以上官员的印信全部收回，任由子之擢贤任用。三百石俸禄的官员只能由国君任免，子之从此全面行使君权。

纵使如此，燕国王族、老贵族势力依然强大，与子之新贵集团摩擦不断。齐国间谍们纷纷行动，挑拨离间，唯恐燕国不乱。

随着子之权力日益加重，太子平感受到越来越大的压力，他被父王这个异想天开的计划搅得心神不宁。现在燕国王庭布满子之的亲信，一旦父王归天，子之拒不交出王位，自己怎么办？耳边回荡着齐国使者向他转达的齐宣王言之凿凿的话语，“只要太子起兵，寡人之国虽小，愿听太子号令”。

太子平和子之总有决斗的那天，时间拖得越久对太子平越不利。一旦齐宣王转变态度支持子之，后果不堪设想。权衡再三，太子平拔出腰间的长剑，命令将军市被集结燕军，动用军队攻打王宫夺取王位。

之子不蠢，做国君三年间笼络了一大批敢死之士，获得许多百姓支持，上下一心，军队攻势受阻，一连数月未将王宫拿下，军事政变转换成旷日持久的内战。

燕军斗志衰退，子之策反军队主将市被，发起反攻。双方大混战，燕军战败，太子平和将军市被死于乱军之中。燕国人民遭受到极大的苦难，数以万计的燕国人在内乱中丧命，老百姓们对只知争权夺利、不顾人民死活的现任燕国统治者们深恶痛绝。

子之在燕国人遍地哭声中得意扬扬地坐回燕王宝座，再没人能够摘去他头顶上的王冠，燕王哙也不能，因为他所掌握的军队战败了。可惜，子之高兴得太早，被欲望攻占灵魂的人鼠目寸光，只能看到身边的危险，而感觉不到远方逼来的杀气。

齐宣王等这一刻等了很久，当千载难逢的机会终于降临时，齐宣王问孟子：“我想攻打燕国，可行吗？”

攻打燕国，齐宣王预谋已久，向孟子请教，不过想寻求舆论支持。如果孟子大师首肯，齐国人民不会有反战情绪。

齐宣王把自己包装成解除燕国人民苦难的明君，果然得到满意答复。孟子大师冷酷地回答道：“此周文王、周武王伐纣之举，机不可失。”

后世许多人凭借此话指责儒家不仁，对敌人的仁慈难道不是对自己的犯罪，不打仗如何统一天下，不打仗如何保境安民，说儒家只知仁爱的人才是真正的迂腐之徒。

有人问孟子："燕王禅让国家，天下叫好，您为什么认为燕国可以讨伐呢？"

孟子道："燕国不是燕王的，而是燕国百姓的，燕王哙有什么资格禅让，子之又有什么资格接受！"

那么人们会问，既然君主没有权力移交政权，舜和禹怎么得到国家的？孟子说，"天给的。"人们又要抬杠，孟子的回答也给了人们抬杠的机会，"天怎么给？亲手交还是亲口说？"孟子的下一句话很重要，"天与之，人与之"。（天给他，就是人民给他。）

公元前315年，齐军大将匡章率五都之兵与齐国北疆守军攻入燕国。燕军毫无斗志，城门大开，解甲投降。齐军如入无人之境，进展出奇迅速，不到一个月，攻克燕国王都及大半燕国土地，燕王哙死于乱军之中，子之被剁成肉酱。

燕国局势混乱，列国蠢蠢欲动。齐国攻占燕国，国土扩张两倍，魏、赵两国感受到巨大的压力，秦国不希望出现一个东方大国与自己争夺天下。秦国与三晋的战争由于齐国对燕国的军事占领纷纷停战。

韩太子仓去咸阳做人质，魏襄王立亲秦的公子政为太子，来到临晋与秦惠王会盟，秦、魏、韩三国连横再次宣告成立。

北上伐赵的秦军大败赵军，攻取蔺地（今山西离石），俘虏赵将赵庄后主动停止军事行动。秦、赵两国媾和。秦惠王和赵武灵王约定，拥立燕国在韩国做人质的公子职回燕国复国。公子职即是后来大名鼎鼎的燕昭王。公子职之所以能够获得秦国支持，是因为母亲易王后是秦惠王的女儿。

秦、楚、魏、赵、韩五国拒绝承认齐国占领燕国的既成事实，由赵武灵王出面护送公子职回国继位。此时年约二十六岁的赵武灵王尚未进行"胡服骑射"的改革，正处于韬光养晦、夹着尾巴做人的阶段。

秦、魏、韩三国不出兵，让赵国独自对抗强大的齐国，赵武灵王不会干这种傻事。

一个叫乐毅的年轻人献上一条计策，“以河东易燕地于齐”。乐毅注定要创造名扬天下的神话，只是当时尚不为人所知。

河东是赵国的土地，拿赵国的河东土地去换齐国占领燕国的河北之地。这条河指黄河，河东、河北指黄河下游地段。拿赵国的土地换燕国失去的土地，再把换来的土地归还给燕国，乐毅是不是脑子进水了，分明卖国求荣。

乐毅用不紧不慢的语调解释着这条计策的精华：“齐国占领燕国，列国口头上谴责，都不出兵。我们赵国去干涉，不就和齐国结仇了嘛。不如让燕国向齐国称臣，割河北土地求和，请求齐国撤军。然后，我们用赵国的河东之地换回燕国割地。我们替燕国换回失地，燕国复国后必定会感激我们。我们对齐王说，只要齐王同意换地方案，燕国和赵国永远是齐国坚定的盟友，从此听从齐国号令。如此一来，天下诸侯憎恨齐国强大，必定主动联系我们对付齐国，这是合天下诸侯的力量伐齐的妙计。我们用一块土地换来天下诸侯的军队，划算，他们离齐国远，到时候打下的齐国土地还不都是大王您的？”

赵武灵王依计而行，谁知他们小视了齐宣王，齐宣王拿走赵国的河东之地，却拒绝从燕国撤军。贪小便宜吃大亏，齐宣王让乐毅算计了一遭。

楚国和魏国眼见齐国领土越来越大，心里不是滋味，大骂赵王不会做事，纯粹一个倒霉蛋，白白将河东之地送给齐国。楚国使者来到大梁见魏襄王，答应给魏国六座城市，与魏国联兵伐齐。两国使者共赴邯郸，与赵武灵王商议三国发兵攻打齐国的事情。

天下诸侯密谋复兴燕国，齐宣王向孟子问计。孟子道：“昔年商汤以七十里地成就大业，您拥有千里之地怕什么。但是，齐军兵入燕国之后不行仁义，滥杀无辜，抢夺财物，甚至捣毁燕王宗庙，燕国人不高兴。燕人在国内反抗，诸侯在外讨伐，我们如何招架？现在只有一个办法，归还抢来的财物，拥立新君，从燕国撤军。”

孟子从不讲利，那只是表面的，透过孟子的言论可以看到隐藏至深的利益。王道即是大事业，大事业即是最大的利。孟子主张依靠仁义的力量诱使燕国人归附齐国。

战国时代各国拼命扩张领土，齐宣王凭借燕国内乱捡了一个大大的便宜怎么肯放弃。齐宣王不采纳孟子的计策，自负地说道：“如果列国真的能够联合起来，寡人宁愿从燕国撤军，但是，寡人不相信他们会是铁板一块。”

齐宣王相信权谋，不相信仁义的力量，认为利用列国之间的矛盾搞外交和强大的军事力量可以保住胜利果实、成就王道。别说齐宣王，秦始皇又能怎么样，依靠强悍的秦国军队和翻云覆雨的权谋手腕攻占六国，结果守住了吗？

第一个破坏伐齐大业的国家竟是帮助燕国复国的带头大哥秦国。张仪主持的秦国外交部对楚国倡议楚、魏、赵三国出兵伐齐的用意产生怀疑，认为楚国别有用心，意在拆毁秦、魏连横。

齐国吞并燕国强势崛起固然带给秦国压力，但毕竟中间隔着魏、赵、韩三国，楚国才是秦国最大的威胁。张仪认为楚怀王在玩阴谋，送魏国六座城池不是为了攻打齐国，而是为了瓦解秦、魏的连横。也就是说，无论打不打得赢齐国，魏国与楚国已然是盟友。

秦国唆使赵国助燕复国，意在使齐国无暇西顾，连横魏、韩之力趁机攻打楚国。秦国绝不允许连横散架，更不能允许魏国倒向楚国。张仪再次出招，来到大梁对魏襄王道：“楚国肯定不会送给大王六座城池。”

魏襄王问道：“为什么？”

张仪道："事情可想而知，齐国若得知魏、楚、赵三国联合出兵的消息一定退还燕国土地。试想目标实现，楚国会付报酬吗？大王此举既失策于楚国，又与秦国、齐国结怨。大王不信，可以先向楚国索要土地，看看楚王会不会给。"

魏襄王摇摇头，"我们不出兵，楚国怎么肯给土地？"

拒绝张仪，魏襄王心中得意，魏国最大的敌人就是秦国和齐国，秦、齐两国害怕的事正是我该做的事。

没过几天，魏襄王发现他错了，错得很厉害。韩国紧急向河外调集军用物资，秦军向韩国境内移动。不用问，秦、韩准备对魏国发起军事打击。魏襄王紧张兮兮地找到张仪承认错误，坚决表示与楚国断交，当着张仪的面破口大骂楚国使者。

楚怀王大怒，三国伐齐的事搁浅。齐宣王看到机会，齐国使者飞驰郢都，向楚王表态，齐国愿意帮助楚国对抗秦国，条件很简单，楚国带头承认齐国对燕国的军事占领。

盛怒之下的楚怀王同意齐国要求，齐、楚军事同盟宣告成立。连横国与齐、楚同盟两大军事集团各自在边境线上屯集重兵，列国大战一触即发。决定这场战争胜负的不是双方数十万甲兵，而是张仪的骗术。

第八章

# 楚怀王

——最可爱的人

纸包不住火，骗术虽然巧妙，终究还是会被人识破。但是，只要人们的欲望存在，骗术永远存在。张仪深知其中的奥妙，一骗再骗，游刃般穿梭于列国政坛，骗得楚国支离破碎，而他仍是楚怀王的座上宾，楚怀工视之为楚国的救命稻草。纵观战国人物，楚怀王熊槐称得上最可爱的人。

## 志大才疏

齐国吞并燕国强势崛起固然带给秦国压力，但毕竟中间隔着赵、魏、韩三国，楚国才是秦国最大的威胁，楚怀王的锋芒不亚于齐宣王。

楚怀王熊槐雄心勃勃，有争霸天下的意愿，继位之初击败魏军进攻，夺取魏国八城，其后参与列国合纵，任五国伐秦的纵约长。楚怀王有个大缺点，自以为聪明，与三国袁绍有一拼，配得上一句品评袁绍的话:“干大事而惜身，见小利而忘命。”

五国合纵之战，秦与韩、魏大战，楚怀王身为五国盟主不肯率军向前，作壁上观，军队云集北境不救韩国，企图坐收渔翁之利，致使伐秦大业泡汤。坐视韩军岸门惨败，导致秦、魏、韩三国连横局面再度形成。秦国此时磨刀霍霍向楚国，楚怀王仍有闲心干涉齐国伐燕。楚怀王设想比较美妙，楚、魏、赵三国攻齐，可以破坏秦国与魏国的连横。谁知被魏襄王臭骂一顿，楚怀王马上 180 度大转弯，承认齐国对燕国的军事占领，齐、楚军事同盟确立。

秦国进入中原有两个桥头堡，一个函谷关，一个武关。函谷关东北有曲沃，武关以东有“商於之地”（商密和於中两块土地）。曲沃原本为魏国土地，商於之地原本为楚国领土，此时均被秦国攻占。若想遏制秦国东进势头，必须夺回两地，把秦军赶回函谷关和武关。

楚怀王有一个优点，说干就干。齐宣王履行诺言，派齐军帮助楚军向秦军发起进攻，齐、楚联军攻势顺利，一举拿下曲沃，下一步目标直指“商於之地”。秦国正在巩固与魏、韩的联盟，做大战后的亲善工作。刚刚打了韩、魏两国一顿，现在需要安抚一下，上上药。秦国对楚国备战不足，露出窘迫之态。

“上兵伐谋，其次伐交，其次伐兵，其下攻城。”没有做好战争准备的前提下，谋略显得更加重要。需要秦国的智谋之士站出来，用谋略挫败楚国的战略意图，争取时间备战。

张仪轻车南下，又一次来到给他带来痛苦的南方。一别十六载，昔日的痛苦与羞辱早已如烟随风而去。记得当上秦国相邦的那一天，曾给打了他一顿的楚相昭阳写过一封信：“我没有偷玉璧，你无故折辱我，此仇必报，小心守着你的国土，回头我来偷你的城池。”

想起当年意气之言，张仪轻轻一笑，他此时名动天下，誉满四海，一身富贵荣华，不再是任人宰割的羔羊。若没有那几百板子，哪有他的今天。

忆起此行的国家使命、秦惠王的重托，张仪若有所思地把深邃的目光投向车窗外苍茫的夜色之中。秦、楚之间必有一战，但是，这一战的时间、地点要由秦国来决定，这是优秀的外交人员必须做到的。张仪了解楚怀王，轻信是楚怀王最大的缺点。想当年，他在楚国求官时曾骗过楚怀王的钱，那时熊槐刚刚登基。

十六年前，他是一只初涉大自然的羔羊，如果尚有一线希望，张仪不会去骗人，可是一文钱难倒英雄汉。他本非富贵人家，一介平民而已。楚国立国七百年，强盛三百余年，郢都繁华，宫廷奢靡。想在上流社会混下去没有钱万万不能。张仪结交达官贵人，穿梭宫廷权臣之家，从老家带来的家底被折腾得精光。雇了几个仆人，两个月没给人家开工资。有脾气大的仆人当场撂挑子，有钱给钱，没钱摆什么阔气。

人员不能裁，面子还要撑起来。张仪挺起胸膛，手指一弹仆人的破帽子："你这身行头该换了，等着，我去给你拿钱来。"

"拿个什么钱，瞧你老婆穿的那套名贵衣服，有事穿出去，没事压箱底，你上哪儿搞钱去。"下人低声嘟囔着，想想这么回魏国太不值，欠的工钱黄了，再等几天吧，或许这个败家子真能筹到钱。

张仪去王宫拜见楚怀王。熊槐对眼前这个鼓吹纵横术的落魄中原子弟不感兴趣，板着脸不搭理。张仪道："大王如果没有用得着臣下的地方，臣请求回魏国去拜见魏国国君。"

楚怀王心道，有自知之明你早该走了，说实话楚国用不着六国平民人才，优秀的贵族子弟遍布荆楚。楚怀王颔首道："好的，你走吧！"

张仪一阵心酸，世事如此啊。张仪按捺住心中的失望，赔着笑道："大王对于魏国没有什么需求吗？"

楚怀王傲慢地说道："黄金、珠玑、犀角、象牙皆出于楚国，寡人无求于魏国。"

张仪坏笑道："难道大王不好色？"

楚怀王眼睛变得雪亮，问道："你说什么？"

张仪道："大王没到过中原，郑周之女，肌肤如雪，发如墨黑，巧笑倩兮，美目盼兮，若九天仙女下凡。"

楚怀王眼睛睁得更大，叹息道："哎呀，楚国僻陋之国，不知中原女子竟如此美貌。世人皆好色，为何唯独寡人不好色。"随即，楚怀王兴奋地说道："寡人资助你一些珠玉珍宝，到中原之后，替寡人寻一二绝色美女来。"

张仪施礼道："诺。"

张仪的妻子听说丈夫欲回老家，兴奋异常，忙着收拾行李，南方潮湿炎热的气候实在不适合北方人居住，再说盘缠已然用光。

张仪望着忙得不亦乐乎的妻子，淡淡道："我没打算走。"

妻子愣了："楚王盘缠都给你了，你没打算走，这可是欺君之罪。"

张仪道："大王自愿给的，又不是我要的。"

妻子道："现在怎么办？"

张仪道："等。"

妻子道："等谁？"

张仪道："等送礼的人。"

张仪心中充满苦涩，若能在家乡一展宏图，何苦千里迢迢到楚国来。想在异国他乡施展抱负，没有钱什么事也办不成。张仪策划这件事的目的，只有一个字——"钱"。他策划好开头，也想到了结尾。

## 美人郑袖

送礼的人来了，手持千金。来人是楚王后宫的人，说话细声细气，恭恭敬敬："南后听说将军回魏国，特意派在下前来送行，奉上千金，供将军给马买些草料。"

张仪大大方方收下。时间不长，内宫又有人来，说楚王宠妃郑袖请张仪入宫。张仪见到名闻楚国的郑袖。郑袖之美，不仅在于容貌，更在于举止，在于聪慧。

郑袖站在一丛花的旁边，神情倦慵地把玩着一颗墨绿的琉璃珠。郑袖瞧都没瞧张仪，语气中带着浓重的楚音："张仪，你缺钱可以找我要，何必转着圈子拿我们姐妹开心。”

张仪道：“在下欲回魏国，顺便报答大王数年来的关照。”

郑袖轻声道：“如果你想回魏国，我可以资助车马之费，你也可以用大王的钱打点关节；如果你想留在楚国，我们姐妹会助你一臂之力。”

侧面望过去，郑袖确有美人之风，笔直的鼻子，线条分明的唇角紧紧拢着。她才十四五岁，很难想象如此年轻的女孩有过人的心计。

张仪垂首道：“在下明白。”

郑袖转身离去，一边走一边道：“我不是什么有钱人，这里有黄金五百，你拿去用吧。”

张仪的妻子笑得灿烂如花：“你的胆子太大了些，三面礼都收，现在好啦，赶快跑路吧！”

张仪嘿嘿一笑：“拿人钱财跑路不是张仪的风格，我会让他们统统满意，觉得钱没白花。”

第二天，张仪入宫辞别楚王，说道：“如今天下战乱，各国关塞紧闭，道路不通，臣不知道什么时候才能再见大王，希望大王赐臣一杯酒。”

“好啊。”楚怀王一想到中原美人便来了兴致，下令摆酒设宴为张仪送行。酒过三巡，张仪喝得面色红润，半醉半醒，借着酒意说道：“大王，此处无外人，臣斗胆请大王与心爱的人一起欢乐。”楚怀王醉醺醺道：“来人，把南后和郑袖找来。”

一会儿工夫，南后和郑袖双双来到宴所，张仪蓦然见到两位美人，假意大吃一惊，跪拜道：“臣有欺君之罪，请大王处罚。”

楚怀王一愣：“你有什么罪？”

张仪道：“臣行遍列国，从未见过如此美丽之人。可我还说要为大王寻找美女，这岂不是欺骗了大王？”

楚怀王哈哈大笑，搂过南后和郑袖，说道：“放心吧，寡人不会怪罪，寡人本来就认为天下没人能够比得上她们。”

楚王怀中的郑袖向张仪投来赞赏、诡谲的眼神。

张仪略显疲倦地侧身躺在马车柔软的车厢里，脑海中仍保留着十六年前郑袖那意味深长的目光。也许正是自己耍小聪明拉近与楚王和后宫的距离，才引起人们的嫉妒，才有昭阳府宴的那一场羞辱。郑袖不简单，他坚信郑袖的聪慧足以看得住那个傻乎乎的楚王。

行前，派往楚国的间谍向他汇报了一则楚宫韵事，与郑袖有关。五国伐秦期间，为巩固同盟，魏襄王送给楚怀王一名美女。美女国色天香，深得楚怀王宠爱，楚王因此冷落所有的妃子。若退回十年前，郑袖丝毫不惧，定与美人一争高下。可惜，容颜易老。韶华不为少年留，恨悠悠，几时休？

出乎人们意料，郑袖和美人情同姐妹，有漂亮的衣服总让给美人穿，有奇珍宝贝定不忘送给美人，美人的房屋家具都是宫廷中最高档次的。楚怀王都叹息说：“女人讨男人喜欢全凭美貌，忌妒别人的美丽是人之常情，郑袖对新人百般呵护，是真的爱我啊。”

后来不知道为什么魏国美女见到楚王总是掩鼻子，楚王奇怪地问郑袖：“近来新人见到寡人常掩鼻，你知道为什么吗？”

郑袖回答说：“不知道。”

楚怀王生气了：“你和她关系那么好，无话不谈，怎么会不知道。”

郑袖没有办法，只得回答道：“她曾经对我说过，大王身上有狐臭。”

楚王大怒，咬着牙说出两个字：“劓之！”

劓是一种割掉鼻子的酷刑。楚王一怒之下发下狠话，转身却后悔了，怎么能因为一句话毁掉绝代佳人，刚想说算了，只见侍卫用盘子托着美人的鼻子走了过来。

张仪听完这个凄凉的故事，没有为美人惋惜，混在后宫那个“不得见人的地方"，若只有漂亮的脸蛋，没有聪明的头脑，早晚会丢掉性命。张仪想象得到，郑袖肯定对那个美人说："你虽然漂亮，但有一点瑕疵，鼻子生得不好，见到大王的时候经常遮掩一下，才能保证大王长久宠爱你。"郑袖还会收买执法侍卫，告诉他："大王如果有命令，立即执行，不得延误。"

此次张仪重游楚国给郑袖带来重礼。来而不往非礼也，五百黄金换来何止五千金，而五千金又能换来什么，只有张仪心里最清楚。

## 六百里与六里

张仪见到阔别十六年的楚怀王，楚王亲自接待，旧友相见，甚是开心。楚王安排张仪住进楚国最豪华的宾馆，设宴盛情款待。楚王敬重张仪，并非因为昔年的那段狼友之交，而是因为张仪在秦国说一不二，希望张仪能够给楚国带来利益。

楚怀王如愿了，张仪席间信誓旦旦表示："只要楚国与齐国断绝外交关系，秦国愿意献出商於六百里土地。"

楚怀王放下酒杯，半信半疑道："有这样的好事？"

"当然。"张仪款款说道，"七年前，齐将匡章大败秦军，秦王记恨在心。去年齐国悍然入侵燕国，公然吞并万乘大国，此天下大敌。秦王最恨的人是齐王，最喜欢的人是大王。我在楚国数载，最想做楚国的臣子，怎么可能欺骗大王。大王与齐国断交，削弱齐国，得商於六百里土地壮大楚国，一石二鸟，于楚国只有好处，没有坏处。"

楚怀王喜出望外，宴席一散迫不及待宣布："寡人不才，已得商於方圆六百里土地。"

商於之地本是楚国领土，为秦国所占领，如今收回失地怎能不喜，楚国大小臣工纷纷向楚王道贺，唯独一人冷眼旁观，一声不出。

楚怀王颇为自得："陈轸先生，怎么不表态啊，寡人不烦一兵，不伤一人，得商於六百里土地。寡人自以为够聪明，大家都来祝贺，你怎么不说话？"

陈轸道："我认为大王得不到商於之地，所以不敢妄自祝贺。"

"哦？"楚怀王一脸好奇，"为什么有这种想法？"

陈轸道："张仪这个人我太熟悉，什么事情做不出来？他是明目张胆地欺骗大王。"

楚怀王摇头道："张仪身为秦国相邦，岂能信口开河，胡乱表态。纵使张仪不讲诚信，尚有秦国国家信义在，否则以后谁肯和秦国打交道。再说数百年来列国之间的条约盟誓件件俱在，哪有张口欺骗的事情。"

陈轸道："姑且不论张仪是否说谎，就当前形势而言，秦、魏、韩三国连横之势而成。秦王看重大王那是因为齐国支持我们，大王与齐国绝交，楚国则孤立，秦国又何必看重一个受孤立的国家，凭什么割让六百里土地？如果大王让秦国先交土地，秦国肯定不干。我们与齐国绝交，绝交之后秦国不交土地，大王被骗，一怒之下必定兴兵伐秦，那时秦、魏、韩、齐四国军队同时杀来……"

楚怀王听不进去，摆摆手制止道："先生不要再说了，等着瞧好吧！"

楚怀王宣告列国，正式与齐国断绝外交关系。满载楚国赠送的礼物，张仪回国，楚怀王特意派专人陪同去接收商於六百里土地。楚国使者天天陪同张仪上朝，如影随形，一刻不离，像条讨债的癞皮狗。

张仪有办法摆脱这种无赖，一次下车不小心崴了脚，从此大门不出，二门不迈，更别提上朝的事儿。秦国君臣众口一词，不清楚张仪说过的话，不知道张仪表过的态。秦惠王对楚国使者说，如果相邦真这样说过，秦国必定履行诺言，可当事人正躺在家中养病。

楚怀王听说秦国不交割土地，以为秦国认为自己耍花招，阳奉阴违，表面与齐国断交，实际暗中往来，于是派军中骁勇战士乘战车借宋国符节驰到宋、齐边境大骂齐王。楚兵骂齐王做给秦国看，让宋国人向外透风。否则楚、齐自有边界，何必跑到宋国去骂。

楚国勇士辱骂齐王的故事被宋国人添油加醋向外疯传，好事不出门，坏事传千里，一时间列国尽知。齐国臣民们大怒，两国关系刚刚缓和，齐军不久前帮助楚军把秦国人赶回函谷关，楚国人非但不感激，反而跳出来骂人，真是岂有此理。

看着大臣们怒不可遏的表情，齐宣王咧开大嘴乐了。

齐宣王道："楚王那个傻瓜让秦国人骗了，不知秦王给楚王许诺什么狗头羊头，让他疯狗似的骂人。"

群臣道："楚国与我断交，秦、楚交好对我们大大不利。先前大王拒绝赵王易地的计划，白白取走赵国河东之地，燕民不断反抗，燕地不太平，我们须防备秦、楚、魏、韩、赵五国伐我。"

齐宣王庞大的身躯一动不动，眯着眼睛道："如果秦王意在我国，就不会反对楚、魏、赵联兵伐我的计划，反倒会乘机出兵报上次兵败之仇。可他没有，说明另有所图，那一定是楚国。楚国与我国结盟，秦王便想方设法拆散我们的同盟。秦国与楚国之间必有一场恶战。"

群臣半信半疑之际，有官员从殿外匆匆而来向齐王汇报楚国的动向："楚王向国民宣告商於回归楚国。"

齐宣王愣了一下，随即哈哈大笑起来："秦国人给楚王画了一张饼，这张饼充满香味啊。"

一会儿光景，齐宣王收敛笑意，命令道："传令下去，让深入函谷关的齐军撤回，集结卫、魏边境，告诉宋国人准备打仗。"

群臣问道："和谁打？"

齐宣王道："秦国与楚国一旦开仗，我军即攻打魏国，直取大梁。"

群臣道："齐、楚绝交，大王怎么还要帮助楚国？"

齐宣王道："秦国连横针对齐、楚，我们占领燕国，秦国人不会满意，一旦打败楚国，下一个目标即是齐国，帮助楚国实际上是帮助自己。"

滑稽的一幕到底还是发生了。听到齐军撤退的消息，张仪的脚伤立刻痊愈。楚国使者天天候在张府门前，夜晚不休息，换班蹲点，可怜兮兮地等待张仪履行诺言。见张仪晃晃悠悠从府里伸着懒腰出来，忙不迭地迎上前去，一边行礼一边道："相邦啊，身体可大安啦，我都等您老人家整整三个月了。"

张仪乍见楚国使者大吃一惊，惊讶道："哎呀，你怎么还在咸阳，为何不去接收土地？"楚使一脸委屈道："我倒想去接收，可秦王和大臣们说没有这么一回事。"

"怎么可能！"张仪脸色一变，叫过随从取来秦国的地图，手指商於一带的土地慢悠悠地说道，"从这里到这里，横六里，直六里，请贵使去接收吧！"

楚国使者俯身瞧着，听得目瞪口呆，心中一片冰凉，愕然道："相邦，我听说是六百里，怎么是六里？"

张仪一脸诧异："你听错了，张仪自愿将封地六里献于楚王。"

楚使强作镇定，说道："即使我听错，大王会听错吗？楚国满朝文武大臣都会听错吗？"

张仪不慌不忙地解释："你好好想一想，我张仪一介平民，哪里拿得出六百里土地！"

楚使彻底傻眼，楚国上上下下全被眼前这个狡诈的小人给骗了，想发火，无奈在人家一亩三分地不敢施展，只得连夜跑回楚国向楚王报告。

"骗子！大骗子！"楚怀王暴跳如雷，下令集结军队攻打秦国。陈轸现身了:“大王，现在我可以说两句了吧？”楚怀王一阵脸红，没好气道:“说吧！”

陈轸道:“战机已失，三个月来秦国人必有准备，秦军以逸待劳，楚军难以取胜，况且大王与齐国断交，齐国不会帮我们，秦国却有魏、韩两个盟国。不如这样，大王收下六里土地，反过来赠送秦国一座大城市，我们与秦国联手进攻齐国，西边丢失的土地从东边补回来。”

楚怀王不肯听，他向全国臣民宣告商於回归，君王当众撒谎，这个跟头栽不起。一切都是面子惹的祸，楚怀王的脸皮太薄，远不如赵毋恤。智伯当众灌赵毋恤酒，赵毋恤不生气，一直忍受到最好的机会来临。“主不可以怒而兴师，将不可以愠而致战。”楚怀王违背兵法出兵，战争胜负可以预测。

张仪三个目的达到两个半，拖延时间备战，激怒楚王，另外半个胜利是拆散齐、楚联盟。虽然齐宣王决定支持楚国，然而楚国已不把齐国当作盟友了。

公元前312年初，楚军兵分两路，大将屈丐率楚军主力军团向商於地区挺进。柱国景翠出方城进攻韩国的雍氏（今河南禹州东北），攻占雍氏山地，阻击韩、魏两国军队南下增援。楚怀王的战略目标比较明确，拿下商於六百里土地。

秦惠王与张仪胸有成竹，秦国人为此备战三个月，反击战方案在张仪假装养病期间早已拟好。秦军计划兵分三路，大将魏章率主力秦军由蓝田出武关迎战；樗里疾率一支秦军出函谷关南下与魏章合击屈丐的楚军；甘茂从南郑出发沿汉水流域向东进兵攻掠楚国汉中之地。秦军主力击败楚军之后，分出一支部队转而向西进攻，合击汉中，与甘茂会师。

计划不如变化快。秦王与张仪没想到齐国会出兵。就在楚军大举进攻之际，齐国大将匡章率领齐军主力及宋国仆从军包围魏国的煮枣

（今山东东明）。齐宣王果然了得，让人家骂祖宗，反而帮骂人的打仗。

煮枣若丢失，大梁危险，一旦魏国屈服，齐军西进，有可能与楚军会师韩国都城新郑城下，那样大势去矣。即使秦军取胜，魏、韩两国投降，秦国孤掌难鸣。秦国必须救韩国，好在秦国有一员智将樗里疾。

秦惠王和张仪对原先的作战计划进行调整，樗里疾挑起重担，配合魏章歼敌之后火速回军救援韩国。

战国时代又一次列国大战擂响战鼓。魏章和樗里疾两路秦军在丹阳与屈丐的楚军展开一场恶战，伏尸遍野，丹水为之不流。楚军惨败，八万勇士战死，七十多名楚国高级军官阵亡，主将屈丐、副将逢侯丑等七十多人被俘。伟大诗人屈原为英勇牺牲的楚国将士做了一首不朽的诗歌《国殇》。

秦国人与楚国人的战争就此拉开大幕，秦楚百年战争最终以霸王项羽的获胜落下帷幕。

秦楚百年战争也是法家与道家的决战。张仪的外交骗术得逞一时，八万楚军命丧楚怀王的冲冠一怒中。魏章率秦军转而西进，攻取楚国汉中六百里土地。樗里疾火速回师进入韩国三川之地，向围攻雍氏的楚军展开反包围，秦、韩两军里应外合击败楚军后，向东进发救援魏国，与齐将匡章相遇于濮水。

楚军惨败，楚怀王像一个输急眼的赌徒，押上最后的筹码，弃汉中于不顾，集结楚国后备军趁秦军西进汉中、东救韩国之际，突袭武关，破关杀入秦国，长驱直入，奔袭咸阳。

武关确实是秦国最大的漏洞，秦军左右出击，中间门户洞开，楚怀王当胸一剑直指要害，震动秦国。秦惠王一面组织人手防御蓝田，一面快马飞报韩、魏，命令两国迅速出兵攻楚，企图用“围魏救赵”之计摆脱窘境。

楚国虽然大败一场，但整个战局由于楚怀王的搏命一击倒也呈现出柳暗花明的局面。只要匡章击败樗里疾继续西进，魏、韩两国就不敢进攻楚国，魏章的秦军势必回救咸阳，那么楚国会发动最后的战略反击，汉中将失而复得。

然而，齐、楚盟军胜利的火苗被一个人硬生生浇熄，战国第八大军事强国领导人宋康王戴偃。

宋国地处齐、魏、楚三大强国之间，而宋国是一个二流国家。宋国人本该夹着尾巴做人才是，但是宋国人不能忍受这份屈辱，因为他们血统太高贵，是商王朝后裔，比当今周天子高贵。春秋时代宋国人便不甘寂寞，宋襄公图谋称霸，虽然以失败结束争霸之旅，却给后世留下仁义的故事。

戴偃继位之后，总结前任国君经验，得出一个理论，权谋比仁义有用。因为他的哥哥子罕用权术谋得国君之位。子罕又叫司城子罕，司城是官名，可能就是司空。戴偃和哥哥都是子姓，戴氏。子罕有一天对宋桓侯说："奖赏恩赐是民众喜欢的，您行使权力；杀戮刑罚是民众憎恶的，您交给我掌管。好名声都是您的，坏名声我来背。"于是，宋桓侯把司法大权交给子罕，结果不难想象，宋国君主换成了子罕。

戴偃起家既不靠赏赐，也不靠刑罚，而是靠发动军事政变夺了哥哥的君位。

徐州相王之后，戴偃率先称王，尚在秦、韩、燕、赵等强国称王之前，因为宋国国家小，故而列国多不服气。

宋王戴偃和齐宣王组成齐、宋联军与秦、韩、魏连横军在濮水边决战。此次大会战，齐国称为"濮上之战"。齐宣王非常看重此次战役，此战关系到齐国能否长久吞并燕国。齐军失利，魏、韩即可腾出兵力南下进攻楚国，楚国有一场大败，再败一场，势必一蹶不振。楚国战败，连横军团东进，齐军也就没有任何能力再待在燕国，只能撤军认输。

两军交战，戴偃下令宋军撤出战场。宋军将领们不理解，宋军一撤，齐军必败。戴偃坐在舒服的战车里傲慢地说道：“天下哪一座城市最繁华？”众将道：“自然是我们的陶邑，最大城市非它莫属。”戴偃又道：“谁最想得到陶邑？”众将一琢磨，谁都想得到陶邑，最想的话那就是魏国，离陶邑最近，所以我们才与齐国联兵抗魏。戴偃道：“这一场仗你们有把握打赢吗？”众将摇头。戴偃道：“但是，我们有绝对把握打输，所以我与秦王议和，有秦王支持怕什么魏国！”众将道：“这是背信弃义呀！”戴偃道：“襄公倒是仁义，称霸天下了吗？没有。就这么定了，呼万岁吧！”

宋军山呼万岁，撤离战场。齐军大败，齐将声子阵亡，匡章率残部向齐国境内败退。齐宣王脸色阴沉，心里恨透宋王，那双蒙眬的怒眼露出凶狠的光芒，“此仇不报，誓不为人”。

老将田肦来了，对齐宣王道：“大王必须忍下这口恶气。眼下我们不能和宋王翻脸，非但不能翻脸，还要给他笑脸。”

齐宣王道：“让我装孙子？”

田肦道：“装。大王把军中的粮食全部给宋国，反正我们带不回来。宋王高兴，秦王疑心，连横军必定不敢越过宋国进攻我国。濮上之战，我军元气大伤。等将来再度强大起来，便向宋王讨这笔债。若他不肯偿还，我们就把宋国灭掉，师出有名，报今日之仇。”

齐宣王笑了，笑得极不自然，说道：“愿赌服输，让宋国人把军粮全部拉走，下令驻燕齐军立即撤出燕国，坚守齐国长城，留得青山在，不怕没柴烧。此仇此恨，我报不了，儿子、孙子报！”

连横军取得东线大捷，韩、魏两国放心组织军队南下进攻楚国，联军越过防守薄弱的楚国长城，直入楚境，兵锋指向邓（今湖北襄樊）。进攻到蓝田的楚军成为一支孤军被截断退路，楚怀王无奈之下派人割地求和。秦国已然大胜，不想节外生枝，顺势同意议和。连横国与楚、齐的大会战以楚国亡兵八万、丧失汉中六百里土地，齐军从燕国撤军的方式宣告结束。

## 画饼可充饥

战争打完，故事远未结束，大骗子张仪是楚怀王心中永远的痛。骗术的最高境界在于骗过你之后，还能若无其事地站在你面前再来一次。

有这么一说吗？不可能。

张仪来了，又一次来到郢都。

“来得好！”楚怀王咬着牙恶狠狠道：“把张仪关起来，选个好日子砍头来祭奠阵亡的将士们。”

真正不可揭穿的骗术是连环骗术。一个骗局揭开，新的骗局诞生。张仪给楚怀王带来新画的饼，汉中的土地。

这一次张仪是真心归还楚国土地吗？答案是肯定的。

张仪之所以主持秦政十九年，在于他能把个人利益与国家利益成功结合在一起。张仪所做的一切都是为了连横，为了秦国，为秦国谋利的同时谋取个人利益。

秦国占领楚国大片领土，与楚国结下深仇大恨。如果不妥善解决，楚国永远是秦国的敌人。张仪必须尽快与楚国恢复外交关系，重修旧好。因此张仪向秦王建议归还楚国汉中之地，当然不是全部土地，而是汉中一半的土地。

人们总是贪小便宜吃大亏，好了伤疤忘了疼，楚怀王也不例外。张仪抓住人性的弱点，拿着半个汉中来见楚怀王。但是，楚怀王正在气头上，不肯见张仪，任你有天花乱坠的口才，见不着面施展不出。

张仪早料到这一层，派人去见楚王的宠臣靳尚。

靳尚聪明，或许出于张仪的指点，找到郑袖。此时的郑袖已是半老徐娘，更加害怕失去楚王的宠信。靳尚径直往她的疼处说：“大王拘禁张仪，听说秦王为换回张仪，答应把爱女嫁给大王，随行的佳丽如云，且把半个汉中作为嫁妆。公主嫁到楚国，恃秦国之强，财物之多，定是后宫主人，您地位难保，恩宠定然一去不复返。”

郑袖听得心惊肉跳，已然没有十七年前的从容自若，急忙问道：“我该怎么办？”靳尚笑道：“这件事情容易搞定，只需让大王把张仪放出来。”

郑袖之力，外加楚国主和派支持，楚怀王把张仪放了。很简单，两个此前反目的狼友再次把酒言欢。

张仪不会放弃任何一个有利用价值的人，席间对楚怀王说：“如果大王想得到汉中的土地，您必须帮我做一件事。”

楚王问道：“什么事？”

张仪道：“过一段时间樗里疾出使楚国，您写一封热情洋溢的信给秦王，盛赞樗里疾，请秦王任命樗里疾为相邦，就这么简单。”

楚怀王猜不透张仪的心思，问道：“他做相邦，你怎么办？”

张仪微微一笑：“大王尽管去做，汉中土地定然奉还。”

每一次连横成功之后张仪都要清除异己，借为国家谋利巩固自身地位，借自身权力再为国家谋利，这是张仪成功的一个秘诀。上一次是陈轸和公孙衍，这一次轮到樗里疾。

樗里疾是秦惠王的弟弟，精于军事和权谋，两人曾共同搞掉公孙衍。此时樗里疾取得丹阳和濮上之战的胜利，战功赫赫，成为张仪的威胁。

楚怀王又怎么会帮助张仪除掉樗里疾呢？有时计谋很简单。

樗里疾来了，楚怀王盛情款待。这位被秦国人誉为智囊的人物在楚地过得十分惬意，听小木槌敲击编钟的美妙悠扬，欣赏细腰巫舞的袅娜翩翩。无论如何他都不曾料到，张仪的大闷棍在数百里之外的咸阳高高举起。

临行，楚怀王送了好些礼物，黄金珠玑那些俗物不算，江浦之橘，云梦之柚、香茅之酒，满满载了几大车。楚怀王临别拉着樗里疾的手，笑盈盈说道："前些日子寡人给秦王写过一封国书，若日后先生得到重用，莫忘秦、楚两国友谊。"楚怀王语重心长强调道："只有好话，没有坏话。"

确实只有好话，没有坏话。这些肉麻的溢美之词听在秦惠王耳朵里怎么那么别扭，竟然推荐樗里疾做秦国相邦，秦国相邦何时轮到楚王说三道四？秦惠王找来张仪。张仪笑道："显而易见。楚王为樗里疾谋相位，定是樗里疾许诺过好处。如果大王真的任命他做相邦，恐怕秦国的利益受到损害。"

一听此言，秦惠王勃然大怒。樗里疾宫中有耳目，消息飞一般传出来。樗里疾不敢回咸阳，径直回封地去了。樗里疾一走，秦国另一位重臣甘茂也被张仪排挤到国外去了。

张仪大权独揽。楚怀王又一次如梦初醒，赶紧派大臣昭睢去找张仪协调归还汉中土地。张仪再次提出条件，秦国国内不少人反对归还土地，楚国必须将主战派将领昭滑和合纵派头头陈轸驱逐出境表明与秦国连横的诚意。

跟张仪玩了几趟拳脚下来，楚怀王学聪明了。陈轸非楚国人，赶走就赶走。大司马昭滑出自楚国大族，属于实力派将领，赶出去岂不是自折臂膀。楚怀王思来想去，既然西面讨不到便宜，不如打东面的主意。越国吞吴，江东三千里土地。能把越国搞到手，也能消一消心头恶气，弥补秦、楚战败丢失的土地和威望。

于是，楚怀王与昭滑定下一出苦肉计，表面楚王将昭滑驱逐出境，实际派昭滑去越国做卧底，长期潜伏下来。陈轸则离开郢都，继续云游列国，四处流浪是他的宿命。

在张仪画饼诱惑下，秦、楚关系有所缓和，魏、韩、楚加入连横队伍，听从老大秦国吩咐。连横的胜利使张仪的威望与权力达到顶点。盛极而衰是颠扑不破的真理。张仪的人生到达鼎盛，也就开始走下坡路了。

转折点到了，公元前311年，秦惠王病死。张仪几乎扫清了所有的对手，却漏掉了一个致命的敌人，老对手公孙衍。

张仪和公孙衍斗了十九年，从他到秦国那一刻开始，两人因争权而结怨，张仪搞连横，公孙衍搞合纵。两人纵横天下，翻手为云，覆手为雨，“一怒而诸侯惧，安居而天下息”。每次总是张仪占到上风，张仪与公孙衍相比，数据上占有绝对优势。但是，公孙衍哭了十九年，最后笑了一场。

岸门之战后公孙衍回到秦国。战国时代人才流动，今天是敌人，明天可能是朋友。公孙衍和秦国打了十多年的仗，来到秦国仍然可以做官，因为公孙衍是人才。

十九岁的秦武王嬴荡长得高大强壮，孔武有力，不喜欢权谋，喜欢角斗，喜欢大力士，基本属于拳大无脑型。战国时代虽然不分文武，但张仪生得柔弱，公孙衍体格强壮，肌肉发达。秦武王喜欢谁不言自明。

公孙衍看到了扳倒张仪的机会，不求坐上张仪的位子，但求一解胸中的愤懑。公孙衍没有傻到认为凭借自己的力量足以撼动权倾秦国的张仪。公孙衍懂一个道理，敌人的敌人是朋友。

在公孙衍怂恿下，受张仪排挤的樗里疾、甘茂等人纷纷回到秦国政坛。

实力对比发生变化，张仪明显感觉到危机。他毕竟是有大智慧的人，没有像商鞅那样贪恋荣华富贵死撑下去，而是机敏地脱身而去。

“金玉满堂，莫之能守。富贵而骄，自遗其咎。功成身退，天之道也。”张仪懂，为秦国做了那么多事儿，秦国也给了富贵，到了该说再见的时候啦。

张仪对秦武王说：“只有东方战乱，秦国才有机会拓土开疆。我坏了齐国伐燕的大事，齐王憎恨张仪。我在哪里，齐军打到哪里。我愿意去魏国，这样齐国会攻打魏国，齐魏开仗，大王举兵攻韩国，入三川，临周室，挟天子，成霸业。”

秦武王非常高兴，他不喜欢张仪，反对连横。连横的精髓不是兼并，而是称霸，拉拢盟国打击每一个敢于崛起的国家。秦武王想挟天子以令诸侯，必须攻打韩国，攻打韩国，连横必然散架。张仪主动提出攻打韩国的策略，秦武王怎么会不答应，当即送张仪去魏国。

列国得知张仪在秦国失势，齐宣王果然发兵攻打魏国，意图报濮上兵败、从燕国撤兵之仇。

接收张仪的魏襄王恐惧不安，张仪笑着安慰道：“我让齐国罢兵。”

张仪的说客来向齐宣王说：“大王出兵攻打魏国正中张仪下怀，张仪到魏国的目的就是想引起关东诸国的战争，秦国从中谋利。”

简简单单一句话，齐军退走。魏襄王领略到张仪的绝世风采，立即拜张仪为相邦。张仪老了，担任魏国相邦一年后溘然长逝。

张仪一介平民，入秦执政十九年，辅佐秦惠王称王，使秦国东拔三川之地，西并巴蜀，北收上郡，南取汉中，破六国合纵，外连横而斗诸侯，翻手为云，覆手为雨，成功的秘诀无非两个字：骗人。

第九章

# 宣太后

——不亚于男儿汉

宣太后的权谋不亚于那些纵横战国的男儿汉，故而她能够管理秦国长达41年。宣太后姓芈，楚国贵族女儿，秦惠王八子。八子不是八儿子，八子是后妃的一个等级，秦国后宫分八个级别：王后、夫人、美人、良人、八子、七子、长使、少使。八子宫中地位不高。宣太后上位靠杀害王后和诸公子。当然，若非一个偶然的机缘，她一辈子休想当上秦国的太后。这一章，我们主讲宣太后，讲宣太后之前不能不提两个人，一个是秦武王，另一个是甘茂。秦武王死了，宣太后才有机会执政，没有甘茂这个人，秦武王不会死，三者关系就是如此。

## 秦武王之死

张仪走后，秦国相位空缺。竞争相位的人有三位：公孙衍、樗里疾和甘茂。公孙衍，名动战国的纵横家；樗里疾，战功赫赫的秦国智囊；甘茂，公认的老好人。甘茂做人谦恭、厚道、与世无争，秦国三个水火不容的当政者张仪、樗里疾和公孙衍都曾经极力推荐。被不同集团的人一致看中，足见甘茂为人处世的圆滑。

甘茂是楚国人，秦国客卿，所谓的“羁旅之臣”，能得到秦国王族和权臣一致认可确实不简单。甘茂靠军功上位，配合魏章攻掠楚国汉中之地。论起来，张仪是甘茂第一个伯乐。秦武王排斥张仪，甘茂随之背叛张仪站到公孙衍和樗里疾阵营里，因此有机会竞争相位。所有的人都不看好甘茂，甘茂只是竞选相邦的绿叶。

每个人都有理想，年轻时充满幻想和希冀，秦武王抱负远大，他想取代周天子。取代周天子不是件容易事儿。到公元前308年，周王朝立国七百年。秦国的确不弱，但除了秦国，天下仍有战国六雄。秦武王想观摩一下周王朝的气派，不想以朝拜者的身份去，想以征服者的身份去。周天子住洛阳，洛阳处于韩国境内。打通一条通往洛阳去的道路成为秦武王最想干的事儿。甘茂敏锐察觉出年轻秦王的想法，投其所好，提出攻打韩国的军事计划。甘茂获得秦武王青睐，先赢一分。有一分仍然不够，在秦武王心目中公孙衍分量更足。权衡再三，秦武王选择了公孙衍。

秦武王任命公孙衍为相邦，入宫谈话的内容被甘茂获悉。铁板钉钉，似乎大局已定。甘茂不灰心，没有宣布任命之前一切皆有可能。

第二日甘茂入宫见秦武王，拜贺道："恭喜大王得到贤相。"秦武王大吃一惊，连忙否认道："寡人何时找到新相邦？"甘茂微笑道："公孙衍对我说，他已经是秦国相邦。"秦武王对公孙衍的信任度立刻降到冰点，这么重要的人事安排怎么能随随便便泄露出去，这种人有什么资格做相邦！公孙衍等委任状，等了一天又一天，空欢喜一场，怎么也没有想到老实人甘茂算计了他。

排除公孙衍，第二个候选人是樗里疾。秦武王就相邦人选征询意见，老油条想，不能自个儿推选自个儿，既然公孙衍希望最大，那么就推选甘茂。人算不如天算，樗里疾打压公孙衍，不承想帮了甘茂的忙。

面对两个候选人，秦武王别出心裁设立左右相邦，甘茂为左相，樗里疾为右相。甘茂心知自己在秦武王和臣民们心中地位不高，当上相邦不见得坐得久。他要立功，立大功，于是唆使秦武王讨伐韩国。

伐韩军事行动彻底暴露了甘茂的野心，人们这才恍然大悟，原来甘茂是一只披着羊皮的狼。当时环境下进攻韩国不符合秦国的国家利益。秦国与齐、楚大战，占领楚国汉中土地，逼迫齐国退出燕国。这时节出兵伐韩，等于把韩国推向敌人的阵营里，樗里疾、公孙衍等人表态反对。领导决定的事情反对有什么用呢？甘茂出使大梁，联合魏国伐韩。

戏剧性的一幕又出现了。甘茂做通魏国的工作却改变主意，派人先回咸阳劝秦王取消伐韩军事计划。秦武王十分奇怪，急于搞清楚到底发生什么事儿，亲自跑到息壤迎接甘茂。

甘茂说："进攻韩国，打通去周王室的道路，必须攻下宜阳。宜阳是韩国军事重镇，上党、南阳的财富云集宜阳。秦军跋涉千里攻打一座坚城，不是一个月、两个月能够打下来的。昔年乐羊攻打中山国，打了三年没打下，遭到国内人的指责，诽谤书信整整放了一大箱子。"

不是不想攻打韩国，甘茂害怕别人说坏话。秦武王当下给甘茂吃了一颗定心丸："寡人绝不会被他人左右。"

甘茂有一项绝技，不是独孤九剑，不是降龙十八掌，更不是蛤蟆功，而是讲故事。小故事大道理，无往不胜。甘茂讲了一个曾子杀人的故事："大王听说过曾子吧，他是鲁国大儒。一天有人对他的母亲说，你儿子杀了人。曾母不信。过一会儿，又一个人告诉说，曾子杀人。曾母仍然不信。当第三个人说曾子杀人时曾母爬墙逃跑了。"甘茂最后总结道："'曾子岂是杀人者，谣言三及慈母惊。'我贤德不如曾子，王信任我绝不会比曾母信任儿子更深，而疑心我的人不止三人，恐怕王不会始终相信我。"

赢得领导信任非常难，何况甘茂竞选相邦和伐韩军事行动得罪太多的人。一旦军事行动受挫，马上一片指责声。聪明的甘茂事前先逼秦武王表明态度。果然秦武王正色道："我与你立誓，不相信任何人的话。"这就是战国著名的历史典故"息壤在彼"。

战事果如甘茂所料，秦军围宜阳五个月，将士们伤亡惨重，宜阳岿然不动。樗里疾、公孙衍等人纷纷指责甘茂。秦武王一度想打退堂鼓，但想起两人的誓言，不得不咬牙坚持。

韩国向楚国求援，楚怀王准备出兵救韩。秦武王急忙派使者向楚怀王许诺，只要楚国不出兵，归还汉中一半的土地。楚怀王把陈轸找来商议救韩之事。张仪去世，陈轸又回到楚国。楚怀王说："秦王许诺归还汉中一半的土地，可能又是一场骗局。秦国人一再把我当猴耍，这次我要救援宜阳。"

陈轸表情变得很奇怪，问道："大王真想和秦国开仗还是只想做做样子，让韩国心存感激投靠我们？"楚怀王嘿嘿一笑："什么事都瞒不过先生，汉中之战，楚国损失十万大军，没能力打啦。不过我想韩国相邦公仲侈聪明能干，是个难得的人才，定会守住宜阳，我们顺水推舟，难道不是一件美事。"

陈轸呵呵笑道："那我劝王放弃这种想法。秦国围宜阳数月不退，志在必得。凭借公仲侈的才干尚且陷入困境，何况王不想尽全力。楚军救韩，秦国势必增兵，那时王既得罪秦国，又帮不了韩国。"经过几次失败，楚怀王相信了陈轸的话。

五个月打不下宜阳，甘茂感受到巨大的压力，一方面公孙衍和樗里疾不停诋毁，秦国国内反战呼声高涨，另一方面列国纷纷指责秦国发动不义战争。不在压力下爆发就只能在压力下死亡。甘茂背水一战，散尽家财奖赏将士们，发誓打不下宜阳便自杀。还是金钱有用，秦军攻克坚城，斩杀六万韩军。踌躇满志的甘茂净水洒街迎接秦武王的到来。宜阳不是秦武王梦想的终点，周王朝都城洛邑才是。

晴空万里，骄阳似火，把地面烤得滚烫。南风拂来，洛邑笼罩在一团团滚动的热浪之中，火烧火燎，让人感到窒息压抑，透不过气来。

一排排整齐肃穆的秦国甲兵身着黑衣手持戈矛，钉子般钉在光滑如镜的大青石地面，任由汗水从额头、脸庞滴下，眼睛一眨不眨地注视前方。王宫大殿前矗立着九只雕刻精美、古朴庄重、气势峥嵘的青铜大鼎，这九只鼎就是象征天下九州的周鼎。据传由大禹的儿子夏朝第一任君王启所铸，上绘各地山川名胜，一鼎象征一州，九鼎即是天下，来显示夏王至高无上之权威，天下共主之地位。

夏亡九鼎归商，商亡九鼎迁于周，成为三代之宝、天下的代名词。公元前 606 年，春秋霸主楚庄王北伐陆浑戎，兵临洛邑城下，对着周朝使臣王孙满傲慢地问鼎之大小轻重，王孙满机智地一语驳回：“在德不在鼎。”问鼎中原的典故由此而出。

楚庄王问鼎是东周王朝第一次危机，而今来自西方的甲兵比楚人更加咄咄逼人。年轻的周赧王姬延登上王位的第八个年头，迎来王朝的第二次危难，秦武王嬴荡要举鼎角力。

秦武王志得意满，在兵车和甲士簇拥下来到洛邑。秦武王勇武有力，最大的爱好是摔跤。秦武王养了许多大力士。任鄙、乌获、孟说都是当时有名的大力士，三人在秦均为高官，据说孟说一人制服过两头野牛。

楚庄王仅仅是问鼎，秦武王却要观鼎，秦人来者不善。面对沉重威严的青铜大鼎，秦武王活动着筋骨问身边三个大力士道：“你们举得起来吗？”

九鼎到底有多重，已无可考，因为九鼎未能流传下来。《战国策》“秦兴师临周而求九鼎”一文中载：“凡一鼎而九万人挽之。”就是说，一只鼎要九万人牵引，你说它有多重？当然《战国策》多是纵横家夸大渲染之词，不能相信。就目前已知的三代最重的青铜器是商代晚期的司母戊大方鼎，重八百三十二公斤。应该讲，九鼎不会重过司母戊大方鼎，但也不会比它轻多少吧？

任鄙、乌获皆摇头，只有孟说挺起胸膛大声道：“我行！”秦武王冷笑一声："你行我也行！" 迈开大步坚定地向大鼎走去，身后传来秦人甲兵整齐划一的欢呼声。

鼎重千钧，寻常人举不起来，秦武王不是和孟说较劲，他是故意为之。秦国日益强大的国力使他觊觎周室，甚至不惜罢掉有大功于秦国的张仪的相位，毁裂与韩、魏的连横，内心暗藏的野心难道仅仅是为了来到洛邑一观九鼎的风采吗？九鼎是象征天下王权的神器，谁把九鼎举起，便是天命所归。

秦武王明亮的眼睛里闪烁着野心勃勃的火焰，弯下熊一样的身躯，伸出一双强壮的大手，紧紧握住"龙文赤鼎"的鼎足，用尽平生之力，大吼一声："起！" 大鼎缓缓而起，空气为之凝固，周天子几乎能够听到"怦怦"的心跳声。只听一声轻微的"嚓哧"，大鼎轰然落地，秦武王一声惨叫，双目出血，庞大的身躯栽向地面。几乎所有人都被这惊心动魄的场面吓得脸色惨白。周赧王暗中诅咒着这位不可一世、狂妄的秦王，他活不成了，没有人能够举起大鼎，没有人能够撼动大周数百年基业。周赧王带着嘲讽冷笑着，然而秦王及秦国武士那一张张刚毅不屈的脸上流露出来的勇武和刚猛，又让他感到恐惧和战栗，火热的天气里周身一片冰凉。

膝盖骨折，秦武王死了。他对臣下们说过："寡人欲车通三川，窥周室，死不恨！" 他第一次以诸侯的名义亲手触摸到周鼎，并且差一点儿实现移鼎之志。但是，秦武王为鲁莽任性付出了沉重的代价，不仅失去了生命，整个大秦国也几乎毁于这次荒唐的举鼎。

### 芈八子出手

秦武王没有儿子，突然死亡没有政治遗嘱，给阴谋家们留下了想象的空间。秦武王母亲惠文后果断提议立武王的弟弟公子壮为君。为赢得秦武王王后支持，惠文后提出一项诱惑力十足的许诺，假若公子壮继位就娶武王后为新王后。兄死妻其嫂本是游牧民族的习俗，秦人不以为忌，反映出秦人野蛮的风俗。当然，野蛮只是相对的。

武王后不曾生育儿子，又不会因为丈夫去世守活寡，自然一万个愿意。两宫王后达成一致，眼见公子壮登基水到渠成，谁知半路杀出了程咬金，芈八子出手了。她表态反对，王位应该由自己的儿子来继承。

两宫王后大吃一惊，一个地位不高的芈八子竟然敢口出狂言，仗了谁的势？环顾群臣似乎只有魏冉和向寿。魏冉是芈八子同母异父的弟弟，秦惠王、秦武王两朝供职军方，握有兵权；向寿是芈八子的亲戚，高级军官，甘茂伐韩时的副总指挥。取得秦国大多数公子和诸侯大臣支持的两宫王后丝毫不理会芈八子微弱的反对声，共同拥立公子壮即位，称为“季君”。

魏冉来见姐姐，心中忐忑不安，两宫王后名正言顺，占据绝对优势，这场王位之争凶多吉少。芈八子身上兼有天使和魔鬼的双重性，高贵美丽的容貌，心狠手辣的作风。

“万事皆有可能，成功在于你怎么去想，怎么去做。”芈八子开导弟弟：“你手里有兵，有兵就有政权，有兵就有君王。”

“我怎么能不如一个女人！”魏冉咬咬牙，暗中痛下决心，即使杀得血流成河也决不手软。

芈八子开心一笑，她非常喜欢弟弟的狠劲儿，不狠上不得战场，不狠玩不转宫廷人生。

魏冉问道：“立谁？”

芈八子道：“公子稷。”

魏冉面带犹豫：“公子稷会不会误事？”

芈八子有三个儿子，公子稷、公子市和公子悝。长子公子稷十九岁，两个弟弟年龄尚小，立公子稷理所应当，但他不在咸阳，远在燕国做人质。从蓟城到咸阳路途遥远，千钧一发之际争分夺秒，舍近求远是否幼稚？

芈八子绽出狡黠的笑意："立公子稷相当于取得燕、赵两国支持。看似路远，实际划算得很。"

赵、燕两国关系很铁。赵武灵王护送公子职回国，不惜割地帮燕国复国。齐军撤出燕国，公子职做国君，是为燕昭王。燕国残破，唯有依靠赵国，于是燕赵两国结成兄弟般的友谊，燕昭王有所行动一定会请示后台老板赵武灵王。

芈八子深知，一旦发动兵变必将是一场旷日持久的战争，双方旗鼓相当，谁能争取到列国的支持，谁才能笑到最后。

芈八子的密使辗转赵、燕两国，赵武灵王和燕昭王大喜，一致同意放公子稷回国。战国时代各国希望得到别国王子做人质，原因有二：一令对方投鼠忌器，二为谋取日后的拥立功劳。燕昭王对秦国打败齐国，逼齐国撤军心存感激；赵武灵王则没安好心，这些年赵国被秦国压制得很惨，秦国诸公子好容易打起架来，当然要添些柴让火烧得更旺些。

赵国派兵护送公子稷回国。相貌迷人、风姿绰约的芈八子毫不犹豫亮出手中的剑，与魏冉等人发动军事政变，拥立公子稷为国君，是为秦昭王。芈八子果敢地把命运牢牢握在自己手里。

秦国出现两位国君，惠文后和武王后惊讶发现，能够影响军队的王族人物右相樗里疾和左相甘茂暧昧地保持中立。至于芈八子用什么手段稳住樗里疾和甘茂，史料不详，给漂亮的芈八子又蒙上一层神秘的面纱。

赢得赵、燕两国支持之后，芈八子将目光投向故乡楚国。说到列国支持，其实不必非派兵过来参加战斗。国际压力会使争斗双方和老百姓心理起变化，再者列国在每个国家都有支持自己的势力，这些势力举足轻重。

秦国国内打得不可开交，楚怀王有种说不出的快意。齐宣王的使者到达郢都，楚怀王猜也猜得出齐宣王的想法，联兵伐秦，报上一次列国大战的一箭之恨。伐秦机会千载难逢，可惜楚怀王没有齐宣王那种战略眼光，断然拒绝。

之所以如此干脆拒绝齐宣王伐秦建议，楚怀王内心藏着自私的大秘密，攻打越国。这是一项筹划五年的计划，从他应张仪请求赶走昭滑的那一天就开始了。

越国自勾践死后，国力一日不如一日。越国的存在始终威胁楚国大后方。每当楚国与中原各国发生大的军事行动，越国必然搞些小动作。想当年楚、齐联军与连横国大战，越国从水路支援魏国五万支箭及各种军用物资。楚怀王恨得牙根痒痒。而今机会来了，潜伏特务昭滑圆满完成任务，挑起越国内乱。秦国两派争王位无暇东顾。楚国大军长驱直入，以迅雷不及掩耳之势袭取江浙，杀越王无疆，拓地三千里，改越国为江东郡。

阴谋实现，楚怀王得意地问令尹昭睢道：“此役足以一雪前耻吗？”昭睢不买账，回答道：“大王虽然攻灭越国，不足以刷耻，只有打败秦国，才能洗刷耻辱于诸侯。”

楚怀王沉默不语。正在此时，芈八子的使者向寿赶到，希望获得楚国支持，提议两家结成亲家，并送来一份丰厚的彩礼——楚国上庸失地。

这一次是真的，楚怀王再次心动。别人有求于自己的时候一定要占足便宜，不占白不占。楚怀王原则上同意两家联姻，但是提出附加条件，秦国相邦必须由楚国指定，芈八子满口应允。

一朝天子一朝臣，楚怀王自然明白其中道理，新国君登基，牌必定推倒重洗。秦国有影响力的人物有三个：樗里疾、甘茂、公孙衍。哪个人不会像张仪那样忘恩负义，反复无常，翻脸不认人呢？楚怀王思来想去，樗里疾属于秦国王族，公孙衍是个老滑头，甘茂老实忠厚，而且是楚国人。三个人一比，楚怀王准备提议甘茂。

范环反对。

楚怀王奇怪道："甘茂忠厚老实，定会报答楚国的恩德。"

范环道："错。甘茂不老实。"

甘茂在楚国跟史举老师上课。史举是上蔡的看门人，既没有安天下的本领，也没有和睦家族的本事，只不过靠廉洁闻名于世。甘茂毕恭毕敬，事事顺从。明知对方的本事不如自己，还能恭恭敬敬，这就叫作有"德"。

谁能无敌于天下？不是武功高强的大侠，也不是至高无上的帝王，而是婴儿。"专气致柔，能如婴儿乎？"练到婴儿的境界，你就是世间第一高手。道理极简单，谁忍心去伤害襁褓中的婴孩？

外表老实，内心纯朴，那是真正的老实人。甘茂不属于真正的老实人，他用忠厚的外表掩盖内心的奸诈，从而达到望之如婴儿的境界。

甘茂去秦国做官十多年，历经两任君王。秦惠王贤明知人，秦武王明察秋毫，张仪喜欢说别人坏话。甘茂在他们手下做事从来不出错，步步高升。这种人是人才，是贤才，是非常可怕的人。试想这种人怎么可能受物质或恩德的诱惑替楚国谋利呢？这种人做秦国相邦只能使秦国更加强盛。范环推荐了一个名不见经传的小人物，秦国出使楚国的使者向寿。向寿与秦昭王"少同衣""长同车"，从小一起玩大。纨绔子弟才是楚国最需要的秦国相邦。

芈八子此时此刻需要楚国帮助，一概应允。得到赵、燕、楚三国支持，芈八子和魏冉实力大增，经过三年的苦斗取得最后胜利。芈八子残忍杀害了与自己同侍一夫的惠文后，杀死公子壮，打发武王后回魏国老家，尽情诛杀秦昭王的异母兄弟们。

《史记》对这一场血腥大屠杀的记载模糊，因为芈八子和秦昭王获胜了，获胜者有权解释历史。我们从短短一句话中可以清晰闻到弥漫咸阳上空历史的血腥之气："庶长壮与大臣、诸公子为逆，皆诛，及惠文后皆不得良死，悼武王后出归魏。"文中指明公子壮叛乱，叛乱团体包括秦惠文王后、秦武王后、诸公子和许多大臣。

不能再用芈八子这个称呼了，要改称宣太后。秦昭王十五岁，宣太后摄政，把持秦国朝政四十一年，国力蒸蒸日上，为女人从政开了一个好头。此后赵国惠文后、韩国的王后，还有齐国君王后纷纷登上历史舞台，宣太后名冠诸王后之首，堪称一代女主楷模。

熟悉宫廷游戏规则的甘茂隐约觉察到形势不妙，权力难保，必须找到新的靠山。新的靠山是谁呢？大家不妨猜一猜，是谁？秦昭王。对了，只有这位年轻的国王才能与宣太后抗衡。

## 太后摄政

宣太后用肮脏的交易拉开王权和后权冲突的序幕。起因还是那个住在长江边上永远不会安分的楚怀王。

秦、楚结盟，楚怀王利用秦国内乱的良机出兵攻打韩国，兵围雍氏（在今河南禹县东北）。雍氏为韩国都城新郑南部最重要的军事重镇，楚军包围雍氏长达五个月，韩国坚持不下去，向秦国求救的使者络绎不绝，冠盖相望。

甘茂攻下韩国宜阳，逼韩国人屈服，签订不平等条约，拜秦国人为老大，如今外人欺负小弟，老大哥总要出头帮忙吧？谁知宣太后一概避而不见，秦昭王闭口不表态。

宣太后此时正倚仗楚国稳定局势，怎么肯和楚国人翻脸？韩国人知道，秦国当家人不是秦昭王而是宣太后。可是见不到人，纵使能言善辩、口若悬河也无济于事——说服一个人要投其所好。经过无数次撞墙，韩国人终于找到宣太后的弱点，宣太后好色，喜欢美男子，那就用美男计。

韩国的美男子尚靳来到咸阳拜见秦王。大殿之上，尚靳神态从容地把韩国智囊团临行前集体智慧的结晶转述出来："韩国对于秦国来说，防御时是秦国的屏障，进攻时是秦国的雁行阵。如今韩国危在旦夕，秦军不下峭山。臣下听说过一个典故，唇亡齿寒，大王何不再考虑一下。"

秦昭王依然不动声色，不置可否。幕后传出爽朗的笑声："韩国使者来了这么多人，唯独尚子的话是对的，让他进来吧。"

尚靳第一次见到名动天下的宣太后，闻不到半点血腥之气，满室温香。宣太后并非美艳得不可方物，那是一种充满智慧的美丽，高贵而又风情的美丽。宣太后玉指轻扬，指了指身侧的位置，招呼道："来，坐。"尚靳略显尴尬地坐到宣太后身畔，闻到一股清新的香气。宣太后目光流动，仔细打量着身侧的美男子，轻笑道："尚子的话虽然有道理，可惜你不懂什么叫'利'。"

"利？"尚靳不想宣太后如此直接。天下熙熙皆为利来，天下攘攘皆为利往。尚靳懂，只不过他为韩国谋利，而宣太后为秦国谋利。

"如今帮助你们韩国，兵不众，粮不多，无济于事。若发大军，日费千金，我们秦国却得不到一点好处。"

尚靳未能说动宣太后，反被宣太后说得神魂颠倒、哑口无言。韩国相邦公仲侈把希望寄托到秦昭王身上。谁能说服秦昭王呢？甘茂。

只有甘茂能够说服秦昭王，但是，甘茂一贯亲魏国，主张联魏伐韩，如何能让甘茂替韩国当说客呢？

又一名韩国使者张翠抱病来咸阳找到甘茂。甘茂甚是关切地问道：

“看来韩国形势危急万分，先生竟然带病前来。”张翠慢吞吞道：“韩国形势并没有危急，而是将要危急。”

甘茂不以为然，冷笑道：“韩国形势危急与否，谁都瞧得出来，先生这样说是什么意思？”

张翠笑道：“韩国真到危急关头会投靠楚国，我怎么会到秦国来？”

甘茂回过味来，这是一个极富说服力的理由。宣太后不救韩国，图谋和楚国瓜分韩国，若韩国投降楚国，岂非鸡飞蛋打。

甘茂心里明白，只有秦昭王亲自主政，自己才有可能保住相位，否则他既比不上向寿也比不上魏冉，因为向寿是宣太后的外甥，魏冉是宣太后的弟弟。

帮助秦昭王即是帮助自己。甘茂来见秦昭王，力主出兵救韩：“韩国企盼秦国支持才撑到今天，我们抛弃韩国，韩国会投靠楚国，那么魏国也会投靠楚国。楚国强大必报昔日之仇，等别人来打和先进攻别人，哪一个选择更好呢？”

伐韩与否已超出军事范畴，变成君权和后权之争。年轻的秦昭王当然不想做傀儡，既然甘茂肯帮自己，何乐而不为呢？这一次，秦国人支持秦昭王的救韩决定。秦军救援韩国，楚军解围退去，秦昭王赢了一个回合。

宣太后留不得甘茂，但甘茂有秦昭王保护，不是想拿就拿得下来的，宣太后有办法。不久，秦国发动对魏国进攻，樗里疾和甘茂统兵。军队出发之后，咸阳出现清算甘茂的风声，风声一天比一天紧。原因是甘茂攻取宜阳之后将黄河以北的一处重要的军事要塞武遂交还给韩国。甘茂归还武遂迫不得已，那时秦武王举鼎身亡，国内为争王位大打出手。甘茂害怕韩国反攻宜阳，武遂便是安抚韩国给的一块蜜糖。当时没有人提出反对意见，现在却成为甘茂卖国的罪证。

重压之下，秦昭王渐渐顶不住了。甘茂得到消息，毅然从军中出逃。甘茂应变能力非常强，他清楚在秦国失败的下场很惨，秦国人不同情失败者。

甘茂行走在逃亡路上考虑到哪里去，天下之大容身之处还真不多。楚国、赵国、燕国、韩国、魏国均与秦国交好。如果秦国要求引渡自己，这些国家都不可能拒绝。去哪里呢？只有东方的齐国。说来也巧，路遇齐国驻秦国外交官——战国著名的说客苏代。甘茂灵光一闪，又拿出小故事大道理的撒手锏，对苏代说："你听说过江上织女的故事吗？"饶是苏代游历四方，见多识广，博闻强识，也没听说过什么江上织女的故事，因为这个故事是甘茂刚刚想出来的，苏代是第一个听众。

甘茂说："江上有两个织女，一个富家女，一个贫家女，两人在一起纺织。贫家女买不起蜡烛，富家女想赶走她。贫家女说，'我买不起蜡烛，你的蜡烛能照亮很大一片地方，借给我一点光对你丝毫没有妨碍。而我因为欠你情，所以常常早到打扫卫生。你何必吝惜四壁的余光而丢掉一个好仆人呢？'"

苏代静静听着，仔细琢磨其中的道理。只听甘茂低声下气地继续说道："我得罪秦国，畏罪潜逃，连个安身之处也没有，妻子儿女全都留在秦国，希望先生能够帮助我。"

甘茂深谙求人之道，堂堂相国去求一个低级官员，一副可怜巴巴的样子。

三十年河东，三十年河西，丑小鸭未必永远是丑小鸭，乞丐未必永远要饭。尤其年轻人，未来不可限量。帮人即是帮己，苏代满口答应下来。

说客不是吹出来的，而是骗出来的。苏代对秦昭王说："甘茂，非常人也，秦国的三代重臣，掌管兵权。秦国山川地形、军事虚实没有他不知道的。他若投奔秦国的敌人，岂非秦国大患？"

苏代的话不是说给秦昭王听，而是说给宣太后听的。你想抓甘茂，人家甘茂跑了，带着秦国的机密跑了，怎么办？接着，苏代给出解决方案：“这事不难办，用高官厚禄再把甘茂骗回来，软禁起来就是。”宣太后觉得主意很妙，派人带着相印找甘茂，表示秦国仍然相信甘茂。

本是甘茂导演的一出戏，岂肯再回去，径直赶往齐国临淄住了下来。苏代返回齐国后去见齐宣王说：“甘茂是个人才，秦国授予相邦都不肯回去，一直逗留齐国，看来想为王出力。”

有秦国精英来投奔，齐宣王十分高兴，拜甘茂为上卿。得知甘茂在齐国受重用，秦国不敢太为难甘茂的家人，但是也不能让你们过上团圆的日子。自此，甘茂留在齐国，甘茂的家人依然生活在关中，十二岁拜秦国上卿的少年天才甘罗就是甘茂的孙子。

甘茂出走，向寿拜左相，樗里疾为右相，魏冉为将军，宣太后力压秦昭王掌握秦国的朝政，秦国进入长达四十一年之久的王、太后共治时代。秦国一改张仪连横韩、魏进攻楚国的大国战略，改为联合楚国掠地韩、魏。秦、楚两国黄棘会盟，正式确立同盟关系。宣太后开始进攻韩、魏两国。公元前 303 年，秦军攻取魏国蒲坂、晋阳和封陵，接着重新攻下韩国的武遂。这和后来范雎提出的“远交近攻”的国家战略相同。

范雎和秦始皇的“远交近攻”之所以得逞，并非像《史记》和《东周列国志》描写的那样齐国相邦后胜接受秦国金钱贿赂，唆使齐王不助五国抗秦，中了秦国反间计。其中有深层次的原因，齐国对五国有亡国之恨，再者齐国复国后实力大损也无力救援。

后话不提。现在的齐宣王依然雄心勃勃，断不允许秦国坐强，收下被秦国打得屁滚尿流的两个小弟，重新祭起合纵大旗，针对秦国的新合纵诞生。

秦国最大的忧患不是东方六国，而是北方的野蛮民族义渠。当秦国和东方国家作战的时候，义渠人总是背后捅刀子。如何拴住义渠人那强壮野蛮的身体，秦国历代国君煞费苦心，以前送财物，久而久之，义渠人变得贪得无厌，礼物收下，抢劫照旧。前段时间秦国内部争王位，义渠频繁骚扰。

北方游牧民族的首领义渠王应秦昭王之邀来到秦国甘泉宫。义渠人纵横关中北部高原与山地，征服大大小小的部落，所向披靡，与秦国分庭抗礼。威武健壮、勇猛剽悍的义渠王向秦国展示着肌肉的力量，告诉秦国人，谁才是西方真正的主人。

宣太后热情招待北方的客人，她像魔鬼附身的天使在义渠王面前展示着妖冶、高贵、迷人的秦国王太后的风姿。义渠王如醉如痴，神魂颠倒，一刻也不想离开宣太后。宣太后一副可怜可悲的小女人模样，委屈地说道：“天下激荡，有如汹涌的黄河，我一个柔弱的女人处在风口浪尖，如此的无助，世上没有一个人肯保护我。”义渠王热血沸腾，英雄救美的戏码怎能错过，冲动的话语几乎不经过大脑脱口而出：“我会尽全力保护您的，保护秦国的王太后。”

“你说，是不是齐国人教唆你们与秦国为敌？”

“不是。我们与齐国没有来往。”

“那是魏国？魏王那个家伙已经被我们打怕了，怎么敢……”宣太后有些迟疑，若有所思。

义渠王终于说出实话，“不是魏国，是赵国。”

“赵雍？”宣太后惊讶极了，饶是她聪明机智，万万不曾料到派重兵护送公子稷回国的赵武灵王会打秦国的主意。“不可能，赵君正忙着攻打中山国，怎么会与我们秦国为敌。”义渠王的实在劲上来了，斩钉截铁道：“就是他，派人对我说，秦国乃虎狼之国，无时无刻不想吞并义渠，让我提防着。”

“这个赵雍，吃着碗里想着锅里，野心也太大了吧。”宣太后暗暗思忖，心变凉了，身体仍是热的，说道：“赵雍才是狼子野心，他穿胡服就是想攻占你们胡人的地方，强取林胡的地，豪夺林胡的马，等他攻下中山国，接下来就轮到你们义渠人。你呀，现在还分不清好人、坏人，赵国的骑兵已经进入大草原了呀。”

义渠王突然感到莫名其妙的惊恐，他已听说赵武灵王练就一支魔鬼骑兵，速度像闪电，如狂风之扫落叶，比生长于马背上的林胡和楼烦的骑兵还要快，还要凶猛，足以摧毁一切，不可阻挡。

宣太后笑道：“别担心，你是北方第一条好汉，有我们秦国在后面支援，摧毁赵国骑兵易如反掌。”

趁热打铁，宣太后宣布下嫁义渠王。

秦昭王手撑几案从座位上站起来，在空旷的大殿里慢慢踱着，若有所思地长长叹息道：“母后为秦国付出太多，也得到太多啦！但愿秦国能躲过这一场暴风骤雨。”

继吴起之后，秦国没有再怕过任何人，令虎狼之国谈虎色变，令高贵骄傲的宣太后下嫁给野蛮人的赵武灵王究竟是什么样的人物，是神？是妖？还是魔？

第十章

# 赵武灵王

## ——一个大大的英雄

我们即将提到的赵武灵王，他固然无法与圣人们相提并论，但后人给予其极高的赞誉。梁启超先生称赵武灵王为“自黄帝以来的第一伟人”“赵之大彼得也”；翦伯赞先生赞为“一个英雄，一个大大的英雄”。赵武灵王之所以得到如此超级评语，是因为他是现代人穿越的产物，先中国人两千多年穿起裤子，像魔术师般为赵国变出数万骑兵，实现赵国军队的现代化。

## 胡 服

这个词和赵武灵王是同义词，胡服骑射等于赵武灵王，赵武灵王等于胡服骑射。胡服骑射如同赵武灵王的商标，如影随形。

胡服就是换胡人穿的衣服。设身处地打比方会看得比较清楚。现今社会有一种思潮，叫作汉服运动。不让人们穿西服、裤子、牛仔、T恤等上衣和裤子分开的两件套，改穿中国传统的汉服，大袖宽衫、上衣下裳、右衽束腰的一件装。赵武灵王正相反，放弃华服改穿胡服。赵国是周朝的分封国，周朝延续商朝，人们穿华服穿了一千多年，自然想不通，穿不出去。

人们怕丢人，新生事物难以接受。赵武灵王也怕丢人，他对大臣肥义说：“我不怀疑穿胡服的好处，但怕天下人笑话。”

赵武灵王优点很多，忍耐和不爱慕虚荣是最大的优点。赵武灵王十五岁时父亲赵肃侯去世，那年魏、楚、秦、燕、齐五国国君各率一万精兵前来参加葬礼，伺机瓜分赵国。赵武灵王镇定沉着，严令各国军队不准进入赵国边境，召集赵国所有的军队摆出一副与列国拼命的架势，列国终究没敢下手。经历一场生死劫难，赵武灵王没有对列国表现出任何不满。策划五国会葬的魏惠王前来参加即位大典，赵武灵王像侄子对待叔叔那般恭恭敬敬。

五国相王，连中山国那样的小国都称王，赵武灵王主动摘去头上的王冠，不仅不称王，而且自降一等，只允许臣民称呼："主君"。赵武灵王和前辈赵毋恤非常相像，懂得面子最无用，虚荣心害人。之所以叫赵武灵王，是后人表示尊敬之意，其实他毕生未称王。

为什么穿胡服，因为骑射。人们给出最简单的道理，这是正确的一个答案。赵雍要组建一支新的、现代化的军队，新军以骑兵为主力，穿裤子便于骑马打仗。胡人风俗有利于骑射毋庸置疑，蒙古骑兵征服半个世界就是最好的证明。

服装有两种功能，第一保暖，第二美观。保暖是实用，美观是文化。服装不仅仅是一件衣服，更是尊严，是文化，是自豪感。《左传》中载："中国有礼仪之大，故称夏；有章服之美，谓之华。""衣冠上国、礼仪之邦"，这就是文明。

赵国胡化有一定的基础，赵盾和赵毋恤的母亲都是狄人，不是中国人，国中许多大臣亦非中国人，比如肥义，有人说肥义是白狄的肥人后裔，不难理解为什么肥义支持胡化。他对赵雍道："只要认准的事就去做，不能怕丢人。犹豫不决办不成大事；动摇不定不会获得功名。至德者不和于俗，成大功者不谋于众。聪明人在事情发生前早有预见，愚蠢的人对人家已经办成的事还看不懂，这就是差别。走自己的路让别人说去吧！"

肥义真是赵国的大理论家，道理一套一套的，战国能人辈出啊。

赵雍深受感动，有如黑暗中见到明灯。

受到肥义鼓动，赵雍坚定信心，感慨道："疯子感到快乐的事情，正常人为之悲哀；蠢人讥笑的事情，聪明人会细心观察。社会就是这样，人心就是这样。即使全赵国的人都嘲笑我，我也要让他们看到胡服骑射的功劳。不过，从谁下手呢？"肥义回答道："公子成。"

冷兵器时代马背称雄，赵武灵王能看到这一点证明眼光独到，但是赵国人不这么想。让赵国人脱去文明的外衣穿野蛮人的服装，自甘堕落，赵国人想不通。

公子成是赵雍的叔叔，德高望重，获得他的支持，赵国公族掀不起风浪来。公族推行下去，其他贵族迎刃而解，至于老百姓，只要吃得饱、有房住，谁也不会因为换一件衣服出来闹事。赵雍打算亲自去做叔叔的工作，肥义拦住："主君不能去。"赵雍一皱眉，"刚才你说让我找他？"肥义道："现在全赵国的人都反对穿胡服，公子成不可能立即答应，主君不如让别人去。"赵雍道："谁去也说服不了叔父。"肥义道："正因为谁也说服不了，主君才应该给他留一个面子，一个直谏的面子。然后主君再去，事半功倍。"

公子成病了，病得很巧，胡服运动闹得满城风雨的时候病了。他想躲过这场风波，可惜有些事情躲不过去。赵武灵王的使者来到公子成的家，宣读赵君的命令，拿出一套胡服请公子成换上。

公子成看着那套不伦不类的衣服问道："我是第几个穿这种衣服的人？"使者答道："您是第二个，主君今天早晨已经换上了。"

"你认为穿胡服好看吗？"

使者犹豫了一下，说道："不好看。"

"岂止不好看，简直难看至极，荒谬至极。"公子成双手一分，宽阔的袍袖轻轻舒展，有如大鸟一双漂亮的翅膀，"中国，聪明人住的地方，财富聚积的地方，四夷向往的地方，一千多年商、周两代的文明全部写在衣服上。堂堂大国去穿野蛮人的服装，牧羊放马吗？茹毛饮血吗？”

使者一五一十向赵侯汇报，赵雍笑道：“叔父真是病了，我应该亲自去探病。”

还是公子成的府第，还是托盘中那件短衣窄袖的胡服，不过旁边的人换了，换成赵国的一国之君。穿着胡服的赵雍在众人当中显得格外扎眼，不伦不类。赵雍不问病情，不说胡服，不讲王命，莫名其妙地大谈赵国的国家战略：“赵国四战之地，东有齐国，西有秦国，南有韩国、魏国，北有燕国和三胡，中间有中山国，叔父认为赵国最佳的国家战略该怎么制定？”

国家战略关乎赵国兴衰，公子成不敢妄自作答。赵雍道：“简主和襄主早告诉我们答案了。”赵雍快速踱着步，短衣紧身裤的胡服使他那魁梧强壮的身体显得灵活轻松，“简主曾让襄主去恒山寻宝，襄主登上峰顶的那一刻看到代国，看到茫茫大草原。大草原有羊，有马，有战略纵深，从那一刻起赵国的国家战略定了下来，北上，击三胡，取塞北，席卷大草原。”赵雍叹了一口气，“襄主灭代国，点燃第一把火，可后人未能继续烧下去。因为胡族精于骑射，战马成群，进退有如狂风，行踪飘忽。双方对战，我们的战车占不到任何便宜。其后，魏国称霸，兵围邯郸；秦国图强，败我赵军；东方齐国虎视眈眈；连中山国也敢强占我国土地。赵国已到危急存亡的关头，再不想办法，离亡国不远。”

公子成仍然不服气，倔强地说道：“换件衣服就能强大？骑马射箭就能天下无敌？用人民幸福生活和文明进步做代价？”

“乱世不靠文明，不靠纵横家，靠武力，谁的拳头硬谁是老大。想当年，五国会葬，兵临赵国，声势浩大，所有人都以为赵国难逃一劫。我不想割让哪怕一小块祖宗留下来的土地，我要和赵国人民用生命捍卫国土，与敌人掐个鱼死网破，他们退缩了。后来，我们参加五国合纵攻秦，结果赵国丧失数万健儿。从那一刻起，我就知道，有一支天下无敌的雄兵才是王者。骑兵，崭新的兵种，我去过塞外，见识过胡族飘如疾风的骑兵队，密如骤雨的羽箭，骑兵必将是未来战场的主人。我要拥有一支天下无敌的骑兵。”

赵雍眼睛里闪烁着野蛮而又凶狠的光芒，冠上两支鸟羽古怪地晃动着。公子成第一次发现一向懦弱的侄子从前所做的一切都是装出来的，他不仅欺骗了列国，也骗过了他和所有的赵国人。

赵雍越说越激动，声音提高八度：“赵国人勇武任侠，这些年来过惯养尊处优的日子，像娇生惯养的卫国人。没有翅膀，空中的鹰不可能翱翔；没有经过自小的磨炼，雏鹰不可能长成利爪雄鹰。我需要马，需要熟练的骑手。我要全体赵国人像胡人那样从小生长在马背上，再用胡人的长处击败他们，击败赵国所有的敌人。”

公子成心有不甘地说道：“难道我们一辈子穿着胡人的衣服，背叛大师们的教诲，背离中国的传统。”

赵雍道：“难道叔父还不明白，我所做的一切均是遵奉简主、襄主的遗志。等我打败三胡、灭掉中山国，便挥师一统天下。叔父怎么能因为穿一件奇怪的衣服，忘记国耻，忘记赵国的千秋大业。”赵雍的眼睛闪烁着坚毅的光芒，盯着公子成的双眼：“叔父，不是我要你穿，而是赵国的百姓等你穿。”

话说到这种地步，面子也给了，公子成没有理由不识抬举。公子成穿了，赵国公族也就穿了。贵族们穿了，老百姓自然没什么意见。对普通老百姓来说，右衽和左衽没有区别，窄袖比宽袖还要省些布料。

## 骑　射

公元前 307 年，赵国举国胡服，胡服不是目的，骑射才是目的。当时没有出现马镫，想熟练利用马匹作战，没有技术是万万不行的。熟能生巧，赵国人从小开始练习马术，一个军事王国诞生。赵国走上与秦国相同的强国之路，全民皆兵。赵武灵王更加前进一步，远见卓识地意识到骑兵作战的重要性。尽管马镫出现之前骑兵大兵团作战的条件仍不成熟，但骑兵机动性在战争中的作用不容置疑，赵国日后与秦国作战总能抢占先机，保持战绩优势。《六国论》中称："赵尝五战于秦，二败而三胜。后秦击赵者再，李牧连却之。"也就是说秦赵之间打了七次大的战役，赵国五胜二负，占尽优势。

有得必有失，有利必有弊。赵国人都去养马，种地的人自然少了。脱离农耕，离开土地，赵国人越发放荡冶游。赵国与秦国都走上军事强国之路，但是两者采取的方式截然不同，秦国以土地为基础，讲究耕战。赵国以马匹为基础，讲究骑射。骑射使赵国粮食产量下降，转而希望通过商业运作来弥补赵国的粮食空缺。这也造成赵国战略的一个大短板，一旦战争不能速战速决，陷入持久战，只能依靠外交来解决粮食的短缺。长平之战，赵国外交陷入困境，粮食供应不上，直接导致一场惨败。

当然赵武灵王选择骑射强国的道路有赵国自身的原因，赵国地处冀州，《禹贡》记载冀州土地中中等，远不如秦国雍州之地的上上等，渭河平原，膏壤沃野千里，盛产粮食，农业生产也不如齐、魏等国。物资缺乏，土特产也少，只能去抢。有人说山西有煤啊，那个时代煤再多也不值钱。

赵国的大臣们显然没有意识到农业问题，他们大多争论应不应该穿胡服，也有人把质疑的目光投向骑射。

赵武灵王过度迷恋骑兵引起很多人的不理解。赵国将军牛赞质疑过骑兵的作用。那时赵武灵王击败楼烦，攻占原阳（今天的内蒙古呼和浩特）。那是一片大草原，天苍苍，野茫茫，风吹草低见牛羊的敕勒川。赵武灵王把“原阳”改名“骑邑”，用来训练骑兵。名字容易改，军队却不容易改。旧有军队的编制被打乱，重新组建一支专门的骑兵部队。牛赞提出异议：“利益不到百倍不能改变风俗，功效不增十倍不能更换器具。您用骑兵替代战车和步兵，臣恐怕骑射带来的利益赶不上损失的费用。”

春秋时代的战争多是贵族战争，用马车作战，双方排列出整齐的车阵进行交锋。随着战争规模的扩大，越打人越多，各国不断征兵，不仅仅局限于战车里的贵族和跟在车后服务的奴隶，扩展到普通的平民，平民造不起车，于是步兵渐渐成为军队的主力。由于春秋战国时代没有马镫，骑兵难以掌握身体平衡。骑在光滑的马背上挥舞武器冲锋，杀不死敌人自己先掉下来了。所以，当时骑兵主要配合车兵和步兵作战，担任侦察、机动、追击的任务，是辅助兵种。

赵武灵王希望骑兵变成主战兵种。骑兵装备复杂，一个骑兵要有两匹马，用特制的骑兵弓，配备不同用途的箭，各式武器，长刀短刀，可供长途奔袭的口粮、水和帐篷。骑兵的后勤人员也不少，养马的，收集牧草的，给马看病的。骑兵用具中有大量的皮革制品，对牛羊需求很大。总而言之，骑兵花费比较大，培养和装备一个骑兵的费用相当于十个步兵。

牛赞的观点带有普遍性，大炮、坦克、飞机的出现都曾引导军事变革，但是先进武器出现之初收到的效果并不好。明军的大炮不敌清军的骑兵部队；第一次世界大战坦克和飞机不能决定战争的胜负，原因与骑兵刚出现时的情况相同，技术条件不足，费用高。

赵武灵王的辩驳展现出一名军事战略家的风采：“时代在变化，兵器在变化，需要什么兵器制造什么，人不能被兵器制约。兵器不适用只能被淘汰。如今战车和厚重的铠甲、长长的戈矛不适合远距离翻越山地作战，不适应必须改。”

穷则思变，配备熟练骑兵的赵军威力无穷，所向无敌。赵国骑兵与北宋时代的骑兵有本质不同，那些赵国骑手从小生活在马背上。北方游牧民族对赵国的态度来了个 180 度大转弯，他们一夜之间惊讶地发现每一个赵国人，上到老翁，下至婴儿统统换上他们的衣服，赵国骑兵变得和他们一样剽悍。不可思议的神话，多么神奇的国度，多么伟大的君主。林胡王投降了，林胡人的马匹，林胡人的骑士变成了赵国的骑兵。

组建强大的军队之后，赵武灵王第一个要消灭的国家即是中山国。中山国是游牧民族白狄建立的国家，经过数百年的经营，已融入中原。中山国除东北角与燕国为邻外，三面都和赵国毗连，简直就是赵国的国中之国，隔断赵国从邯郸到代地的南北通道。为对抗赵国，中山国投靠齐国，在齐国支持下多次侵犯赵、燕土地。齐宣王军事占领燕国，中山充当齐国的仆从国。齐国从燕国撤军之后，越发注重中山国的地缘战略作用，联合中山以抗赵。

赵武灵王时刻想拔掉这颗眼中钉。中山国国土面积不大，一度被魏国灭亡，中山人凭借坚强的意志顽强复国，在赵国、齐国和燕国的夹缝里生存下来，多次以弱胜强，先后两次打败赵国的侵略军。这样的国家，这样的人民不可轻视。

我们讲过多少次，从内部发力更容易攻破一座坚固的堡垒。哪一个国家，哪一个民族，哪一个团队都不是铁板一块。有人的地方就有矛盾，有矛盾就可利用。

## 知人心，通人意

中山国有一个权倾朝野的人物，相邦司马喜。司马喜历经中山三个王，三次拜相。

司马喜初到中山国，国中两位受国君器重的大臣季辛和爰骞成为他向上爬的绊脚石。经过观察司马喜发现两人之间有很深的矛盾，自然也是为争权夺利。司马喜痛下狠手，暗中收买杀手刺杀了爰骞。中山国人会怎么想？不用猜，大众不是福尔摩斯，人们一致认为季辛是幕后凶手。一来两人有矛盾，二来季辛是最大的获利者。谁会怀疑初来中山国的残疾人司马喜？于是中山国君诛杀季辛。一箭双雕，司马喜顺利除掉两个政敌。

中山国在战国时代综合实力排行第九，战国七雄之外还有宋国，基本属于战国二流，与宋、卫、鲁等国处于一个档次。二流国家只能靠外交。司马喜和赵国关系比较好。赵国是中山国最大的敌人，从外交角度看也是最好的朋友，因为外交就是化敌为友。朋友永远是朋友，敌人永远是敌人，要你外交家干吗！

外交家们与外国的交往形成利益的结合。外交家往往依靠强国为自己谋利，巩固在国内的地位，而强国也乐于扶持代理人，赵国支持司马喜担任中山国相邦。

不论和哪一个国家交朋友，弱国总要付出。司马喜的举动引起中山国上上下下的不满。有一次中山国君外出，司马喜和另一位臣子公孙弘同乘。公孙弘若有所指地对中山国君道：“做臣子的，利用大国威势谋求个人利益做相邦，在您看来这种人怎么样？”中山王咬牙切齿、恶狠狠地说道：“我吃他的肉，不分给任何人。”中山王的回答特别歹毒，一个人吃光叛徒的肉，喝光叛徒的血。司马喜当即以额触车前横木叩头道：“臣自知死期到啦。”中山王问道：“为什么？”司马喜道：

“臣有罪。”中山王冷冷道：“走吧，我知道了。”

面对大臣的指责和国君的猜忌，想想司马喜会怎么办？司马喜回到家里立刻给赵国方面打招呼，请赵国派人向中山王要求由司马喜做相邦。

这不是找死吗？明知别人端枪瞄准，自个儿还往枪口上撞。人间的事情很奇妙，谋略更奇妙。赵国使者来了之后中山王非但不怪罪司马喜，反而怀疑公孙弘陷害司马喜，公孙弘被迫流亡国外。

这又是为什么？因为司马喜算准中山王的心思。公孙弘刚刚说司马喜出卖国家利益为自己谋取相邦之位，证据随之到来。有这么巧合的事情吗？司马喜会这么傻吗？只有一种解释，不是司马喜出卖国家，而是公孙弘与赵国勾结陷害司马喜。

中山王换了三个，并非每一个人都喜欢司马喜。但是，司马喜总有办法让他们不得不喜欢，获取女人支持也是其中一招。

中山王的妃子阴姬非常讨厌司马喜，堂堂中山国难道选不出一个英俊的帅哥来做相邦？

司马喜的相位岌岌可危。残疾不是我的错，那是成长留下的代价。经历过大磨大难，司马喜不怕阴姬。让一个人从讨厌自己变为喜欢不难，只要帮她做想做而又不容易做到的事情。

戴上王后的桂冠是阴姬最大的心愿。这个心愿不好实现，中山王除了她，另有一个宠妃江姬，二人平分秋色。

只要肯转动脑筋，世上无难事。司马喜找到阴姬的父亲许诺帮阴姬当上王后。阴家兴奋的同时也怀疑这位相邦的能力。

司马喜来见中山王说：“我想出使赵国，观察那里的山川地形，想办法削弱赵国。”

中山王高兴地应允，谁说司马喜亲赵国，谣言害死人哪。

司马喜来到赵国，忽悠赵武灵王说：“人说赵国出美女，我一路走来没见几个漂亮女人，都不如中山国的阴姬。我们的阴姬绝代佳人，国色天香。”见赵武灵王动心，司马喜又道：“我就是随便说说，大王如果想把她要来不是我说了算的事儿。”

这话分明唆使赵武灵王向中山王索要阴姬，赵武灵王岂能听不出来。赵国使者来到中山。中山王大怒，好个司马喜，正经事不办，敢把我的女人往外送。

司马喜一句话让中山王消了气：“赵王不是贤君，崇尚暴力，爱好女色，不讲仁义道德，赵国不可怕。”

虽然从这件事上看出赵王的丑陋，但是中山王不肯将美女白白送出去。不送的话等于得罪赵国，赵国是强国，得罪不起呀。中山王愁眉不展。司马喜道：“这件事好办，大王立阴姬为王后就是，那样赵王就不会要了。他再不要脸，也不至于索要别国的王后吧！”妙计！中山王立阴姬为后。

事情办妥，司马喜有话在先，你们阴家看着办！阴姬美女对司马喜另眼相看，一口一个老先生叫着，残疾人比帅哥有用多啦。有王后做内应，司马喜的相位更加巩固。

有个只顾维护个人利益的相邦，中山国好日子到头。赵武灵王派李疵出使中山国考察人情，李疵回来说：“中山可以进攻。中山王礼贤下士，亲自拜访读书人，拜访了七十多家。”赵武灵王感觉奇怪：“这是贤君，怎么能攻打。”李疵道：“国君喜欢读书人会冷落武人，冷落农民。农夫懒惰，战士怯懦，这样的国家怎能不亡。”

公元前305年，赵武灵王率领二十万庞大的赵国军团杀向中山国，一年，二年……战争打了五年。与李疵所说恰恰相反，战争进行得相当惨烈，中山人奋起抵抗，猛将吾丘鸠“衣铁甲，操铁杖以战，而所击无不碎，所冲无不陷，以车投车，以人投人”。

事后看，李疵只是拍赵武灵王的马屁而已。中山国的灭亡不是因为崇尚读书人，而是在于战略上盲目自大，与燕国和赵国结仇，而盟国齐国处于低谷。最为重要的是，以骑兵为主战兵种的赵军的作战能力大大超过战术思想原地踏步的中山军队。

中山亡国，赵国军团挥师北上，兵入云中、九原，杀向漠南大草原，楼烦王望风而降。赵武灵王大肆征召雇佣军，楼烦等游牧民族的骑士纷纷加入赵国军队，军团越滚越大。

赵国灭中山、北上的战略大获成功。这一切除了感谢赵武灵王的胡服骑射，也要感谢齐国占领燕国引发的列国大战，齐、楚与连横国的那场战争削弱齐国，而战胜国秦国又陷入内乱之中不能自拔。秦国内乱，赵武灵王是始作俑者，若非他强行派军队送公子稷回国，明目张胆表示支持，芈八子有没有胆量发动军事政变尚不可知。

赵武灵王挑唆秦国内乱别有用心，他要灭掉强秦，因为秦国是赵国最大的威胁，灭秦国则可一统天下。秦是军事大国。五国合纵攻秦和齐、楚大国同盟失败，区区一个赵国能有什么作为。赵武灵王认为列国与秦国战争失败的原因在于地利。关中地势险要，易守难攻，函谷关、武关号称天险，攻秦不能强攻。赵武灵王另外选择一条路，可以充分发挥赵国强大的骑兵优势。那就是绕道大草原，由鄂尔多斯高原、陕北向南发动攻击，一举灭秦。

秦国不是中山国，是数百年之强国，春秋时代的霸主。为集中精力灭秦，赵武灵王有了一个异想天开的主意。他想把君位传给儿子，自己退位做主父，专心致力于军事。听起来主意非常美妙，这样他可以放心离开国都邯郸，去大草原，去塞外组建强大的骑兵，亲自指挥，亲自作战。赵武灵王已经把军队当成生命的一部分。但是，这只是表面原因，实际隐藏着一个不足与外人道的大秘密，一段风花雪月、刻骨铭心的爱情留下的秘密。

## 妻子如衣服

赵武灵王梦过一个女人，光彩照人的少女。梦境中那少女宛若盛开的紫云英，一双纤细的手指轻抚素琴歌唱，琴声悠扬，歌声婉转：“美人荧荧兮，颜若苕之荣。命乎命乎。逢天时而生。曾无我嬴！”

不知道姓名，不知道出身，只有一个朦胧的少女和一首动人心魄的歌。赵武灵王一梦钟情，爱上一个根本不存在的虚无缥缈的女人。得不到的总是最好的，梦中人如果得到，岂不是最好。

人们的想象力无限，创造力也无限。大臣吴广洗耳恭听赵武灵王讲过无数遍梦中迷人女孩的故事后，把梦中童话变成现实。根据赵武灵王的描绘，吴广把女儿吴娃装扮成梦境中的女孩，安排梦幻场地，素琴道具，为与梦中的歌声相符，女儿改名叫嬴。赵武灵王与梦中女孩不过在梦中有过一面之缘，如何可能记得清那个女孩的确切容貌。吴广钻了一个小小的空子。

当梦中一幕再度发生的时候，相思心切的赵武灵王意识到吴娃即是梦中女孩，就是她，绝对是她。吴广得意地笑了，他摇身变成主君的老丈人，他坚信自己的女儿必定得宠，因为她是上帝的女儿。

赵国的史书记载着一则故事，赵简子曾在梦中与上帝会面，上帝说晋国当灭，赵国当兴，许诺将女儿孟姚嫁给赵简子的七世孙。据说这些故事记录在案，载入赵国正史。是否真实不可考，因为六国史书均被秦始皇一把火烧掉。我们可以想象太史公写史记时的愤懑，一定又骂了一顿秦始皇他妈。即使真有这件事，不过是赵简子为赵国正统性编造的一个谎话，或者日有所思，夜有所梦，终日幻想赵国替代晋国的大脑皮层反应罢了。

赵武灵王坚决相信此事，给吴嬴再度改名叫孟姚。为什么如此执着，因为赵武灵王深爱着吴娃。爱情迷乱心智，他要把吴娃生的小儿子公子何立为主君。长子公子章不仅年龄大，且出身高贵。赵章母亲是韩宣王的女儿，已经离开人世。为高公子章一等，赵武灵王只能说吴娃是上帝的女儿。

赵武灵王和公子章母亲一个赵国国君，一个韩国公主，是门当户对的政治婚姻。国王和公主的故事并不像童话那么美丽，大婚前甚至不知道未来另一半的高矮胖瘦，也无须知道，国家和人民需要他们牵手走进婚姻的殿堂。强加的婚姻自然比不过爱情的魔力，爱屋及乌，赵武灵王对赵何的宠爱远远超过任何一个儿子。

公元前299年，中山亡国前三年，赵武灵王宣布退位，让位给十岁左右的小儿子公子何，即赵惠文王（渑池之会的主角之一），自己改称主父（主君的父亲，太上皇）。

赵主父对大家讲，我要专心致志于军事，带好军队打好仗。其实没那么简单，让公子何做太子难道不可以御驾亲征而太子监国，何必非要当主君呢？这又是赵武灵王一大创举，他要正一正孔子大师的嘴。孔子大师曾经提醒君主们“立嫡以长不以贤”，立太子要立嫡长子，废长立幼取乱之道。公子何既非长子，又非嫡子，按照孔子大师的理论，决不能立。赵武灵王自认为比孔子大师高明，为确保公子何顺利继位，赵武灵王准备有生之年把儿子扶上马，再送上一程。

一切尽在掌握中。赵主父安排肥义出任相邦，协助小主君处理政务，自己则化装成赵国使者来到秦国。赵主父去秦国不是观光旅游，而是当起特工，干起情报工作，实地考察秦国的山川地形，会一会秦昭王和宣太后母子。

在咸阳雄伟的宫殿里，赵主父见到了那位自己从燕国找来，派重兵护送回国继位的秦昭王。两位当时最伟大的君王在这样一种场合下会面，赵主父可谓胆气逼人。这一场会面给秦昭王留下深刻的印象，晚上睡不着觉，越想越觉得赵国使者威武雄壮，相貌非凡，气质似乎不像一位臣子。第二日，秦昭王想再次会一会赵国使者。很多机会只有一次，错过也就错过了。赵国使者生病了，不能面见秦王。秦昭王耐心等待的这几天，赵主父飞马逃出函谷关。

得知赵国使者的身份后，秦昭王和宣太后相顾失色，这是多么可怕的一个敌人，多么勇敢的一位战神。

勇敢有两种，一种大勇，一种小勇。《道德经》中说：“勇于敢则杀，勇于不敢则活。”大勇即是勇敢不妄为，韩信面对泼皮无赖的挑衅，宁受胯下之辱，也不用宝贵的生命去涉险，就是大勇。拉开架势，手里握着刀把子，刀一横，眼一瞪，无所畏惧，这种人是小勇。把生命轻易陷入凶险境地也是小勇。三国郭嘉评价勇猛的孙策：“轻而无备，虽有百万之众，无异于独行中原也。若刺客伏起，一人之敌耳。以吾观之，必死于匹夫之手。”赵主父即是孙策一般的小勇，如果秦王及时发现，如果有人泄密，赵主父空有一身武艺回得了家吗？纵使躲过一劫，下一次恐怕也没有这么好的运气了。

## 围　宫

中山国灭亡，赵主父的事业达到鼎盛。邯郸王宫举行盛大的庆祝仪式，满城欢庆五天。他忽然发现对长子实在不公平，一块一块土地打下来都变成公子何的财富。狂热的爱情随着吴娃的死渐渐飘散，赵主父有些后悔，后悔当初头脑发热，把国家交给一个小孩子打理。自己能够灭亡一个数百年的王国，怎么不能让儿子独自拥有一块土地呢？于是，他将原代国土地划归公子章，册封公子章为安阳君，委派田不礼做公子章的相邦。

仅仅过了一年，公子章从代地入邯郸拜见国君，当主父看到公子章跪拜小主君的情形时突然产生一种奇怪的同情心。赵主父聪明的大脑产生一个匪夷所思的念头，把赵国一分为二，两个儿子一人一国。这个恐怖的想法毫不逊色于穿胡服。分裂赵国，酝酿内战的危险，在兼并战争风潮涌动的战国时代，无论赵国贵族还是平民根本不可能接受。赵主父把一柄锋利的长剑悬在头顶，这是第二把，赵国人对于穿胡服的羞辱至今仍未平息。

赵主父没有意识到已经身处险境，因为他不再是国君，而只是国君的父亲，杀掉主父不是弑君大罪。分裂赵国的想法把他推向犯罪的边缘。赵国不是国君的，而是人民的，你有什么资格搞分裂？一个针对赵主父的阴谋团体悄悄形成。

赵国大臣李兑是阴谋集团的推手。他敏感发现赵国会发生一场动乱，动乱的主角必是公子章，赵主父必定成为第二主角。李兑把德高望重、王族子弟唯马首是瞻的公子成搬出来担任首领，向公子成保证，有办法让肥义让出相邦的位子。

李兑的三寸不烂之舌遇到了对手，因为肥义是个忠心耿耿的顽固分子。李兑说得巧妙，充满威胁："公子章为人骄横，党羽众多，田不礼残忍好杀，他们在一起必定阴谋叛乱。小人有了野心便会不计后果，铤而走险。您正是他们攻击的目标。公子章是主父的长子，您拿什么对抗，不如辞官回家，把权力交给公子成，何必为王族的家事招揽灾祸。"

李兑碰了软钉子，肥义正气凛然说道："主父把主君托付给我的时候说，'不要改变态度，不要改变意志，至死不渝。'我不会背叛主父，也不会背叛主君。'死者复生，生者不愧。'"

李兑哭了，一边哭一边说道："您多保重！我能看到您也只有在今年啦。"他的哭声不是为自己低微的人格感到惭愧，而是摆出一副为他人着想的嘴脸，掩饰心中的罪恶。

有感情的人不会在权力斗争中取得胜利，肥义也不例外。他比李兑更早觉察到公子章的阴谋，但他不逃避，决心以死报恩，希望以自己的死化解兄弟残杀。他对小主君的贴身侍卫高信说：“主父身边有奸贼。倘若主父有令召见主君，你一定先告诉我，我去，断定无事后再让主君去。”

肥义抱定杀身成仁的想法，上天成全了他。

凭借多年战场和政坛的经验，赵主父似乎发现两个儿子之间弥漫着一层若隐若现的杀气。他相信骨肉亲情可以化去杀气。为此，赵主父抽出难得的一段时间与小主君、公子章三人同游沙丘。赵主父一手拉着长子，一手拉着小儿子共享天伦之乐。一家人有说有笑，和和睦睦，赵主父一颗担忧的心慢慢装回肚子里。

赵主父小瞧了权力的魔力，它足以毁灭亲情。

赵主父三人分别住在三座宫殿里。夜凉如水，一轮冷月挂上天边，清凉的光辉像水银般泻向大地，给沙丘离宫镀上一层银色光芒。一队手握利剑的死士静悄悄埋伏在小主君到赵主父宫殿的道路两侧，他们是公子章的人，田不礼亲自带队。公子章派人假传主父命令召小主君。

小主君没有来，肥义来了，枉做小主君的替身鬼，这是肥义自己选择的结果，但是忠义感动不了上天，消不去权力的魔法。公子章和田不礼发现杀错人，一不做，二不休，率队攻击小主君的宫殿。殿内早有防备，高信带人死死守住宫殿，双方展开一场恶战。

隐藏在沙丘的公子成党徒快马回邯郸报信，公子成和李兑征调地方军队护驾。寡不敌众，公子章的死士敌不过正规军，被诛杀干净。走投无路的公子章跑到父亲的寝宫里。父子情深，痛心疾首的赵主父收留了罪犯。赵主父犯下一个不可饶恕的错误，他已经不是君主了，包庇弑君之贼等同于弑君。

军队包围沙丘宫，围得水泄不通，他们是地方部队，不是赵主父练就的骑兵军团，他们只听赵国国君的命令。

无论如何公子章活不下去，史书没有记载如何死的，被杀？自杀？已经无关紧要，我们需要了解的是小主君如何对待父亲赵主父。

主犯伏法，军队没有撤，非但没有撤，反而增派人手死死围住沙丘宫，围住赵主父的寝殿。公子成和李兑心里清楚得很，他们从主父手里硬生生把他的儿子夺出来杀掉倒也说得过去，但是动用军队包围主父却是大逆不道，要灭族的。现在他们的命没有掌握在主父手里，而是掌握在小主君手里。公子成和李兑不怕，他们发兵的那一刻就想过，骨肉亲情不如权力亲。

惊魂未定的小主君赵何一开始心神慌乱，慢慢冷静下来，不管怎么说自己杀死了哥哥。父亲收留公子章，即希望放哥哥一马，但是没有放。他会怎么想？会认为自己是个狠心的人。我不是独子，下面还有弟弟，如果父亲出来以后改立别人怎么办？没有什么事父亲不敢干，干不出来。小国君赵何默许公子成的行动，继续围宫，但是不准任何人闯进去。

李兑命士兵们向宫殿里喊话，让宫里人赶快出来，后出来的人灭族。宫中的侍卫、仆人争先恐后逃出宫去，偌大的宫殿只剩赵主父孤零零一个人。

赵主父不肯出去，不相信自己从小宠爱，一手扶上君位的公子何会不来看望自己，他为这个儿子放弃君位，费尽心血，他会忍心眼睁睁看着自己死？

事实是残酷的。一天又一天过去，除了铁衣甲兵外没有一个人来。赵主父不死心，他要等下去。天长日久，宫里的食物吃完。叱咤风云的赵主父只得上树掏鸟窝，渴望从哪里找到几只雏鸟充饥。即使如此，性格高傲的赵主父誓不低头，决不走出大门。因为他知道，即使走出去也不会拥有自由。

三个月过去，饿得奄奄一息的赵主父再也找不到一只小鸟。夜色降临，宫殿里阴森得可怕。赵武灵王一点也不恐惧，有什么东西比人心更可怕，更令人恐惧？直到最后一刻，赵武灵王才明白，宝贝儿子不会来了。

赵武灵王的死预示着一个强大的军事强国就此陨落，笼罩在北方的阴云一扫而光，让大秦国上下大松一口气。六国之中再不会有天才企图从鄂尔多斯高原南下进攻秦国。上天选择秦国，摒弃赵国。胡服骑射的成败对中国历史的作用不可估量，如果赵国实现统一，我们不可能有长城，也许我们会穿越大草原走得更远。

秦昭王异常快乐，北方威胁解除，可以腾出手来狠狠教训一下带给他羞辱的合纵国。就在赵武灵王胡服骑射，建设军事强国的同时，齐、韩、魏三国合纵军联兵伐秦，包围函谷关长达三年之久，逼西北狼低下高昂的头求和。公孙衍死了，谁有那么大的本事再掀合纵风云？带给秦昭王屈辱的是一个其貌不扬的小矮人——孟尝君。

第十一章

# 孟尝君

## ——鸡鸣狗盗也成事

孟尝君名列战国四公子之首，他是齐国王族，指使门客杀人、偷窃，对故国反戈一击见其没有底线，妻子偷情竟然淡然处之。

## 恶月男孩

孟尝君叫田文，齐国首富的儿子，王族贵公子。富二代是挥霍的代名词，孟尝君不搞灯红酒绿，不玩风花雪月，只想永保家族富贵，所以战国时代无数王孙公子、富家子弟寂寂无闻地化为泥土，而孟尝君的大名永留青史，千古流传。

孟尝君的父亲靖郭君田婴有四十多个儿子，孟尝君在父亲那里简直是眼中钉、肉中刺，必欲除之而后快。惹父亲如此生气，是因为孟尝君生错了日子。五月初五。呀，有人会惊叹，端午节，好日子，可以享受三天假期。此一时，彼一时，古代称五月为恶月，五日为恶日，家家驱邪避毒。从战国到南北朝，人们一直认为五月初五不吉利。五月五日生子，男害父，女害母，不祥之兆。

面对呱呱啼哭的婴儿，田婴对孩子的母亲淡淡说了一句话："扔掉。"

母子连心，母爱挽救孟尝君的生命。母亲瞒着田婴偷偷抚养儿子。田婴姬妾成群，换作今天，四十多个儿子上学能凑成一个班。孩子们站到一起，分不清谁是谁，光点名字三分钟都点不完。田文母亲是个可有可无的小妾，一年半载也见不到丈夫几次。田文顺利长大成人，田婴一无所知。

户口终究要落，爹也是要认的。田文和兄弟们一起拜见父亲时承认身份，那情景比私生子还显得低贱。

田婴生气，冲田文母亲怒道："当初让你把他扔掉，怎么敢不听话！"善良的母亲吓得脸色惨白，说不出话来。田文上前磕了一个头，说道："您为什么不让养活五月出生的孩子？"

田婴道："五月出生的孩子长到像门楣那样高时害父害母。"

田文道："一个人的命运取决于上天还是取决于门楣？"

田婴冷不防儿子突然问出这么尖锐的问题，一时哑口无言。

田文道："如果命运取决于上天，您完全没有必要操心；如果命运取决于门楣，我们可以把大门修得高高的，谁能高过门楣！"

田婴哑口无言，半晌摆摆手道："不要说啦，不要说啦。"

田家的门户实在不必加高，田文生得身材矮小，只有"五尺"。大家知道孔子身高九尺六寸，田文刚及他的腰。古代的尺有水分，常有"五尺童子"之说，五尺相当于儿童的身材。春秋战国尚武好勇，身大力不亏，人们崇拜身材高大、威武雄壮的人，鄙视小块头、小个子。田文这种侏儒在父亲眼里一文不值。

如何能赢得父亲信任，从四十多个兄弟当中脱颖而出是田文生平第一件重要的事情。

田文只得亲自出面提醒一下父亲，有一天问了一个莫名其妙的问题："儿子的儿子叫什么？"

田婴心中特别鄙夷儿子，这么白痴的问题也问，不屑一顾地回答道："叫孙子。"

田文接着问道："孙子的孙子叫什么？"

田婴越发觉得儿子脑子有问题，五月初五出生的人果真智商不足，心中气恼，没好气地答道："玄孙！"

田文锲而不舍地继续问道："玄孙的孙子叫什么？"

田婴怒火中烧，眼睛睁得老大盯着傻儿子，牙齿缝里挤出三个字"不知道！"

话刚说完，田婴感觉自己似乎落入儿子的圈套里。田文的笑带有一丝邪气，而非憨气，儿子有话说。

果然，田文连珠般发炮："父亲大人，您身为齐国相邦，跟随三代齐王，齐国疆域还是那么大，您的家里倒是积累万斤黄金，可您的门下没有一个人才。儿子听说，'相门有相，将门有将。'咱们家的相在哪里呢？您的姬妾们一身绫罗绸缎，齐国士人粗布短衣；您的下人们有吃不完的良肉美食，齐国士人吃了上顿没下顿。您不关心江河日下的国家局势，只顾一个劲儿地给那个并不知道叫什么的孙子攒钱，我觉得特别奇怪。"

田婴傻眼，儿子给父亲上了一堂精彩的课。首先关于人生观，田婴金钱至上，活着为了积累财富，却不知道财产留给谁。其次关于方法论，如何保住财富。社会贫富分化过大，谁来保护庞大的财产。最后，提到继承人，田家的未来在哪里？

田婴这才明白，儿子田文雄才大略，和身高完全成反比。和平时期保家比较容易，不犯法、不赌博、勤俭持家、少花钱就可以。战国时代遍地烽烟，你死我活，老实人保不住万贯家财。

田文提出振聋发聩的口号，养士。

养士不稀奇。养士是田氏齐国一贯的作风，上千名稷下先生，算上徒子徒孙，多达数千人。田文养的士不是稷下先生，那些是有理想的高级知识分子。田文养的是中下级文人和武士，游侠、剑客居多。

有人会问，为什么不养大师级的人物，像孟子、惠施、苏秦等人。田婴不笨，大师级人物眼皮子高，眼光朝上看，他们的眼里只有诸侯，没有贵族。况且大臣养国宝会遭国君猜忌，想谋朝篡位？

田婴把养士工作交给田文。田文大张旗鼓招人，不限于齐国，向列国招聘人才。一时轰动天下。除了田文，春秋战国数百年没有一个家族搞出如此大的动静，招募如此多的人才。

拿人的手软，吃人的嘴短，门客争相说好话，田文的美名传遍大江南北、黄河两岸。田婴担任齐国相邦，经常和各国诸侯交往，或面对面谈话，或书信往来。对方第一句话准保是："您有一个好儿子。"

久而久之，田文成为各国诸侯和天下士人心目中田氏家族的接班人，有的人更是明确提出希望田婴立田文做世子。舆论力量巨大，谎话重复一千遍就是真理，何况田文的确出类拔萃。于是乎，田婴临死前将田氏家族交给田文打理，交给这个恶月出生的小丈夫。

田文接管田氏家族薛县的封地，此后我们必须尊重田文，因为他继承父亲的爵位，我们要有礼貌地称呼一声"孟尝君"。

## 三千门客

孟尝君有了全权支配家族财产的权力，招聘力度加大，范围扩大，不限于正人君子、名门正派。强盗流氓、旁门左道，只要有一技之长在身，来者不拒，甚至到各国监狱里去挖人才。黑白两道的英雄好汉们慕名而来，一时间，宾客云集。孟尝君堪称战国时代的武林盟主，《水浒传》中的及时雨宋江也要甘拜下风。水泊梁山一百零八条好汉，孟尝君招到门客三千。孟尝君的门客比水泊梁山好汉享受得多。梁山好汉们靠打家劫舍、杀富济贫谋生，冒着被官兵剿灭的风险刀口舐血，孟尝君的三千门客逍遥自在，不工作不劳动。孟尝君管吃管住，白养。

三千食客，耗费巨大，孟尝君倾其所有，无微不至地关爱。客人初到田府，孟尝君与客人第一次会面，记录员总是坐在屏风后面记录谈话内容，客人的履历、家庭状况、面临的困难，等等，孟尝君随后想方设法予以解决。

孟尝君的饮食与客人相同，客人吃肉他吃肉；客人喝汤他喝汤。古人实行分餐制，不像现代大家庭一个锅里捞饭吃。有一回大家聚在一起吃晚餐，烛火摇曳，有一个宾客见自己碗里没肉，认为孟尝君的饭食肯定不是同一标准，心中有一种被欺骗的感觉，碗筷一扔，起身离席，愤然告辞。

孟尝君问道："先生为何弃我而去？"那人答道："我堂堂勇士，岂能受此大辱？"孟尝君道："我何时使先生蒙羞？"那人道："我们的饮食不同！"孟尝君亲自端起碗来往那人面前一递，"怎么样？有差别吗？"那人望去，两人碗中的饭菜果然一模一样。

门客羞愧不已，随即拔出长剑横剑自刎谢罪。这就是战国时的"勇士"，彬彬有礼而又蛮横倨傲，你对他报之以"礼"，他对你报之以"礼"；你羞辱他，他会杀了你。他们把名誉看得比生命重要，洗刷污名最好的办法即是自杀。

经历过这件事后，孟尝君给门客们分出等级，奖勤罚懒，鼓励立功。三千门客不能一视同仁，高手有高手的标准，普通人有普通人的标准。一等一的高手住上等房，吃鱼吃肉，出门坐马车；二等门客住中等房，有鱼肉没有马车；三等人管吃管住但属三无产品，没鱼没肉没马车。

孟尝君养这么多人出于什么目的？有什么作用？这个问题几乎不必解答，为了田氏家族长盛不衰，为了孟尝君永保富贵，为了有朝一日成为诸侯。

每来一个人，孟尝君都要问相同的问题，"你对我有什么作用，能帮上什么忙？"这是一道必答题。如果你想去田家混吃混喝，必须想好答案再去。

有人回答:“天下任何诸侯有谁敢侵犯您，我的血必溅到他的衣服上。”

有人回答:“凡是车辆能够到达的地方，我会掩盖您的过失，颂扬您的长处，让天下诸侯千方百计想得到您，重用您。”

有人回答:“我会帮您网罗天下的人才，用天下人才解决您各式各样的困难。”

孟尝君大手一挥，“入席！”

别把孟尝君当傻瓜，以为说两句话就可以蒙混过关，想吃白饭没那么容易。一个叫楚丘的七十老翁身披皮衣，腰间束了一根绳子，颤颤巍巍来见孟尝君。孟尝君摆手道:“老人家，您春秋已高，对我没什么帮助，回家养老去吧！”老头儿生气道:“您认为我老了吗？追车赶马，投石比远，打麋鹿，斗虎豹，确实老了，但游说诸侯，出谋划策，我年轻得很哪！”

唉！孟尝君叹一口气，心中暗道:“谁也不能轻视，都是些玩嘴皮子的高手。”

问:什么真本事都没有的人能混饭吃吗？

这个回答是肯定的，只要你有聪明的脑袋和一张能说的嘴，请注意，能说不等于骗子。

有个人叫夏侯章，不能杀人，不会唱赞歌，找不到天下的英才，也不会游说诸侯、出谋划策。

按理说，这种人扔到大街上没人过问，孟尝君收留了夏侯章，不仅收留，而且待为上宾，四匹马和一百人的食禄。一匹马相当于现在的一辆豪华车，一百人的食禄用公务员待遇计算，差不多四百万元的年薪。

请注意看夏侯章在做些什么？孟尝君不是傻瓜，大家一定要琢磨明白为什么。

夏侯章喜欢侃大山。每次和别人云山雾罩地乱聊，张嘴闭嘴诽谤孟尝君，似乎一天不说孟尝君坏话浑身不舒服。

都是吃孟尝君白饭的家伙，很快有人向孟尝君告密。孟尝君竟然笑了笑，说道："我自有办法侍奉夏侯先生，你不要再说了。"

一次又一次。人们觉得奇怪，有人偷偷问夏侯章："你经常说孟尝君坏话，孟尝君却不憎恨，到底怎么回事？"

夏侯章叹息道："我身无一技之长，寸功未立，孟尝君待我恩重如山，只能以这种方式来报答。"

来人骇然道："你说孟尝君坏话怎么反倒说是报答？"

夏侯章嘴一撇，说道："不懂了吧？脑子转一个弯就懂了。我天天诽谤孟尝君，人家从不计较，别人会怎么看？"

来人皱起眉头，想了想，吞吞吐吐道："会说夏侯先生忘恩负义，猪狗不如。"

夏侯章道："对！大家还会说孟尝君德高望重，襟怀坦荡，不和小人一般见识。孟尝君待我情深义重，是我的衣食父母。我为他做回小人又有什么！"

大众默然，原来钱可以这么挣！

天下事尽在一张嘴，语言决定一切。同样一件事从你嘴里说出来和从另一个人嘴里说出来截然不同，比如公孙戌。

孟尝君带着一百多个门客去楚国办事，公孙戌在队伍里。楚国人送孟尝君一张象牙床，安排人负责运送。送货的人不想干，找到公孙戌，诉苦道："象牙床太珍贵，价值千金，运输途中哪怕损坏那么一点点，卖老婆、卖儿女都赔不起。您如果能免去我这趟差事，我愿意将祖辈留下的一口宝剑相送。"

公孙戌见财起意，拍着胸脯表态，"包在我身上！"随后来见孟尝君，问道："您准备接受楚国的象牙床吗？"

孟尝君回答道：“是的。”

公孙戍说：“天下的小国依靠您，因为您能够帮助他们摆脱大国的侵略；英雄豪杰归附您，因为您公正廉洁，一身正气。”

孟尝君道：“是啊，这和接受楚国人的象牙床没有关系。”

公孙戍道：“关系很大，您接受楚国的象牙床，表示收受楚国的贿赂。小国贫穷，拿不出比象牙床更珍贵的礼物，他们会觉得您变心，抛弃弱国投靠大国。天下英雄豪杰会认为您贪婪……”

话未说完，孟尝君醒悟，连声道：“明白，明白，我不收！”

公孙戍心花怒放，告辞转身而去。刚走到门口，孟尝君把他叫了回来，“公孙先生，我怎么感觉不对劲。”

公孙戍一愣：“有什么不对劲？”

孟尝君怪模怪样盯着公孙戍的眼睛：“您让我拒绝象牙床，这主意很好。可是您走路脚抬得那么高，心里似乎非常得意，为什么？”

公孙戍未料到孟尝君察言观色的能力炉火纯青。

怎么回答？

对于孟尝君这么精明的主人不能欺骗。

公孙戍笑盈盈道：“我有三件大喜事。您手下一百个门客，唯独我敢于进谏说实话，这是第一喜；进谏被采纳，防止您的过失是第二喜；还有，运送象牙床的人不想送，答应把家中的宝剑送给我。”

孟尝君笑了：“好，你接受宝剑了吗？”

公孙戍回道：“我不敢接受。”

孟尝君道：“拿着吧，谁不喜欢宝贝呢！”

孟尝君绝不会浪费这次作秀的机会，亲笔在门板上写道：“有谁能宣扬我的名誉，劝阻我的过失，即使在外私得宝物，也可进谏。”

孟尝君千方百计求名誉、求人才，无所不用其极。一个门客和他的夫人私通。东窗事发。另外一个门客窥破奸情，愤然揭发：“此人吃您的，喝您的，还睡您的夫人，太不像话，太不仁义，您要坚决除掉这种色狼、人渣。您不愿意声张，我办这件事。”

孟尝君若无其事回答道：“看到美丽的东西谁都会喜欢，谁都会动心。我的夫人漂亮风情，那位先生英俊潇洒，两人一见钟情，也在情理之中。这件事不必再提。”

舍得孩子套得狼，舍得老婆留得住人才。那位私通孟夫人者真替孟尝君卖命，后来此人到卫国替孟尝君联络卫国国君。卫君企图联合诸侯军队攻打齐国，色狼兄声色俱厉，朝堂之上怒斥卫君背叛卫齐两国盟约，扬言卫君若敢背盟，血流五步，同归于尽。

## 合纵战略

公元前 316 年，青年孟尝君与公孙衍缔结盟约出任魏国相邦，合纵抗秦。那时靖郭君田婴尚在，孟尝君第一次崭露头角于国际舞台。韩国岸门大败，魏、韩两国倒向秦国，张仪的连横力压合纵，孟尝君第一次尝到失败的苦涩。公元前 312 年齐楚联军与连横军大战，齐军兵败濮水，被迫从燕国撤军，齐国由鼎盛期滑落下来。为一改颓势，齐宣王选中孟尝君重新振奋齐国雄风。

孟尝君来到临淄拜相，谋划新一轮合纵。孟子大师则黯然离开齐国。孟子在齐国衣食无忧，享受着高级官员的待遇，但是与齐宣王的治国理念不同。齐宣王最终选择纵横家，而非儒家。

受尽贵族挤对、有志不能施展的孟子毅然辞官。齐宣王亲自挽留，供钱供粮，希望孟子留在临淄讲学。孟子大师和颜斶一样看透齐宣王供吃供喝不用人的把戏，离开齐国去滕国。

孟子依然舍不得齐国。孟子在齐国边境待了整整三个晚上，齐宣王没有来。

孟子大师仰望苍穹，一声叹息："齐王若用我，岂止齐国百姓得享太平，天下百姓都可以得到太平。"孟子跺跺脚，昂着头转身离去，仍然一腔豪气，"上天不想天下大治，如欲治平天下，当今之世，舍我其谁也！"

孟子大师走后，齐宣王把宝全部押在合纵上。齐宣王的国家战略清晰明白，灭燕、灭宋。鉴于上一次伐燕军事行动的失败，齐宣王与孟尝君定下近交远攻的战略，打击任何未来可能干涉齐国军事行动的敌人。秦武王一改张仪连横魏、韩的战略，向韩国发动进攻，恰好把韩、魏两国推给齐国，合纵联盟顺利形成。

此时的列国形势，魏国衰落，老牌军事大国剩下两个：秦国和楚国。向谁开刀呢？

理解孟尝君这个人物，必须弄清他搞合纵的目的。宋代拗相公王安石等人得出一个结论，孟尝君是蠢材。因为孟尝君的合纵未能使齐国获利，反而在连年战争中消耗过多的实力。

后人站在齐国立场上看孟尝君，用"忠"字去理解孟尝君，实不知大错特错。孟尝君和齐宣王搞合纵的目的截然不同，他没有"忠"字观，不是迂腐的儒家，做事的一切出发点只有一个"利"字，田氏家族的利。孟尝君对父亲说得很清楚，田婴把田氏家族交给孟尝君的目的也很清楚，保证家族利益。把薛地变成诸侯国。永保田氏家族的利益是孟尝君做事的出发点，简单一句话"为家不为国"。

确定合纵国军事打击目标之前，孟尝君和门客公孙弘有过一番对话，清晰表明孟尝君搞合纵的态度。

公孙弘问孟尝君："您打算进攻哪个国家？"孟尝君回答说："秦国。"公孙弘劝道："您不如派人近距离观察秦王，猜测一下秦王是否为帝王之主。如果秦王系帝王之主，您将来不得不做他的臣子，哪能和未来的国君作对。如果秦王是个蠢货，再出兵攻打不晚。"

透过公孙弘的话不难看到孟尝君真实的心理世界。没有齐王，没有国家，没有人民，只有自己。孟尝君一口答应，派公孙弘去秦国。

秦昭王试图给齐国使者一个下马威，问道："薛公土地方圆多少？"

公孙弘道："百里。"

秦昭王笑道："寡人土地数千里，尚不敢与他人为敌。孟尝君土地不过百里，而欲与数千里之秦国作对，岂非螳臂当车，不自量力？"

公孙弘回道："孟尝君好士，大王不好士。"

秦昭王仰天打个哈哈，不屑道："好士能怎么样！"

公孙弘凛然道："孟尝君门下志行高洁的隐士有三人；可做管仲、商鞅之师，使君主称王称霸者有五人；像臣这样出使大国的使者，若受大国君主侮辱，横剑自杀必以血溅君王之衣的人有十多个。"

秦昭王大惊之下依然保持着笑意："客人何必这样，寡人只是跟客人谈论事情罢了。我对孟尝君一片友善之心，请贵客转达。"

公孙弘不辱使命，既维护了主子的尊严，又发现秦昭王刚中有柔，能屈能伸，是个人才。这种人物坚韧可怕，迟早会从宣太后的掌心里跳出来，只要他认为机会已到。

既然秦王有帝王之相，孟尝君转变态度。公元前303年，齐、魏、韩三国合纵联军进攻楚国。楚怀王急忙送太子横去咸阳做人质，换来秦国援兵。宣太后和秦昭王出手不凡，将占领地蒲阪归还魏国，试图拉拢魏、韩两国。

正当合纵面临瓦解之时，太子横私自杀死一名秦国大夫，逃回楚国，秦、楚两国关系发生变化。孟尝君借机实施离间计。齐国使者来到郢都，向楚怀王表示，如果楚国加入合纵国伐秦，合纵国将替楚国收回所有失地。

楚怀王贪便宜的心再次萌动，心怀鬼胎地答应下来。这是楚怀王一生最懊悔的事情，比受张仪欺骗更令人无法忍受，一念间的贪心使楚国滑向万丈深渊。

离间成功！！！

合纵国再次集结兵力，齐国名将匡章带领魏将公孙喜、韩将暴鸢大举进攻楚国，一直打到方城。楚怀王急忙向秦国求救。宣太后和秦昭王早先得到密报，楚国与合纵国有秘密约定，拿不准楚怀王的心思，如果四国演一出苦计大戏，秦军一出关就会被包了饺子。

秦军按兵不动。

合纵军与楚军夹泚水列阵，相持六个月之久。合纵军不知道河水深浅不敢贸然渡河发动进攻。匡章从樵夫嘴里打听到一个极其简单的道理："楚人守兵多的地方水就浅，守兵少的地方水就深。"匡章派精锐部队从楚军守兵多的河段夜渡泚水。合纵军大败楚军，杀死楚军总指挥唐蔑，这就是著名的垂沙战役。

垂沙之战，楚国丢弃宛、叶数百里土地。秦国趁火打劫，出兵伐楚，斩杀楚军五万，攻占新城。楚国受四国疯狂进攻，国内又爆发庄骄起义，庄骄的义军一度攻到国都郢城，楚国四分五裂，一片狼烟。

万般无奈之下，楚怀王屈膝投降，送太子横到临淄求和。

合纵伐楚，魏国和韩国赚得盆满钵满，齐国远在东方，没能分到土地。那么，孟尝君和齐宣王白忙活了吗？

当然不是。

孟尝君和齐宣王各取所需。孟尝君个人声望大增；齐宣王欣慰地看到楚国趴下了，直到战国结束，南方大国、春秋时代的霸主楚国再也没能爬起来。但是，齐宣王未能看到秦国趴下。垂沙之战的同年，这位被孟子大师寄予厚望的国君离开人世，离开了心爱的齐国。

## 鸡鸣狗盗

齐宣王带着遗憾走向天国，太子田地继位，是为齐湣王。比起父亲齐宣王，齐湣王精明干练，眼里不揉沙子。那位在吹竽乐队里混吃喝的东郭先生混不下去，灰溜溜逃走，为我们留下“滥竽充数”的典故。

老王在世，孟尝君尚知收敛，新王登基，孟尝君和三千门客肆无忌惮。明察秋毫的齐湣王注定无法与擅权跋扈的孟尝君长久和平相处下去。恰在此时，秦国泾阳君作为人质来到临淄。

泾阳君公子芾是宣太后亲生儿子，秦昭王的胞弟，也是秦昭王最大的威胁，因为宣太后有意让泾阳君做秦昭王的王位继承人，以杜绝秦武王死后王位空缺引起的骨肉相残的悲剧再度发生。

秦昭王表面老实厚道，唯母命是从，骨子里精明狡猾。平时若想把泾阳君安排到列国做人质，宣太后不会同意。现在国际形势紧张万分，合纵国伐楚大获全胜，下一个目标即是秦国。此时必须缓和与齐国的敌对关系，恢复友好邦交，泾阳君是不二人选。

齐国图霸天下，泾阳君前途难以预料。

死在齐国才好，秦昭王心中嘿嘿冷笑，突然脑里又闪出智慧的火花，为何不请孟尝君到秦国来呢？

秦国右相樗里疾死了，魏冉拜相。宣太后在内廷，魏冉在外廷，内外事务均把持在此两人手里。孟尝君一旦到秦国，魏冉势必让出相位。请孟尝君到秦国拜相比泾阳君去齐国当质子更能缓和两国紧张的关系，宣太后不得不再次同意。

宣太后同意了，孟尝君干吗？

楚国战败，日后定然是秦齐两国争霸天下，秦国又是虎狼之国，孟尝君去关中无异于羊入虎穴，上千名门客齐声劝阻。孟尝君做出出乎众人意料的选择，去！

不是孟尝君想去，而是不得不去。齐湣王找他谈心：“摆在齐国面前有两条路，第一条路继续和秦国作战，直到把秦国彻底打垮；第二条路与秦国和好。两条路的目的相同，灭燕、灭宋、取淮北。”

继续作战，孟尝君势必得罪有可能一统天下的秦昭王。最重要的是，孟尝君从齐湣王的眼睛里看得出，那是渴望他离开的眼神，哪怕一年，两年，齐湣王要抓权。

既然赖不掉，不如做出一副英雄的形象。

孟尝君带着门客们从太阳升起的临淄来到日落之都咸阳。他为秦昭王精心准备了一件礼物，那是一件天下无双的礼物，华丽珍贵、价值千金的狐白裘。

狐皮裘常有，狐白裘不常有。狐白不是狐皮，是狐狸腋下的皮毛。狐腋下的皮毛最为轻暖，狐腋纯白，故名狐白。十几张狐狸皮一凑就能做一件袍子，多少狐白能做一件袍子呢？恐怕需要数百只狐狸。所谓“江河之水，非一源之水也；千镒之裘，非一狐之白也”。

一代雄主与战国第一大精英贵族会面。两人会面没有摩擦出耀眼的火花，倒生出一片刀光剑影。孟尝君拜秦相，泾阳君到齐国做质子，意味着战国最强大的两个国家结成同盟，意味着两国将宰割天下。

赵武灵王慌了，那时他还没有死。齐、秦称霸，赵国怎么办？赵武灵王给秦昭王施加压力，促使其免去孟尝君的相位，并给秦国另行安排了一个相邦——楼缓。赵国有什么资格给秦国安排相国，骑在秦国头上指手画脚？因为赵武灵王有恩于秦昭王，是他送秦昭王回国的。赵武灵王深知秦国内部君权与后权的矛盾，他与宣太后联手施压，秦昭王招架不住，罢免孟尝君，下令严密监视孟尝君住所。

孟尝君是个人才。得罪了人才就不能让他活下去，否则后患无穷。秦昭王懂这个道理，孟尝君也懂。

孟尝君连夜召集门客们开会研究办法，有人提议贿赂秦昭王的宠姬。

孟尝君依计而行，挑选一个嘴皮子功夫最厉害的门客去。时间不久，门客兴冲冲回来，看样子一切顺利。孟尝君兴奋异常，忙问道：“她要什么条件？”

门客道：“秦王宠姬要狐白裘，她见过您给秦王的那件，神魂颠倒好些日子啦，狐白裘一到，立即释放您。”

孟尝君全身血液像被冰水浇透，通体冰凉。门客道：“性命攸关，钱财乃身外之物，您别心疼那件皮衣啦。”孟尝君哭丧着脸道：“别说一件皮衣，一百件老子也不心疼。没有哇，只此一件，别无他件。”

秦王宠姬倒真是聪明人，钱多得是，狐白裘却不多，物以稀为贵。

“怎么办？”孟尝君两手一摊，挨个问门客。

平时大鱼大肉养着的门客们闭嘴不言，大厅里一片死寂。正当孟尝君心灰意懒之时，一个微弱的声音说道：“我有办法，可以试试看。”

大家一瞧，声音从墙角发出，那里蹲着一位平时最受冷落的门客，因为他一不会打架，二没有口才，三不会出坏点子，总之是无用之辈。孟尝君被那句话热起的心又凉了一半，“你能有什么办法？”

门客道：“我会学狗叫。”

孟尝君怒道：“我知道你会狗叫，你到我府里来就因为会狗叫，我现在要的是狐白裘，不是狗白裘，拜托听明白再发言。”

门客仰起头，信心满满道：“我不光会狗叫，还会偷东西。”

狐白裘搞到，与献给秦昭王那件一模一样，因为原本就是同一件，门客扮成一条狗溜进秦宫，从仓库里偷了出来。

“好，好，好，有功。”孟尝君拍着狗门客的肩膀笑道，“回去住上等房，坐名车，吃鱼吃肉。”

狐白裘送去，释放令下来。孟尝君叹息道：“抓紧时间快走，晚了我们就玩儿完啦。”

新难题摆在眼前，释放令不等于通行令，没有通关文牒怎么出国？

孟尝君手下的门客什么人都有。

门客们伪造证件，护卫着孟尝君迅速出逃。一行人日夜兼程，马不停蹄，急匆匆如漏网之鱼、丧家之犬，玩儿命往东跑。逃到秦国最后一道关卡函谷关时已是夜半三更。

繁星点点，夜色沉沉，关门森森。秦国法律，鸡鸣开关，开关才能通行。

孟尝君道：“不行，不能等到天亮，迟则生变，想办法提前过关。”

说得容易，做起来难。人家不开关怎么过。函谷关是秦国重要的军事边镇，有重兵把守。一行人不乏武林高手，但也打不过千军万马。孟尝君环顾门客们：“谁有办法？”

这一回孟尝君有些底气，狐白裘都能搞到说明这帮门客不光能吃能喝，真能办事。果然，一个黑影说道：“我有办法，我会学公鸡叫！”孟尝君大喜，鸡叫开关呀，忙道：“回去住上等房，坐名车，吃鱼吃肉。”

鸡叫了，惟妙惟肖，真像一只大公鸡。人夸不好使，公鸡们认同才是真的好使。函谷关的公鸡们惊动，齐声打鸣。战国时代没有钟表，早晨全凭公鸡报晓，谁晓得公鸡会报错时。

守兵们觉得怎么才睡下天就亮，秦法严格，不敢耽误，骂骂咧咧开关门。守兵们睡眼蒙眬，也没查出这帮人证件造假。孟尝君毕竟做过一年秦国相邦，假证件造得相当逼真。

一行人出得函谷关，如鱼入海，唱着歌往齐国奔。众人不再觉得鸡鸣狗盗两人贼眉鼠眼长得别扭，以前他俩可是和谁在一块儿谁觉得耻辱。

孟尝君途经赵国，赵国人久闻孟尝君大名，大家出来围观，争相一睹君颜，谁知孟尝君又矮又小，众人大失所望，嘲笑道：“原以为薛公魁伟雄壮，是个大丈夫，原来渺小丈夫也。”

狼狈不堪的孟尝君心情正不爽，听到奚落，更加恼怒。众门客抡起刀剑，砍瓜切菜一般，斩杀数百人，屠灭一座县城宣泄郁闷之气后扬长而去。

倒霉的赵国人。

孟尝君靠鸡鸣狗盗之徒的帮助侥幸脱险，运气实在好得很。有个人没有孟尝君的好运气，他的地位比孟尝君还要高上一等，可惜手下没有鸡鸣狗盗之徒，难逃厄运。

就在孟尝君逃回齐国的路上，南方的一条大道车水马龙，楚怀王应秦昭王邀请来到武关结盟。楚怀王不该来，然而他不得不来。

齐、魏、韩、秦攻于外，盗贼乱于内。楚国内外交困，今非昔比，已经没有与他国结盟的力量。楚怀王企盼凭借个人勇气为楚国缓一口气。楚国令尹昭雎和屈原不主张楚怀王去秦国，怕被秦国扣留。楚怀王不相信秦国会不顾国际影响，扣留他国国君之事在战国时代从来没有发生过，但是，凡事都有第一次。

秦昭王信中明确表示助楚国反攻韩、魏，报垂沙兵败之仇。当楚怀王来到武关时发现秦昭王根本没有来，迎接他的是秦国的黑衣甲兵。

秦国人落井下石，要求楚怀王向秦王称臣。楚怀王当然不肯，被押往秦都咸阳软禁起来。

秦国人又提出要求，割地放人。

楚怀王告诉秦国人，放他走就割地。

秦国人当然不信。

楚怀王并不是大家印象中的善良之辈。从合纵开始楚怀王就骗人，只不过张仪和宣太后技高一筹。

宣太后和秦昭王不相信反复无常的楚怀王，他们相信凭楚怀王肉身怎么也能换来一块土地。如是，强硬表态，先割地再放人。

谁知楚怀王越老骨头越硬，死活不肯给国内下令割地。

扣押楚怀王，宣太后和秦昭王下了一招臭棋，引起天下人的愤慨，给了图谋称霸天下的齐国一个借口。

回到齐国重新担任相邦的孟尝君组织起新合纵，齐、魏、韩三国联军再次出动，目标直指秦国。秦军避其锐气，主动撤入关内。匡章率三国联军杀到函谷关，秦军闭关不战。三国联军驻扎关外长达三年之久，一度攻破关城。

秦昭王只得割地求和。战争打了三年，耗费无数人力、物力，三国也不想继续打下去，同意讲和。由于秦国与韩、魏接壤，韩国和魏国各取所需，一家收了一块失地，齐国颗粒无收。

三国伐秦相比三国伐楚，对于齐国来说，不能算成功，因为秦国没有被削弱。

外战熄火，内乱又起。齐湣王和孟尝君玩起猎人与狡兔的游戏。

## 狡兔三窟

齐国发生一起惊天大案，一个叫田甲的贵族劫杀齐湣王。聪明揪出滥竽充数主角的齐湣王明察秋毫，有着超乎常人的精明，幸运躲过劫杀。齐湣王凭借出色的嗅觉敏锐捕捉到这场未遂政变背后隐藏着孟尝君的影子。认为借助讨伐楚国和秦国的赫赫声威，孟尝君想发动一场政变欲取齐湣王而代之。

齐湣王公然怀疑孟尝君，孟尝君没办法继续待在临淄，仓皇出逃。

孟尝君一路栖栖惶惶，三千门客散去大半，谁肯跟失去权势的落水狗逃难？孟尝君准备出逃国外，一个叫冯谖的门客对孟尝君道：“主君难道忘记，我替主君挖过一个大窝？”

孟尝君想过薛地，可担心薛地太小、兵力薄弱，难以抵挡齐国军队。经冯谖一提醒，如梦初醒，不再犹豫直奔薛地。

冯谖是孟尝君手下最没有本事的一个人，不会杀人放火，不会鸡鸣狗盗，而且很穷，穷得不能养活自己。听说孟尝君好士，背上一把长剑来到田府混口饭吃。

孟尝君见此人衣衫破旧，脚踩草鞋，背插长剑，以为江湖异人，神态尊敬地问道：“先生有什么爱好？有什么绝技？”冯谖摇头道：“没有。”孟尝君又问：“先生有什么才能？”冯谖又摇头道：“没有。”孟尝君笑了，又来一位吃白饭的。

孟尝君不养吃白饭的。他被冯谖与众不同的气质和背后那把长剑迷惑。高人总是很谦虚，绝顶高手往往混迹于俗人之中，敢背一把长剑闯荡江湖绝不是无能之辈。

孟尝君收留冯谖，列在宾客中最末一等。田府三等宾客，上等食肉，中等食鱼，下等吃菜。冯谖只能吃菜。过了几天，冯谖倚柱弹剑而歌：“长剑归来乎，食无鱼！”孟尝君听到歌声，吩咐升一等。几天后冯谖又唱道：“长剑归来乎，出无车！”只有最高级别的宾客才能配车。听到歌声的孟尝君给他配上车，升为最高级宾客。冯谖坐着车兴高采烈四处炫耀：“孟尝君把我当客人看待。”好景不长，冯谖又唱起歌：“长剑归来乎，无以为家。”田府的人和宾客们觉得特别恶心，此人过于贪婪，吃肉坐车还不知满足。孟尝君不生气，问手下人：“冯先生有亲人吗？”下人回道：“有老母亲。”孟尝君发下话：“养着。”于是，再也没听到冯谖唱歌。

有一年，孟尝君遇到难题，薛地的债务收不上来。不能怪欠债的人耍赖，只能怪孟尝君贪心。高利贷，利滚利，放下去容易收起来难。高利贷多与黑社会联系起来。孟尝君放的高利贷一般由门客中的流氓地痞、强盗剑客去收，不给的话，一顿老拳，或者长剑一挥。别的地方好说，薛地是老家，父亲靖郭君的封地，孟尝君继承下来，父一辈，子一辈，关系错综复杂。一不小心就会得罪田家众多子弟姻亲，亲朋好友，街坊邻居，因此，薛地收债的差使没人肯去。孟尝君贴出告示："谁懂会计，能为我到薛地收债？"根本不是懂不懂会计的事儿，大家心知肚明，无人应召。只见一个人慢腾腾来到告示前，提笔写下两个字"冯谖"。

"冯谖是谁？"孟尝君充满疑惑。左右回道："就是那个弹着剑唱，长剑啊，我们还是回家吧的冯谖。"孟尝君笑道："客人果然有才，我亏待人家啦，这么长时间没接见。"

见到冯谖，孟尝君相当客气："公事繁忙，抽不出时间看望先生，多有得罪。先生还能替我去薛地收债，真是不好意思啊。"

冯谖道："我心甘情愿去收债。请问主君，债务收完之后买些什么东西回来？"

孟尝君道："先生随意，看我家缺什么就买些什么来好啦。"

冯谖带着债券来到薛地，一不催债，二不开会，睡了几天大觉，而后把欠债的人统统找来，欠条收上来，一股脑儿扔进火里统统烧毁。

欠债的人们大惊，欠条烧了，这钱怎么还？

冯谖笑道："孟尝君有话，债务一律取消，谁也不需要还！"

众人喜出望外，齐呼："万岁！"

烧完债券，冯谖赶回临淄见孟尝君。孟尝君大为奇怪，这么快收完，不会吧？忙问道："收完了吗？"

"完毕！"

"钱呢？"

"没有。"

"哦。"孟尝君心想，肯定买东西了，于是问道："买了些什么回来？"

“我看您家中什么也不缺，珍宝、骏马、好狗、美女样样都有，唯独缺少‘义’，我给您买回来。”

“义怎么买？”

“您只有一个小小的封地，却要放债盘剥，怎么能得人心。我把债券烧掉，大伙儿挺高兴，义也就买回来了。”

孟尝君心中大怒，却没有发作。债券已经烧毁，要不回来，再处罚冯谖，连义字恐怕都丢了。孟尝君只得摆摆手，一脸不高兴地说：“好，就这样吧。”

孟尝君虽然慷慨大方，但让他把钱财分给百无一用的老百姓，还是想不通。这也是他得不到齐国的原因。

落魄的孟尝君来到薛地时发现人们扶老携幼前来欢迎，他们会用自己的生命来保护孟尝君的生命。

财富和生命哪一个更重要，相信此时的孟尝君最清楚不过。孟尝君握住冯谖的手，不停地说：“感谢，感谢，太感谢啦！”冯谖道：“狡兔三窟，您只有一个窝，我再替您造两个。”

冯谖去魏国和秦国游说，告诉两国君主，谁得到孟尝君谁就可以强国。孟尝君为齐相十多年，深知齐国虚实，魏、秦两国争抢孟尝君。

齐湣王见薛地百姓万众一心，又见列国争相聘请孟尝君，甚至有人在齐王宫外拔剑自刎，以此表白孟尝君无谋反之意。迫于内外压力，齐湣王派人召孟尝君回临淄重新担任相邦。

孟尝君不肯回去。冯谖道：“拒绝征召，等于和大王撕破脸面，薛地在齐国境内，一时倒也无忧，可是您百年之后怎么办？”

孟尝君叹了口气，幽幽道：“你以为大王真想让我回去？我对田甲案毫不知情，大王在没有任何证据的情况下一口咬定我是主谋。功高震主，我再不知进退，离死不远啦。”

冯谖道：“那也不能一口回绝。”

孟尝君嘿嘿一笑道:“也罢,我们回一趟临淄,让大王瞧瞧我衰老的模样,也好让他略放宽心。”

孟尝君逃离国都之时三千门客散掉大半。听说孟尝君官复原职,先前那些背叛的人纷纷回来,想继续吃喝。

孟尝君气得咬牙切齿,对冯谖道:“田文生来好客,门下食客三千,从来不敢失礼。可他们呢?见我失势,像受惊的兔子一个比一个跑得快。只有先生不离不弃,危难之时见义士。他们那些人有何面目来见我。谁要敢来,我一人唾一脸唾沫。”

正在驾车的冯谖听完,停车,盘好缰绳,跳下车来行礼。孟尝君慌忙下车相扶,问道:“先生这是做什么,莫不是要给那帮不知羞耻的小人求情?”

冯谖摇头道:“非也。主君说错一句话,我想提醒一下。事物有它的规律,您明白吗?”

孟尝君听得一脸茫然:“不明白先生什么意思。”

冯谖道:“世间没有长生不老的人。凡有生命的东西最终都要死掉,这是自然规律。一个人富贵的时候朋友多,贫贱的时候朋友少,也是自然规律。您看过赶集吗?清晨,人们从四面八方赶来,傍晚,头也不回地各自散去。大家并不是喜欢清晨,讨厌傍晚,而是市场上已经没有大家想要的东西。摊主们都收摊走人了。您失去官位,失去财富,大家当然要走掉。实在没有必要怨恨,否则,只会白白得罪一批人,得罪过去吃您、喝您的那些人。”

孟尝君若有所思,举目望去,道路上人来人往,熙熙攘攘,他们要往哪里去,要做什么?一个字,利。什么义薄云天,什么两肋插刀,有钱就有义,无钱就无义。

孟尝君收回目光,看着冯谖,心中暗道:“那么这个人呢?真义士还是早已预见我会化险为夷?”

人尽其才，物尽其用。别指望别人一辈子对你好。你对人家有用的时候人家对你好，你对人家没用的时候人家不会理你。明白这个自然规律，人也就不会生气，不会做想不开的事情。孟尝君不再追究背叛的人，待遇和从前一样，仿佛什么事也没有发生过。

临淄来了一位新人，秦国叛将吕礼，据说吕礼得罪权臣魏冉逃亡国外。齐湣王对秦国叛将格外器重。孟尝君借口身体有病，请辞相邦。齐湣王看着日渐衰老的王兄，一口应允。复相不过几天光景，孟尝君重新踏上回归薛地的路途。

一路之上，孟尝君神情落寞，对冯谖道：“你猜齐王会任命谁接替相邦？”

冯谖不假思索道：“周最。”

孟尝君道：“不，吕礼。”

冯谖诧异道：“用秦国叛徒？”

孟尝君脸色有些难看：“先生真以为吕礼是叛将？他不是秦国的叛徒，而是秦王的密使。齐王之所以一口咬定我是田甲劫王案的幕后策划者，功高震主只是其一，缓和与秦国关系是其二。”

冯谖道：“缓和与秦国的邦交何必对您下手。”

孟尝君道：“我打秦国打了三年，有些聪明人以为我打秦国为自己的私利，为日后伐宋，得到宋国富庶的城市作为封地。其实，攻秦伐楚是先王的遗志，为灭燕，为报从燕国撤军的耻辱。我是伐秦战争的首领，现在齐王把我撤职，其用意显而易见。”

冯谖道：“所以秦王派出密使，又怕惊动您和列国诸侯，故意对外宣称吕礼是叛将。”

孟尝君冷笑道：“齐王下一步行动是讨伐燕国，伐燕需要改善齐秦邦交。秦王急于报复韩国和魏国，也需要改善和齐国的关系。这本是我们设计好的战略，近交远攻，而后远交近攻。如今好人都让齐王做了，我却背上一口黑锅。”

冯谖道：“您以后打算怎么办？”

孟尝君道：“齐王无义，莫怪我无情。薛地太小，我只能去先生为我准备的第二个窝啦。”

冯谖笑道：“魏国。”

孟尝君点点头：“不错。一旦齐、秦联手，魏王需要我比我需要他的愿望还要强烈三分。我只有靠魏国的力量才能保卫薛地，从此不再听命于齐王。”

回到封地的孟尝君继续招揽天下豪杰，陆续来到薛地的有六万余家。薛地兵强马壮，脱离齐国成为独立王国。

时间证明一切。时隔不久，齐湣王果然委任吕礼为相邦，齐国和秦国暗地里勾结起来。两家密约，秦攻韩、魏，齐取燕、赵，齐秦联手，平分天下。

为抗衡秦、齐，孟尝君与魏国新任国君魏昭王一同谋划拆散秦、齐联盟。孟尝君给秦国相邦魏冉写了一封信，警告魏冉说：“如果吕礼促成秦、齐联盟进攻三晋，一定会兼任两国相邦，您的地位就危险了。您不如让秦王攻打齐国，魏国愿意配合，那样吕礼只能逃跑。”

魏冉是后党的大将，孟尝君显然希望利用秦国王权和后权之间的矛盾。不过孟尝君小瞧了秦昭王和宣太后联合执政的能力，母子之间虽有矛盾，对外却是铁板一块。既然吕礼身份暴露，秦昭王随即召回吕礼，另派韩国人韩珉去齐国担任相邦。韩珉相齐，正式宣告天下，齐秦同盟关系确立。韩珉肩负重要使命，唆使齐国伐赵，配合秦军反攻韩、魏。

公元前294年，秦军大举报复韩国。战神崛起，一代名将白起进攻韩国重镇伊阙，韩、魏联兵数十万抵抗。白起面对两倍于己的敌军，采取各个击破的战略方针，用精锐部队击败魏军主力，擒杀魏军主将，大败联军，斩首二十四万，连拔五城。秦军乘胜前进，夺取韩、魏数百里土地。齐军则取得对燕战争的辉煌胜利，消灭十万燕军，打下十座城池。眼见齐、秦两家要宰割天下，一个小人物走上历史舞台，用生命和一生的心机毁掉强大的东方王国。

第十二章

# 苏　秦

## ——腰佩六国相印

提到苏秦，人们会想到那个腰佩六国相印，策划六国合纵攻打秦国的纵横家大师。苏秦相六国，那是纵横家夸大之词。兼三国之相，鼓动五国攻秦倒是不争的事实。各种史料记载的苏秦故事有很大出入，我们只能选择一个最接近真实的版本。

## 千古人情

苏秦的一生由谎言构成，谎言如同空气无所不在。

苏秦出生于洛阳，天子脚下。洛阳是当时著名的商业大都市，战国最繁华的城市之一。洛阳虽是周朝王都，但周王只是名义上的最高统治者，故而洛阳人很少从政，大多从事农业和商业，通过赚钱来实现人生价值。

苏秦不屑于发财，向往功名，渴望做大官，做官的渴望根植到骨髓。苏秦出身平民，没有背景，想做大官只能靠才学。时代满足了他这种人，前有吴起、商鞅，再有庞涓、孙膑，他们一不靠父母，二不靠关系，靠一身才华出将入相，出人头地。丑小鸭变天鹅的传奇故事鼓舞了苏秦。苏秦拜师学艺，找到闻名天下的鬼谷子先生，成为鬼谷子的关门弟子。

鬼谷子乃世外高人，战国谋略学的鼻祖，庞涓、孙膑、张仪皆出自其门下，苏秦渴望像师兄们那样引领当世之风骚。功夫学成，苏秦辞别恩师下山。回到家中的苏秦信心满满，趾高气扬，自信天下舍我其谁。

苏秦首先来到洛阳王宫见周天子，卖弄他的那套纵横家理论。理想很丰满，现实很骨感。苏秦碰到人生第一颗软钉子。

同在一座城市，周天子身边的很多大臣都知道苏秦，乘轩里小区的苏家小儿子，一天到晚不务正业，吃饱没事干胡侃吹牛。

苏秦的话说了一半，让人家轰出来。苏秦梗着脑袋从王宫走出，撇着嘴道："难怪周家天下要亡，不识真金！"

此处不留爷自有留爷处。环顾列国，苏秦认为唯有秦国能一统天下。苏秦拿出家里所有的积蓄，向父母叫嚷着要钱，借大哥的钱，借街坊邻居的钱，凑足活动经费，雇上人，租上豪华马车到秦国去。

家里人不满意，苏季子太胡来，年纪轻轻不知世道艰难，以为人家秦王是你爷爷，你说咋地就咋地。父母劝，妻子劝，哥嫂劝。苏秦不听，咬牙道："我天生做大事，卿相的命，大官的命。"

见国君需要打点，平民见国君不可能说见就见，再者说谁能保证见面之后人家会用？这是一笔投资，有巨大的风险，很可能血本无归。家里人出自好心，父母希望儿子衣食无忧，飞不高跌不重；妻子希望和和睦睦，如胶似漆地过小日子；哥哥嫂子不想让苏秦拿走太多家里的钱。苏秦一概不管。

使上钱，苏秦如愿见到秦昭王。纵横家就是玩嘴皮子的，靠一张嘴巴和聪明的脑袋玩转天下。

苏秦说辞壮美雄浑，气势极盛："大王之国，西有巴蜀汉中之利；北有胡貉代马之用；南有巫山黔中之限；东有崤函之固；田肥美，民殷富，战车万乘，奋击百万；沃野千里，蓄积饶多，地势形便，此所谓天府，天下之雄也！以大王之贤，士民之众，车骑之用，兵法之教，可以并诸侯，吞天下，称帝而治。愿大王少留意，臣请奏其效。"

苏秦为秦国制订战略下过一番苦功。苏秦投秦国所好，详细描绘着秦国地理、经济、军事方面的种种优势，说他可以帮助秦国完成统一天下的目标，帮秦王取代周王称帝。

面对苏秦并吞诸侯、称帝取天下的宏图计划，秦昭王淡淡拒绝："毛羽未成，不可以高飞；文理未明，不可以并兼。"说一个羽毛没有长丰满的鸟儿，不可能高飞；一个文教没有培养成功的国家，不可以随便征伐别国。接着，秦昭王下逐客令，"先生不远千里来指教，寡人非常感谢，这件事容以后再议吧。"

假话，绝对的假话。苏秦犹如被当头泼了一盆冷水，自商鞅变法以来，秦国一直沿着扩张的道路前进，什么时候搞起文化建设来了。

苏秦不死心，赖在那里不走，仍然滔滔不绝地长篇大论，阐述秦统一天下的必然。不能否认，苏秦的演讲很有煽动性，大道理讲得非常好，什么"舌蔽耳聋，不见成功"，"废文任武，厚养死士"，"兵胜于外，义强于内，威立于上，民服于下"。

纵是苏秦磨破嘴皮子，秦昭王不为所动。态度坚决，请君出门。

回到旅馆的苏秦百思不得其解，为什么张仪师兄能取得成功的连横术，自己却败下阵来？为什么不断发动军事战争的秦王改口文化道德建设？秦国至今关押着楚怀王，如果秦王想搞仁政，哪有欺骗别国君主自毁信义的。既然不可能，那就是秦王认为我年轻，不足以成大事。苏秦继续给秦昭王上书，写信，打报告，希望秦王能从书信中看到自己的才华和谋略。结果一封封书信如同泥牛入海，不见一点动静。

苏秦没有明白，他的错不在于政治路线和军事战略，而在于没有揣摩透秦昭王的心思。苏秦缺乏经验，没有经历师兄张仪有过的痛苦，不懂世故人心。

说服一个人要知道他最希望得到的是什么。秦昭王确实有称帝的念头，想统一天下，取代周天子，但是做成这件事有个前提，获得秦国的权力。秦国大权不在他手里，而在宣太后手里，或者说两人共治秦国。

独揽秦国大权是秦昭王梦寐以求的事儿。后来的求职者范雎看透秦昭王的心思，游说时根本没有长篇大论，只淡淡说了一句话："秦国哪里有王？只有太后、穰侯罢了！"

秦昭王什么表现，长跪求教。我们讲商鞅的时候就讲过说服人的困难，困难不在于求职者的才华，而在于如何看透人心。

苏秦狼狈不堪，来咸阳押上全部的钱，甚至透支路费。而今店住不起，饭吃不上，只得打道回府。

来时高车大马，归去独自一人。打不起车，雇不起人。苏秦打上绑腿，穿一双草鞋，挑担子，一头挑着书，一头挑着行李。

苏秦从小衣食无忧，没经历过艰难，遭了人生头一回罪。从咸阳到洛阳八百多里全靠一步一个脚印地走。战国时期的书不是现在的纸质书，那是成捆成捆的竹简。

来时豪情满怀、斗志昂扬，像骄傲的大公鸡；回时失魂落魄、垂头丧气，如丧家之犬。

也不知走了几个月，少不了沿途化些斋饭。秦国人比较好客，民风淳朴。苏秦瘦骨嶙峋回到乘轩里小区，内心甚是惭愧，难受，在门口转来转去。

丢人啊，回去怎么说呀。大话吹出去，灰溜溜跑回来。苏秦的脸皮没有磨炼到城墙那般厚。若达到那种功夫，觍着脸就进去了。既然不死，该敲门敲门，该回家回家，只有回家才能吃饱，只有回家才能东山再起。

苏秦寻思了两句道歉的话，推门进去，一眼瞅见父母。父母冷眼一看，黑不溜秋，破破烂烂进来一个人，挑着担子，以为挑粪讨饭吃的。定睛仔细一瞧，这不是小儿子嘛，未来的卿相大官。

父母气不打一处来，早知道指定这么一个下场，钱财耗尽回家转。父母理都没理，该干吗还干吗。

妻子正在织布，看到苏秦的落魄相，动都不动地方，一如既往地干活。抛妻舍父母，一年一年不顾家，现在灰溜溜回来，谁肯搭理。

嫂子迎上前来，关切地问道："这不是叔嘛，吃饭了没？"苏秦松了一口气，总算有个人记得他，忙应道："是我，没吃呢！"嫂子道："饿吗？"苏秦有气无力地说："饿死我啦，好些日子没吃顿饱饭啦。"嫂子脸色一变，鄙夷地说道："饿得你轻了，钱财挥霍光，想起回家，还想让嫂子我给你做饭，想什么呢？出门的时候怎么说的，您是卿相啊。"

听一个女人数落太丢人，苏秦羞愧难当，忙不迭地回自个儿屋。只听嫂子唠叨不停："我们周人的风俗，做做生意，经经商，图个二分的利。你倒好，妄想一步登天，现在吞个蛤蟆回来，真是活该！"

晚上妻子对苏秦道："瞧你一身脏样，别上床啦，打个地铺睡吧。成天在外头晃，你心里根本没有我。"

## 励　志

苏秦在父母、兄弟、妻、嫂、妹子的一片鄙夷不屑的白眼下狼狈不堪。但是，苏秦没有怨天尤人，长叹一口气："妻不以我为夫，嫂不以我为叔、父母不以我为子，都是我的错，是我的罪过！"

不埋怨任何人，不迁怒于任何人。不怨出身，不怨机会，做不成大事，怨就怨自个儿无能。砸桌子摔板凳，打孩子揍老婆都是无能的表现，都是窝囊的表现。

就不要脸，怎么着？苏秦把书籍搬进屋里，点燃小灯，继续读书。这回真狠上了，取出一把锥子来，往旁边一拍。每当深夜昏昏欲睡之时抄起尖锐的锥子照大腿恶狠狠扎下去，鲜血涌出，流到脚丫子，一下子神清气爽。苏秦盯着淋漓的鲜血念念有词：“谁让你耍嘴皮子，拿不到黄金、美玉、锦绣，不能取得荣华富贵，活该！”说完，又是一锥子。

干一行，爱一行，钻一行，富贵荣华出自志趣。苏秦懂，这么爱读书，岂能不从书中找到谋取富贵的路子。世界上的书太多，天天不吃不睡也读不完。读书必须读好书，读有用的书，垃圾书一概不读，那纯属浪费时间。

苏秦翻箱倒柜找出一本绝学——姜太公的《阴符经》。

苏秦读《阴符经》只用一年便悟出其中的道理，可谓速成。

苏秦悟出秦昭王不赏识他的原因，因为秦昭王要从宣太后那里夺权。

以前苏秦一直认为母子连心，其实在权力面前没有连心的母子。你有你的思路，她有她的想法。苏秦的扩张战略只会给宣太后带来利益，因为军权掌握在宣太后弟弟魏冉手里。秦国军队胜仗打得越多，魏冉越得利，宣太后威望越高，故而秦昭王说，“这件事容以后再议”。

秦昭王说得很明确，你的战略没有问题，但现在我不需要。言外之意，等我真正掌握军权的时候才需要。苏秦当时茫然不懂，甚至相信秦昭王真想“以文教治国”，秦国何曾有什么文化教育。

想到此处，苏秦豁然开朗，如梦初醒，大吼一声，“我终于可以游说诸侯了！”深更半夜一声长啸，把妻子从被窝里惊醒，妻子睁着蒙眬的睡眼扫了一眼，又沉沉睡去，见怪不怪。

第二天，苏秦张罗上路，七拼八凑搞了一些钱。有上次的失败经历，谁也不肯再借，多亏苏家有些家底。除此之外，只有一个人借了一百铜钱。苏秦不嫌少，一并感谢，还招到一个跟班。苏秦没有钱招工，此人不要钱，主动找上门来做义务工。

跟班是个投机客，不图工资多少，反正闲着也是闲着。苏家小儿子这么用功，天天晚上熬夜读书，也许真有乌鸡飞上枝头变凤凰的那天，真的变化了跟着沾光啊。

另外还有一个很重要的原因，这回苏秦要去燕国。跟班听到一个传说，燕国的国君建了一座高台，里面堆满黄金。天下有才干的人到燕国可以随便去取，愿意拿多少就拿多少。苏秦拿几斤出来，怎么也得分我几两不是？传说虽不靠谱，但值得一试。好事不出门，坏事传千里，像这种好事难免知道得少，因为大家都不肯说。

苏秦本来不想去燕国，燕国毕竟是战国七雄最弱的一个国家，帮强国打仗出力少，帮弱国打仗费力多。但是，如今去燕国有把握，燕国缺少人才。

两人启程，雇不起马车。苏秦打起绑腿，亲自挑担，跟班推着桑木小车出发。这一回路程更远，一千六百里地。当时燕国的都城在蓟，今天的北京市。那时的北京是蛮荒之地。

两人跋山涉水，翻了一座又一座山，过了一条又一条河。为尽快赶到燕国，日行百里才休息，披星戴月，日夜兼程。途中两人经过赵国邯郸，苏秦生出碰碰运气的念头，拜见赵国的奉阳君李兑，就是那个饿死赵武灵王的李兑。苏秦没钱打点，结果不如意，人家不理他。

苏秦只能继续北上，过漳河、滹沱河、易水，越往北走，人家越少，到处是人迹罕至、虎狼出没的原野和森林。晚上两人睡在野外，听着刺耳的风声，野兽的吼叫，心惊肉跳，不寒而栗。用苏秦自己的话说，“那是我一生最艰难的时刻”。

跟班打起退堂鼓，不能为了不着边的黄金把性命搭上，好几次想溜没走成。苏秦没紧箍咒，约束不了人家，全靠欲望驱使。

跟班咬紧牙关跟下来，果真看到黄金台。

两人激动的心怦怦直跳，跟班兴奋的眼睛盯着苏秦，能不能拿到黄金全靠你了，一路的辛苦付出能否得到回报全靠你啦。苏秦热情地望着那座插满燕国大旗的高台，心醉神迷久久凝望。不容易啊，这不过是千里之行的第一步，严峻挑战还在后面。秦国的经历告诉他，求职绝不是件容易的事情。苏秦看到黄金台便坚信自己胜利在望，将得到人生第一份工作，而这第一份工作即是一个王国的宰相，因为他看透了燕国君主燕昭王的心，五脏六腑瞧得清清楚楚。

## 千金买马骨

黄金台由燕昭王建造，黄金台不是黄金砌成，台里也没有黄金，只是一所接待处，一面旗帜，一个广告，告诉天下人，我求贤若渴。

这是郭隗给燕昭王出的主意。郭隗学无所长，默默无闻，诸子百家样样不通，乃燕国一个普通人。他只懂一种功夫，揣摩人意，看透燕昭王的心。

燕昭王是个愤青，继承老爸燕王哙偏执的性格，急于一雪国耻。继位之后，一天到晚脑袋不装别的，雪耻，雪耻，报仇，报仇，雪燕国亡国之耻，报父王身死之仇。忘记列国中燕国最弱，即使是春秋时代的霸主秦国也是一步一个脚印地来，而他却妄图一口吞并齐国。

有出格的想法，肯定有出格的做法。郭隗对燕昭王说：“齐国乃大国，燕国国力弱小，大王要实施人才战略，招揽天下人才。”

燕昭王说：“先生说得太对了，我知道燕国国小力弱，无力报仇，但是亡国之恨不能忘，先王之耻不能不雪，这是我的心愿。燕国地偏土稀，有才能的人不愿意来，先生有什么办法找到人才吗？”

郭隗道：“简单，势利眼外加脸皮厚。”

燕昭王说道：“愿闻其详。”

郭隗道：“势利眼不是见钱眼开，而是见才眼开。称王的人和老师相处，称霸的人和大臣相处，亡国的人和奴隶相处。谁对燕国有用，您和谁相处，哪怕他出身低贱。您要亲自去请，别怕丢人。”

燕昭王道：“我应该先拜见谁呢？”

郭隗道：“古代有个国君用千金买千里马，买了三年买不到。有个宫廷中负责打扫卫生的人说有办法买到千里马，国君派他去买。不出三个月，此人花费五百金买回一匹千里马。国君一看，是颗死马的马头，勃然大怒，有病啊你，世人会嘲笑寡人是个白痴的。此人不慌不忙说，是，他们会嘲笑您，但是他们也在帮您做广告，死千里马都肯花五百金买，活千里马呢？果然，不到一年工夫，先后有三人带着千里马来卖。”

郭隗见燕昭王侧耳倾听，眉头微皱，听得仔细好像没回过味来，索性直说道：“大王想招揽天下才士，从郭隗开始。”

“你？”燕昭王一犹豫。

郭隗道：“我就是那匹死千里马，看似什么用都没有，其实大有用场。天下人才一看大王竟然对我这种微末小才之人重用，怎么还会嫌路远呢。”

燕昭王恍然大悟：“原来如此，先生妙计。”

郭隗笑道：“不算什么，在下还有一计，大王筑一座高台，放置燕国边境。高台迎客，对外宣称堆满黄金。天下之人莫不爱财，即使他故作清高，他的父母、妻儿、亲戚朋友那些俗人都是爱财的，听说大王用黄金迎客，还不把他们撵到燕国来。”

燕昭王大喜道：“先生哪里是什么死马，真真是我大燕国活着的千里马呀。”

郭千里马从此交上大运，财源滚滚，名利双收。燕昭王拜师傅，盖别墅，事事请教，日日请安。

黄金台吸引到众多人才，苏秦只是其一。大名鼎鼎的乐毅，赵国的剧辛，还有燕国死对头齐国的人才、大师邹衍从稷下学宫跳槽来到燕国。

燕昭王大为重视，一则邹衍是阴阳家掌门人，几乎相当于开山掌门。二则从稷下学宫而来。从敌人那边来的人才更应该尊重，让其他人以其为榜样，快快归顺我燕国。

燕昭王谦卑到何种地步，不仅古人无法想象，今人亦无法想象。“拥彗先驱”，不是像老巫婆那样骑着扫把来，而是手里拿着扫帚到边境迎接。不铺红地毯，那多没诚意，燕昭王亲自动手扫出一条路来。

进入燕国王宫，燕王请邹衍上座，自己和邹衍的学生一同下座。燕昭王给邹衍修建一座大大的别墅，叫别墅委屈了，那叫碣石宫。经常去听课，记笔记，恭恭敬敬如同学生。

燕昭王以区区弱小的燕国在列国眼皮底下一度灭亡齐国真不是偶然的。当然一切都是炒作，有目的，目的性很强。

燕昭王对苏秦自然不会像对邹衍那样拿着扫帚扫地，毕竟苏秦只是草根阶层，邹衍是大教授，稷下学宫排在前面的学者，领巨额薪水，桃李满天下，粉丝成群结队，战国红透半边天的人。邹衍去魏国时，老迈年高的魏惠王不顾身体条件不允许，亲自到郊外隆重迎接。到赵国观光讲学，赵武灵王的儿子平原君“侧行撇席”，不敢和邹大掌门人并行，小心翼翼侧着身子服侍，抢在仆人之前用袖子拂座位上的灰尘。当然脏不了衣袖，哪有灰尘，服务员早擦得一尘不染，干干净净，那是表示恭敬、尊重。

反观苏秦，挑着担子，打着绑腿，风尘仆仆，一脸疲惫，哪里像才士，打工仔差不多。燕昭王虽然没带扫把，仍然亲自到郊外迎接。苏秦非常感动，秦王拒人于千里之外，赵王根本不露照面，瞧人家燕王。姑且不论贵贱，两人年龄也差不多。苏秦感动得五体投地，强忍夺眶而出的泪水。

单凭燕昭王十里相迎，苏秦已将性命交给此人。士为知己者死。就像苏秦日后信里写的话，“臣东周之鄙人也，见足下，身无咫尺之功，而足下迎臣于郊”。这是何等的感动，一个怀才不遇，有家难归，四处漂泊之人，遇到贵人，带来荣华富贵的贵人，岂能不死心塌地？

燕昭王身材高大，气宇轩昂，身着一袭蓝衣，说话声音洪亮。燕赵多悲歌慷慨之士，燕昭王不像一国之君，倒像轻死重气的侠客。通过燕昭王，苏秦发现一个秘密，燕国不能称霸天下却能长处蛮荒北境自保的原因。燕国人思想纯朴简单，重情重义。苏秦看得出燕昭王眼睛里流露出来的企盼，那种企盼像火一样灼热，整个眼睛都要燃烧起来。

苏秦不急，已经学会控制真实感情的流露，从某种意义上来说，失败使人成熟。苏秦没有像上次在咸阳那样，急不可耐地兜售才华与策略，而是淡淡地提出一个条件，“我想四处走走，看看燕国的风土人情”。

投奔燕昭王的人很多，苏秦给燕昭王留下了与众不同的印象。

燕昭王爽朗地答应下来。他拿不准眼前又黑又瘦、容貌憔悴的书生是否为真正的奇才。到燕国来的人才很多，不乏邹衍等大师级的人物，但燕国没有改变，一切如常。经历过一次又一次失望，燕昭王心急如焚，不知有生之年能否实现心中的大志。

数日之后，苏秦进宫廷拜见燕昭王。燕昭王坐在席上拿着刀具悠闲地削着甲叶，身边有个衣着俭朴的女子熟练地编制穿甲用的绳子。见苏秦进来，燕昭王放下手中的活儿，问道：“客人在蓟都住得可好？”

苏秦施礼道：“大王为我安排好一切，苏秦感激不尽。”随后，话锋一转道：“编制铠甲不是君王该做的事情。”

燕昭王淡然道：“闲来无事，聊以打发时间。客人请坐。”

苏秦正襟危坐，说道：“我不过是东周的一介农民，扔下农具来见大王，因为听说大王为人重义气，品行高洁，顺应民心。我到过邯郸，邯郸人对大王的评价高过东周。我不相信耳朵，只相信眼睛。”

燕昭王道：“客人住在蓟城是对我的考察吗？”

苏秦道：“是的，因为我要做一件惊天动地的事情，这件事没有贤明君主做不来。”

燕昭王道：“客人可有所收获？”

苏秦道：“我遍观燕国的大臣，和燕国人民进行过交谈，确信大王是天下的明君。”

燕昭王毫无表情，他要治国平天下的大才，不是溜须拍马的小才，淡淡道：“客人眼里的天下明君是什么样子？”

苏秦道：“我听说，明君喜欢听自己的过失，不喜欢听优点。所以，我要说说大王的缺点。”

燕昭王一愣，这个家伙敢于挑我的毛病，倒非寻常人，问道：“我有什么缺点？”

苏秦道：“大王为燕国制定的国家战略是错误的。”

燕昭王心头一动。齐国与燕国乃世仇，齐宣王一度占领燕都，灭亡燕国。自己在秦、赵两国帮助下复国，迫于齐国强大的军事压力，燕昭王不得不妥协，接受战败的羞辱，与齐国结盟。对抗齐国又不能与赵国翻脸，故而燕国继续与赵国交好。燕昭王打碎牙和血吞，这些年的愤懑与羞辱几乎令这位豪气干云的北方男儿崩溃。心中的苦楚和悲痛能对谁讲呢？燕昭王心里想着一回事，嘴上却说着另外一套：“我与赵国和齐国结盟有何不妥？”

苏秦道：“齐国、赵国与燕国相邻，灭燕者非赵国即齐国，秦、楚、魏、韩四国皆不可能越过他国灭亡燕国。齐、赵是燕国的敌人再明显不过，而其他四国则可做燕国的朋友。大王反其道而行之，善待仇敌，讨伐朋友，对燕国有什么利益呢？”

燕昭王正色道："我绝不会进攻齐国和赵国，我们三国的友谊地久天长。"

苏秦笑了，眼光投向地上的甲叶："大王说假话。我听说您整日坐卧不宁，食不甘味，心中定然隐藏着天大的心事。大王亲自削制甲叶，这叫卧薪尝胆。难道大家看不出来吗？既然大家都看得出来，齐王和赵王会看不出来吗？不要以为自己聪明，别人都是傻瓜。没有算计人的想法，却引来人家的怀疑；有算计人的念头，却让人知道。计谋未定，外人早已知晓。您的计划太天真、太笨拙。"

燕昭王打了一个寒战，吃惊地看着眼前落魄的书生，苏秦那双锐利的眼睛可以看穿内心深处隐藏的秘密。明人面前不说假话，燕昭王实话实说："我与齐国有深仇大恨，亡国之痛，两次兵败的耻辱。我无时无刻不想战胜齐国，报仇雪恨。我削甲叶，希望上天可怜我这个不肖的君王，无能的君王。"燕昭王手指身旁的女子，继续说道："她是我的妻子，我希望用我们的虔诚感动上天，上天会有所感应的。"

燕王后施施然站起身，向苏秦行礼。苏秦急忙起身，一边回礼一边想，真是一对疯狂的夫妻，燕国注定会在两人手里达到顶峰。苏秦道："上天不会帮助燕国，只有人能改变燕国的命运。"

燕昭王叹息道："燕国国小力弱，不是齐国的对手。客人如果能让燕国战胜齐国，我把燕国托付给您。"

苏秦道："世间没有打不败的国家，只有不知进取的人。我请求去齐国，观察一下齐国新君和执政的孟尝君。"

### 探　路

公元前299年，苏秦以燕国外交官的身份来到齐国临淄。为赢得齐王信任，苏秦特意做了稷下学宫老教授淳于髡的工作。

老教授的工作好做，人老了，图个好话，图个为子孙后代留些财富。苏秦派人送去一双白璧、千镒黄金，还讲了一个故事给老教授听：

有人想卖掉一匹骏马，每天早早来到市场叫卖，一连三天无人过问。这个人想了个办法，去找伯乐，请伯乐第二天早晨到市场上绕着马看一圈，离开的时候再回头看一眼。为此，他愿意支付给伯乐数倍工资。伯乐想了想，做的事极容易，也没让自己说假话，于是答应下来。第二天伯乐看马走后，骏马价格飞涨，连涨十倍。

苏秦接着对老教授说，我想报效齐国，让齐王看一看我这匹骏马，不知道老先生是否愿意做回伯乐？

苏秦恭维淳于髡，淳于髡很受用，再看在黄金、白璧的面子上欣然受命。不就说句好话嘛，进宫向齐王推荐苏秦。

苏秦入齐一切顺利，齐湣王对苏秦另眼相看。

苏秦用敏锐的目光观察着齐国。

齐国的富饶、人才储备的雄厚、军力的强大远远超过偏僻、土地贫瘠的燕国。如何打败齐国，报燕昭王知遇之恩，只能靠苏秦超人的头脑。

凭借政治上的敏感，苏秦很快洞察出齐国的战略意图。

孟尝君联合韩国、魏国搞合纵攻打楚国，貌似劳而无获，实则只是第一步棋，削弱楚国的力量，而后依样画葫芦，再合纵攻打秦国，削弱秦国力量。

削弱秦国和楚国力量后再与两国改善关系，这是第二步。

第三步棋才是终极目的，攻打燕国和宋国，即所谓远交近攻。三步棋一环扣一环，只有打服楚国和秦国，楚、秦两国才会对齐国屈服。只有当时的两大强国楚国和秦国屈服，齐国才有可能兼并邻国。

事情发展不出苏秦意料，楚国服了，楚怀王把太子横送到齐国做人质。对于齐国人来说，幸福来得太快。楚怀王上当受骗，被秦国扣押。楚国没有国君，楚国大臣们派人到齐国迎接太子横回国继位。齐国如果送太子横回楚国做国君，无异于太子横的再生父母，齐国与楚国关系从此铁板一块。

苏秦不能让齐国得逞，那样燕国就危险了。想当年齐国占领燕国，楚国是最有力的反对者。苏秦献了出世以来第一条计策，建议孟尝君扣留楚太子换取楚国的“东国”之地，即靠近齐国东方领土。这一招看似为齐国着想，实则破坏齐、楚两国邦交。聪明的孟尝君自然不会听，断然拒绝:“不可。我们扣留太子，楚国会另立新君。这样一来，我们白白把持一个没有用的人质并在天下人面前干了不仁义的事情，恶化两国关系。”

苏秦一看，孟尝君是个人物，有远见。但苏秦不会就此认输，继续建议:“薛公的话不对。楚国如果立新君，您可以对楚国的新君说，‘给我东国之地，我替大王杀掉太子。否则，我将与韩、魏、秦三国共同立太子为王。’新王希望太子被杀，又害怕四国伐楚，必然将土地拱手献上。”

战国纵横家曾将苏秦的这条计策演绎出十种可能，在这里不必一一介绍，有兴趣的读者可以读《战国策·齐策三》之楚王死。

精明的孟尝君没有听，苏秦又去游说齐湣王。齐湣王既贪图东国土地，又不想破坏既定的战略计划，让太子横立誓答应割让东国五百里土地后才放行。

为了回国继位，太子横满口答应，回国之后反悔，玩起花招，先献地，接着派兵去防守，又派使者向秦国求援。齐国最终鸡飞蛋打，既没有得到土地，又与楚顷襄王熊横产生矛盾。可以说，苏秦取得开门红。

苏秦第二条计策，阻止孟尝君去秦国拜相。因为齐国和秦国若是联手，燕国就惨了。劝阻孟尝君西行的门客有上千人，他们不希望孟尝君有危险，孟尝君死了，等于砸掉大家的饭碗。但是，孟尝君心意已定。不是他想去而是不能不去，说什么也没用。

孟尝君没好气地对前来劝阻的苏秦道："人话你就别讲了，我听得够多了。如果讲鬼话你就说。"这是封嘴的意思，就是不想听你唠叨。人不讲人话，讲什么鬼话？苏秦一点儿也不生气，淡然道："我本来就不是来讲人事儿的，是来讲鬼事的。"

孟尝君乐了，这位燕国外交官行啊，真能顺杆爬，难怪那么多人大赞苏秦为天下辩士，只得道："好吧，你说，我听听。"

苏秦道："今天我路过淄水，听见一个桃木偶人和一个土偶人说话。桃木人说：'你是泥土捏的，等到八月下大雨，淄水暴涨时你就报废了。'土偶人说：'是吗？我确实是泥土捏的，但是被水冲散还是泥土。你是桃木刻的，大水一冲顺流而下，漂漂荡荡不知去往何处。'"苏秦讲完瞅了孟尝君一眼，"秦国乃虎狼之国，薛公如果去了，不知道你怎么回来。"

苏秦确实把孟尝君说得心动。齐国是孟尝君的根和大树，离开根，离开大树，只能是一片落叶，一个木偶人。孟尝君不想去，但形势迫人，一方面齐湣王抓权逼他走；另一方面如果齐国和秦国结成盟国，秦国不干涉齐国灭燕、灭宋，何乐而不为。

孟尝君去秦国，苏秦的第二计不能算成功。从商鞅开始，秦国不守信用是出了名的。但是，孟尝君手下能人辈出，依靠鸡鸣狗盗之徒虎口脱险。孟尝君入秦的失败意味着秦国不肯放弃打压齐国的战略意图。于是，孟尝君联合韩、魏两国发动长达三年的对秦战争。合纵国与秦国激战正酣，苏秦被燕昭王召回燕国，因为燕国要发动对齐国的战争。

## 定　谋

公元前296年，权地之战爆发。报仇心切的燕昭王趁齐国大军云集函谷关之际发兵十万伐齐。权地之战，燕军大败，丧失十万甲兵，两员上将被擒。

败信传来，燕昭王恶狠狠地把手中的甲叶摔在地上，心情沮丧到极点，卧薪尝胆十七年，等来这么一个结果，一败涂地。齐军主力不在，这么好的机会，燕军竟然把握不住。

燕昭王体会到国际政治的残酷。前些年，赵武灵王派楼缓去秦国任相国，仇赫去宋国任相国，赵、秦、宋三国联合对抗齐国。但是，三国伐秦，赵国不派一兵一卒，燕国进攻齐国，赵国仍然不派一兵一卒，甚至魏冉亲自到赵国做工作，赵武灵王仍然不肯派兵。赵武灵王只有一门心思，灭中山。列国打得头破血流，赵国骑兵一举灭亡齐国忠实的盟友中山国。

燕昭王欲哭无泪，削甲的刀尖划破手指，任由鲜血滴下来，染红崭新的铠甲。燕王后没有为夫君包扎伤口，她太熟悉自己的丈夫，为燕国流的血太多了，手上的血算得了什么，那是心在流血。

苏秦走进大殿，步履显得沉重。他看到了那把滴血的利刃，这一幕何其熟悉，每晚困倦欲睡时，就是这样的利刃扎入大腿。鲜血让人清醒，让人痛苦，让人振奋，让人雄起。

苏秦在燕昭王身上看到自己的影子，遇到燕昭王是苏秦的命运，两人的命运紧紧相连，如同一个人，帮助燕昭王即是帮助自己，燕昭王大功告成之际即是自己实现人生价值之时。

苏秦说了一句话，石破天惊的一句："我有办法让燕国击败齐国。"

燕昭王撩了撩眼皮，反应平淡，他不相信这句话，这句话相伴十七年，春夏秋冬，日日夜夜，总是励志说："我有办法让燕国击败齐国。”十七年过去，苦心训练的十万甲兵竟然打不过齐国非主力部队，齐国之强超过秦国，如日中天，再说这句话有什么意思？！

苏秦神情淡然，他受到的挫折比燕昭王多，经历的痛苦也比燕昭王多，心静如潭水，声音平和：“当今天下群雄混战，可谓战国。战国中七国最强，七国中燕国最弱。若让燕国独自作战，打哪一个国家也打不赢。燕国的优势在于灵活机动，依附哪个国家，哪个国家就会强大。投靠楚国则楚重，投靠秦国则秦重，联合韩、魏则韩、魏重。也就是说，燕国若想打败齐国，只能走合纵的道路。”

燕昭王道：“合纵的力量并不强大，公孙衍搞过几次合纵，结果无疾而终。”

苏秦道：“连横和合纵其实是一回事儿，一个人的力量有限，团结力大无穷。张仪搞连横壮大秦国，孟尝君搞合纵壮大齐国。大王不采用合纵的手法，永远无法打败齐国。”

燕昭王迷茫的眼神中透出一丝光亮，半信半疑道：“齐国真的可以击败？”

苏秦道：“当然，天下没有哪一个国家是打不败的。齐国攻打楚国五年，攻打秦国三年，又与燕国作战，四处用兵。长年战争使齐国军民疲惫不堪，物资消耗巨大。齐王似乎乐此不疲，打仗特别上瘾，这是非常危险的。”

燕昭王面露喜色：“先生若能合纵六国攻打齐国，我不会吝啬财物的。”

苏秦摇摇头：“错，大王合纵打齐国，齐国会反合纵。相比燕国，齐国势大，列国怎么肯听大王的。大王合纵不是攻齐，而是助齐，助齐国称霸。”

燕昭王困惑不解，搞不懂苏秦脑子里的想法，这个人是不是读书读呆了，迟疑道：“齐军打胜仗，夺地盘，掳掠财富，越来越强大，怎么可能危险。”

苏秦笑了，笑得诡异非常：“这个道理很多人不懂，物极必反，盛极而衰是天道。大王所要做的是，怂恿齐国继续打仗，真心帮助齐国打仗。不能口头上表示，实实在在派出军队帮助齐国。”苏秦见燕昭王将信将疑，反问道：“大王知道齐国为何联合韩、魏攻打楚国和秦国吗？”

“不知道。”燕昭王摇头道：“我觉得纳闷儿，三国联合攻楚国长达五年，打秦国历时三年，最后攻破函谷关。韩、魏均得到大片土地，而齐国颗粒无收，为旁人做嫁衣，究竟为何？”

“我在齐国三年多，耳闻目睹，潜心思索，终于解开这个谜团。齐国的战略目标不在于楚国，也不在于秦国，而在于大王的燕国和南方的宋国。”苏秦语气平和，像叙述着一个平淡的故事，“齐王从燕国撤兵之后一直耿耿于怀，亡燕之心不死。临死之前设计灭燕之计，现任齐王和孟尝君坚定不移地执行。那就是削弱秦国和楚国，引发列国大战再次占领燕国。齐国无偿出兵帮助韩、魏。垂沙之战，楚国大败，四分五裂，楚王被秦国扣押，楚国就此衰落。下一个轮到秦国，秦国占有地利，三国围困函谷关三年，逼迫秦国割地议和。表面看，韩、魏得了便宜。大王想一想，楚国衰落，秦国虽未衰落，但与韩、魏结下深仇大恨，三国之间必有一场复仇大战，那时齐国定会趁机灭亡燕国。大王却浑然不觉，竟然发兵伐齐。齐国在北疆驻有重兵，燕军失利并不足怪。”

燕昭王如梦初醒，暗自心惊，原来齐湣王竟有如此心机，自己败在此人手下绝非偶然。一时燕昭王有些超脱，权地之战丧兵十万的耻辱似乎减轻了些。不是败得窝囊，实在技不如人。齐宣王从燕国撤军那天起，已经策划好一场新的阴谋。燕昭王自言自语道：“高明啊，高明。我以为齐军主力都在函谷关，不想齐王最防备的敌人却是我，怪不得十万大军尽丧。”

苏秦瞬间失语，战前没有劝阻燕王伐齐抱有私心，只有燕王在军事上彻底失败才会重视苏秦，苏秦才有用武之地，再者说老板想要做的事情很难阻止。真正聪明的人不会强行去要求老板如何如何，中国历史中死于强谏的人不在少数，纣之比干，袁绍的谋士田丰，等等。计谋出到了，话说到了，听与不听是你的事情，关键在于善后，有起死回生之术的人才是真正的人才。

军事惨败，只能依靠外交，依靠外交，只能依靠苏秦。苏秦很得意。他不相信感情，只相信利益，相信权变。国难当头，只有忠心不足以受到重用，要有真才实学。

苏秦道：“齐王的战略固然高明，但是，像所有事物一样有弱点，它招致各国的怨恨。秦国、楚国恨齐国，韩国和魏国也会明白过来。所以，大王要帮助齐国称霸天下，帮助齐国打仗，让齐国达到顶峰，让天下诸侯讨厌齐国，那时大王再搞合纵，水到渠成。”

燕昭王道：“齐国一心想灭亡燕国，如何肯与我们结成盟国？”

“人心不足，一蛇吞象。”苏秦道，“齐国想灭亡的不仅有燕国，还有宋国。宋国是一个拥有五千乘兵车的国家，比燕国富裕得多，国内城市一个比一个富庶。我们把祸水引向宋国。大王投其所好，全力支持齐国灭宋，燕、齐两家关系会变得非常密切。齐国灭宋，势必引起列国嫉妒，嫉妒加仇恨，合纵攻齐大计必成。”

燕昭王沉吟道：“齐国肯攻打宋国吗？”

苏秦没有回答，反问道：“大王知道夏朝和商朝为何亡国吗？”

燕昭王奇怪地望着苏秦，没有作答。夏、商亡国的原因很多，实在不知从何说起。只听苏秦道：“因为商汤和周武王有先知。”

燕昭王道：“先知？难道世上真有先知？”

苏秦呵呵一笑：“世上自然没有先知，成功超过众人理解的范围就是先知，因为事先知道敌人的一切。坚城是从内部攻破的。商汤的胜利在于重用夏臣伊尹，周王的胜利在于重用商臣姜子牙。用大智慧的人做间谍一定能成就伟大的事业。燕国依附齐国，齐国自然开心，大王派人去齐国做卧底，离间君臣和百姓的关系，搞乱齐国内政，摸清齐国的一切，才是重中之重。”

燕昭王问了一个不该问的问题：“谁能去？”

苏秦道：“我，除我之外恐怕无人能够做到完美。”

燕昭王兴奋地站起身，快步走上前，握住苏秦的手说道：“燕国仰仗先生，只仰仗先生。”

苏秦再拜道：“苏秦受大王知遇之恩，赴汤蹈火，在所不辞。只要大王不吝啬钱财珍宝，不心疼儿子兄弟，臣定不辱使命。”

燕昭王道：“我岂敢忘记大仇，钱财珍宝身外之物，儿子兄弟何所惜，但凭先生处置。”

燕昭王目送苏秦离殿而去，若有所思，总觉得心中有些不安。燕王后缓缓从幕后走出，轻声道：“大王要用苏秦？”燕昭王点头道：“不错，燕国无此人才，我要用苏秦做相邦，出使齐国。”

燕王后道：“苏秦天下奇才，举世无双。明珠一旦放出光芒，任是哪一个国君都不肯放手。齐国是东方大国，燕国僻居一隅，他还会回来吗？”

王后的话戳到燕昭王的疑惑处，苏秦是他发掘出的一颗珍珠，如果把它包装起来，装进漂亮珍贵的匣子里，再花大价钱炒作一番，加之本身的光芒四射，这颗珍珠是否还能据为己有呢？

燕王后的声音温柔恬静：“大王必须拴住苏秦。英雄难过美人关。大王既然舍得儿子兄弟，也舍得美人。大王新近宠爱的美人国色天香，何不让她笼络住苏秦的心。”

燕昭王沉吟不语。燕王后道：“苏秦去齐国卧底，难保不露出蛛丝马迹，引起齐国人的怀疑。到那时我们只说苏秦与大王的夫人有私情，开罪了大王，不得已才留在齐国，也算作一种掩护。”

燕昭王长长呼出一口气，说道：“寡人岂能为一个女人不顾全国家的利益。”

燕王后笑了，笑得异常灿烂：“听说苏秦父母在堂，我们可以请他们到蓟都来住。”

苏秦收到一件礼物，那是一件极其特别的礼物，一个貌若天仙的美女。苏秦离家五载，每到夜深人静时的寂寞只有自己知道。苏秦与美人度过一个又一个快乐的良宵，从内心深处感激燕王的体贴与关爱。男人永远无法抗拒女人的美丽，苏秦几乎忘记家中的妻子。当美人告诉他，她是燕王夫人的时候，苏秦的震惊可想而知。燕王送美女不是让他快活，而是让他尽快进入角色。苏秦知道，这位夫人只是他与燕昭王布下的一局大棋中潜伏的一枚棋子。

燕昭王为苏秦造足声势，炒得红红火火，拜苏秦为燕国相邦，封武安君。苏秦信誓旦旦表示，齐国和燕国很快就会化敌为友，而且齐王会归还燕国的失地。

离开蓟都，苏秦踏上游说列国之路，落下保卫燕国、灭亡齐国的第一枚棋子。

天边乱云滚动，变幻莫测，前方的路蜿蜒曲折，看不到尽头。由一介平民跃为一国相邦，苏秦平步青云。可苏秦心里清楚，人生之路还很漫长，充满凶险，充满不可知，准确地说，那是通往地狱的路。

## 自　荐

苏秦选择做间谍，那是因为间谍这个行业可以成就苏秦的伟大抱负。苏秦的偶像早已告诉大家了，周王朝的间谍姜子牙。他要做的间谍不是普通的间谍，而是高级间谍。不是偷窃机密，而是改变国家的运行轨迹，不是一个国家，而是战国七雄。对于苏秦来说别无选择，因为他要做一个留名千古的人。

苏秦出山，像许多学业有成的同学迈出校门豪情万丈，一次次求职下来才感觉到现实与理想之间的差距。当你灰头土脸，狼狈不堪之际遇到贵人，欣赏你，用你，满足你一切要求，让你心想事成，享受人间一切荣耀，你会怎么做？

报恩。士为知己者死。

公元前295年，苏秦也是这么想的，把脑袋别在腰带上，义无反顾地走上无间道。苏秦清楚，凭燕国的实力想打败齐国人只是梦想，一个永远无法实现的梦想。点石成金，把不可能的事情变为可能，把美梦变成现实，这才是真正的人才，而苏秦恰恰是这样的人。

苏秦使齐前战国的形势犹如大风暴来临前夕，除楚怀王的儿子楚顷襄王熊横不顾国家残破，依然沉迷于声色外，其余六国人心思奋，战国的天空压抑得令人窒息。

赵国国力达到鼎盛，而雄才大略的赵武灵王却身死沙丘离宫，赵国前景扑朔迷离。

秦昭王遭受三年的屈辱，不得不割地求和。秦国的历史证明，西北狼决不会轻易屈服。秦军调兵遣将，时刻准备报复。

韩国和魏国沉浸在击败秦国、国家复兴的快乐中。

齐湣王的雄心壮志丝毫不逊色于父亲齐宣王。齐国企图灭燕，齐湣王继位六年来一直沿着齐宣王既定国策坚定不移地走。孟尝君做相国，打楚国五年，打秦国三年，目的在于使秦、楚两大国无力救援燕国。经过九年努力，齐国第一步战略眼看要实现。楚国无力干涉齐国用兵，秦、韩、魏三国像斗得兴起的公鸡相互对峙。恰在此时，燕昭王不知深浅地出兵齐国，两国开战，燕国损失十万大军和两员大将，灭亡燕国的条件已然成熟。

齐湣王抛弃韩国和魏国，罢免主持伐秦的相国孟尝君。抛弃孟尝君，齐湣王一石二鸟，既除掉功高震主的权臣，又向秦国伸出和平的橄榄枝。秦昭王投怀送抱，先是吕礼以叛逃为名来到齐国，根底暴露之后，秦王改用好朋友韩国人韩珉来到齐国拜相。东西两大强国越走越近，心照不宣地图谋瓜分天下，秦国攻韩、魏，齐国取燕、宋。

苏秦来得正是时候，为确保马到成功，苏秦事先做了齐国相邦韩珉工作。韩珉重任在身，肩负着秦国的战略，不能用金钱贿赂。韩珉出身韩国外交官，属于老资格的外交人，能与秦昭王打得火热，足见此人不凡。

韩珉只有一个心思，唆使齐国攻打赵国，因为赵武灵王把赵国塑造成一个强大的军事王国，靠军事强势崛起的赵国是秦国现在和将来最大的敌人。

外交官就是外交官，真实用心隐藏得一丝不漏，说出来的话一切都是为了齐国。韩珉对齐湣王说："列国之中，秦国不可能越过韩、魏进攻齐国；楚国离得远；宋、鲁等国弱小；燕国只能看别人脸色行事；韩、魏受秦国威胁，安能攻打齐国。所以，赵国是齐国唯一的敌人。"

只要齐王攻打赵国，韩珉什么代价都可以付出。于是，苏秦满口同意韩珉的看法，提出新的建议，齐国与燕国联手攻打赵国。

韩珉乐了，简直是天上掉下来的好事，立刻进宫劝齐湣王与燕国结盟，大赞与燕国结盟的好处。

伐燕是齐国既定国策。齐宣王临死时留下两大任务，伐燕取宋。齐宣王伐燕失败蒙受羞辱；濮上之战，宋国临阵反戈倒向秦国，致齐军大败。两大耻辱，齐宣王至死不忘。而今齐国大败燕军，正是直取燕国的大好时机，齐湣王怎么肯轻易与燕国交好。

苏秦的一封信送到，信中大赞齐湣王的功德，称他可与齐国历史上“九合诸侯、一匡天下”的齐桓公比肩，又自比管仲，希望齐王看重这次难得的改善两国关系的良机，并且不提名地隐隐指出，齐国南方有国家派出密使联络燕国，准备与秦国和燕国联合攻打齐国，燕王原则上赞同。我此行如果能促成齐国和燕国结成坚定的盟友，那么这场阴谋将不攻自破。言外之意，如果齐国不同意结盟，燕国只能转而和那个神秘的国家结盟。不用问，那个国家自然是宋国。最后，苏秦建议，如果齐王高规格接待，自己会带一百五十辆车来，否则只能带五十辆车。

齐湣王被苏秦的高帽砸晕，登基以来，齐国接连取得对秦国、楚国和燕国军事战争的胜利，齐湣王雄心膨胀，想做天下霸主，苏秦的恭维恰如其分。那起子虚乌有的联合伐齐的阴谋也一定程度上促使齐湣王决定高规格接待苏秦的来访。

齐国用接待一国元首的“诸侯之礼”迎接苏秦，苏秦则带来庞大的访问团队。韩珉亲自到城门迎候，替苏秦驾车入城接受齐国人民的热烈欢迎。齐国和燕国用近乎奢华的场面和隆重的礼仪向天下宣告两代仇敌化干戈为玉帛。

## 还　城

横在苏秦面前的还有一个棘手的领土争端，齐国占领着燕国北方领土。解决领土争端是两个国家结束敌对关系最基本的条件，苏秦用独特的方式替燕国讨回十城。

苏秦在齐国做了好几年的外交官，与齐湣王也算老相识。省去外交礼仪上的客套，苏秦见到齐湣王，先行祝贺，接着表示沉重的哀悼。齐湣王对这种开场白大感惊讶，“先生什么意思？”

苏秦道：“大王取得对燕战争的胜利，自然祝贺。大王进攻燕国的战略注定要失败，所以预先哀悼。”

齐湣王嘿嘿冷笑：“寡人大胜燕国，有什么可哀悼的。”

苏秦道：“人再饿也不会吃有毒的食物。燕国虽然弱小，燕王是秦王的女婿。大王为了燕国十座城池，不惜与秦、燕为敌，和吃有毒的食物有什么区别。”

齐湣王细长的手指随意敲了敲身前的案几：“先生认为该怎么办？”

苏秦不动声色道：“聪明人会转祸为福，将失败变为成功，大王何不归还燕国领土。燕王得到失地必然大喜，而秦王也会高兴。秦国和燕国服从齐国，大王号令天下，谁敢不听。用十座城池成就天下霸业，这么划算的事大王为何不做呢！”

齐湣王嘴角挂着轻蔑的笑意，心道：“难道搬出秦国来，我就会害怕吗？”

苏秦继续说道：“大王南破楚国，西使秦国屈服，号令韩、魏之兵如同用鞭子赶马。但是大王未能做一件惊天动地的道义之举。宋王残暴不仁，大王不去攻打，英名终难成就。况且宋国是中原膏腴之地，燕多荒凉之所，与其得燕国百里土地，不如得宋国十里之地。讨伐宋国，既得名，又得利，大王何乐而不为？只要大王肯归还燕国土地，燕国人民就能接受齐国，燕王心甘情愿派出军队追随大王。”

齐湣王心动，相比燕国，宋国太富有。别的不说，仅陶邑（今山东定陶）就足以让天下诸侯垂涎三尺。陶邑地处水陆交通网中心，货物集散地，人口众多，富甲天下，是战国最富有的城市，最大的商业城市，相当于现今中国的上海或香港。

取宋一城获得的财富相当于燕国十城，甚至远远不止，这是傻瓜都会算的账。

苏秦这一招极妙，不仅将兵祸从燕国引向宋国，而且将天下诸侯的仇恨引向齐国。越值钱的东西，觊觎者越多。宋国这么富，多少双眼睛盯着呢。

廷议散了，齐湣王单独召见苏秦。这是苏秦第一次如此近距离地观察齐湣王。齐湣王有一双洞察一切的眼睛，闪闪发亮，一望便知那是精明透顶的人。

齐湣王急促地踱着步，话说得极快："寡人同意苏子的建议，齐、燕两国会成为盟友。寡人决定解决两国之间存在的领土纠纷，将历年来齐国占领燕国的土地一并奉还，共计十城。"

苏秦心中一阵激动，第一步棋成功，神情却显得平和宁静，缓缓道："齐、燕和好，对两国有利，对大王更有利。"

齐湣王忽然停住脚步，神秘兮兮道："寡人得到情报，秦国即将对韩、魏下手。楚王横这个人寡人了解，干不出大动静，再说楚国已经没有实力外战。寡人最担心赵国。"

苏秦当即明白齐湣王心中的担忧，胸有成竹道："我有一计，可以让赵国助大王伐宋。"

齐湣王转忧为喜，说道："苏子快讲。"

苏秦道："赵国一言九鼎的人并非赵王而是权臣奉阳君李兑，大王只需收买李兑，就等于收买了赵国。"

齐湣王嘎嘎笑起来，随后眯起眼睛打量着苏秦："苏子在齐国多年，寡人竟然不知苏子有如此大才，是寡人的过失。寡人有意请苏子做齐国的相邦，如何？"

苏秦心中暗喜，倘若就此答应下来，难免让齐王轻视自己或产生疑惑，齐王可不是糊涂虫。苏秦答道："燕王对苏秦有知遇之恩，不可不报，大王不与燕王为敌，即是对苏秦最大的成全。"

齐湣王道："孔子讲'鸟择木，无木择鸟'。苏子是世间的大鸟，寡人不敢强留。燕国太小，苏子若想青史留名，只能辅助王霸之主。"

苏秦道："愿大王灭宋扬威，成王霸之业。苏秦留在燕国可保证燕王不会三心二意对待大王。”

“好。”齐湣王点点头，“齐国永远欢迎苏子。”

苏秦没有愧疚感，做大事就得骗人，骗就要骗得天衣无缝。苏秦回燕国报喜，齐湣王履行诺言，归还燕国十座边城，撤掉齐国北疆的重兵转而调到齐、宋边境。

齐国密使公玉丹来到邯郸，见到杀害赵武灵王、独揽大权、志得意满的奉阳君李兑。密使对李兑道：“您与赵国先王有怨，而今年事已高，想过身后事吗？”

密使的话揭开李兑隐藏的伤疤，这个伤疤无时无刻不困扰着表面风光无限的奉阳君。他阴谋杀害赵武灵王，自己在台上怎么都好说，一旦下台后果难料。李兑故作镇定道：“你有何高见？”

密使道：“您不能在赵国觅封地，离开赵国到别的国家去。秦人贪暴，秦法残酷，也不能到秦国去；韩国和魏国朝不保夕；燕国和楚国偏僻。宋国罪孽深重，齐王打算攻打宋国。如果您能说服赵王不干涉齐军伐宋，齐王感激您的恩德，愿将宋国蒙地作为您的封地。”

既不损害国家利益，又能满足个人私利，这种好事值得去尝试，李兑满口应承下来。

## 请　罪

安抚赵国，齐军向宋国进攻。燕昭王按照盟约规定，派大将张魁率两万燕兵自带粮食跟随齐军伐宋。

宋国国君宋康王不是好惹的人，统治宋国数十年，西败魏国，东败齐国，南破楚国，号称战国八雄。齐军攻势受阻，齐、燕两军发生摩擦。齐宣王占领燕国，齐湣王大败燕军给燕国人带来的创伤并未消散。两国虽结成盟国，两国士兵之间互相敌视，发生口角打斗非常正常。为安抚齐人军心，齐湣王下令将燕国主将张魁以治军不严之罪处死。

张魁是燕国将领，要处置只能由燕王处置，齐王有什么资格杀害？燕昭王受到羞辱，压抑的怒火再也控制不住，流着眼泪恶狠狠下令，集合燕国所有军队攻打齐国。大臣们纷纷劝阻，不能以小失大，还要继续忍。燕昭王怒火正盛，谁的话也听不进去，包括苏秦。苏秦提出辞职，燕昭王脸色铁青，沉默不语。

燕国大臣凡繇没有劝，一声不响，打个辞职报告不干了。燕昭王怪道："不干总要有个理由，为什么？"凡繇道："想当年，齐军攻入蓟都，先王死于乱军之中，大王因为军事力量不足以攻打齐国，卧薪尝胆，含羞忍辱服侍仇敌。现在大王因为张魁的缘故出兵伐齐，是把张魁看得比先王还重。由此可知，大王不是贤明君主，所以我不干了。"

燕昭王沉默半晌，下令解散军队，谁也不许再提伐齐之事。燕昭王不好意思见苏秦，派人告诉苏秦立即动身去临淄，化解两国之间的矛盾。拿人的工资不自由，苏秦是燕国的相邦，责无旁贷，只好坐上马车再度南下。

解铃还须系铃人。燕国大举集结军队的风声必定传到齐国，要消除齐王戒心，燕昭王知道必须再装一回孙子，丢一回脸。燕昭王一身素服，离开王宫，住到郊外一处小茅屋里，派使者向齐湣王请罪。

齐湣王正与官员们聚会饮酒，叫进燕国使者。燕使卑躬屈膝诉说燕王临行交代的话："张魁犯错是寡人用人不当的罪过，寡人身着缟素住进茅屋向大王请罪。"

齐湣王甚是得意，当即让燕使再次重复一遍刚才的话，环顾左右呵呵笑道："燕王太谦虚，寡人派个使者去传他搬回来住。"

一个齐王宫低级官员来到燕昭王居住的小茅屋传达齐王的命令。燕昭王弹落身上的干茅草，毕恭毕敬地送走齐国小使者，望着齐使远去的背影，满脸的笑容倏地消失，变成冷森森的寒意，冷冷道：“等着吧，总有一天你会付出代价的。”

“将欲毁之，必重累之；将欲踣之，必高举之。”想毁灭什么东西，先把它堆积起来；想摔碎什么东西，要把它举得高高的。精明的齐湣王被燕昭王举了起来，举得高高的，越来越高。

齐湣王丝毫没有察觉到燕昭王过度谦恭背后隐藏的秘密，当着苏秦的面笑话了燕昭王一通：“燕王想与寡人作对还没有资格，苏子何必守着这个脾气比牛大、胆子比兔子还小的国君呢！”

苏秦知道这是一出卧薪尝胆，燕昭王比齐湣王能忍，更加不要脸，胜利者必定是燕昭王，苏秦有什么理由离开胜利者？

两国和好如初，齐、燕联军继续攻打宋国。列国战争如火如荼。秦国冉冉升起的将星白起闪耀韩国重镇伊阙，痛击韩、魏数十万联军，斩首二十四万，连拔五城。秦军乘胜前进，夺取韩、魏数百里土地，一代战神就此崛起。此后，秦军如风卷残云般挺进，连续拿下魏国河内六十一座城池。

被齐国抛弃的魏国意识到齐湣王的险恶。魏襄王的儿子魏昭王刚刚继位一年即被秦国打了个落花流水，好在还有一个有价值的人，孟尝君。同病相怜的两个人变得亲密无间。孟尝君向魏昭王献计，把赵国拖下水。

公元前288年，孟尝君带着魏昭王到邯郸拜会奉阳君李兑，贿赂李兑两座城池，河阳和姑密城，做他儿子的封地，希望赵、魏两国结成同盟，许诺献给赵王两座城池。李兑高高兴兴地从中牵线，魏国投入赵国的怀抱。

孟尝君很损，河阳城是黄河浮桥南岸桥头堡，连接黄河南北的交通，秦国垂涎三尺。这一下，赵国想不与秦国作对都难。魏昭王和孟尝君还有更深的用意，拉拢赵国攻宋。宋国与魏国接壤，与薛地离得很近。魏王做梦都想吞并宋国，孟尝君则希望通过攻打宋国扩大薛地。为此，孟尝君收买赵国大将韩徐为。

韩徐为向赵王提出攻打宋国的计划。攻宋计划遭到李兑反对，因为攻宋势必与齐国交战，李兑早已和齐国勾结，贪图齐王的许诺。

得到情报的燕昭王怒火中烧，这个靠嘴皮子游说的苏秦竟然把赵国和齐国弄成盟国，燕国怎么办？

燕昭王立刻把苏秦找来，强压心头的不满道：“先生为齐王出的好主意，如今齐国和赵国的关系非常紧密，这对燕国有什么好处！”

苏秦不慌不忙回答道：“如果赵国不同意齐国伐宋，齐王是不会轻举妄动的，齐王不伐宋，天下诸侯怎么会攻打齐国呢！”

燕昭王气咻咻道：“不管怎么说，李兑妨碍赵国与齐国争宋国，你有义务拆散赵、齐联盟。”

苏秦从燕昭王的眸子里看到焦虑，一股莫名的焦虑。二十年啊，二十年的光阴何其漫长，燕昭王等不及。苏秦仍然试图劝说燕昭王：“如果齐、赵关系破裂，那等于给秦国创造亲齐国的机会，秦国一直视赵国为潜在的威胁。秦、齐两国联手对燕国才是真正的不利。”

燕昭王冷冷道：“我不相信秦国和齐国会联手，一山不容二虎，况且秦国一直觊觎宋国的财富，决不会任由齐国独吞。只要赵国不站在齐国一边，列国自然会联合伐齐。”

苏秦叹了一口气：“好吧，既然大王认为离间齐、赵关系对燕国有利，我即刻动身前往邯郸。”

聪明的人在世界上有时会做明知错误的事情，因为你的老板喜欢。既然喜欢那就做给他看。苏秦来到邯郸游说李兑与燕国联合攻打齐国。李兑当即拒绝，等着拿齐国的好处怎么肯听。

苏秦说服不了李兑，但能说服齐湣王。只要齐湣王收回许给李兑的好处，李兑自然会痛恨齐国。

苏秦赶往临淄很轻松地让齐湣王收回给李兑蒙地的诺言。说辞很简单，也是事实，赵国联合魏国准备攻打齐国。不由齐湣王不相信，齐国的谍报人员获悉赵国有进攻齐国的动向，赵将韩徐为不止一次向赵王建议伐齐。齐湣王不敢怠慢，立刻从宋国撤军。

李兑愤怒之余仔细琢磨，发现苏秦非常可疑。经过调查，赵国情报人员向李兑汇报："齐国不相信赵国，苏秦挑拨的；齐军停止攻打宋国，苏秦的主意；苏秦和齐王商议联合秦国攻打赵国；苏秦甚至让齐王派兵包围在齐国做人质的赵国公子的府第。"

李兑勃然大怒，等苏秦再次出使赵国的时候，李兑扣押了苏秦。

这是苏秦第一次牢狱之灾，苏秦甚至一度产生死亡的念头，写给燕王的信中说："人总有一死，如果我死能够引起齐国和赵国的战争，削弱齐、赵两国，虽死犹生。"

苏秦最终没有死，齐湣王和燕昭王同时向赵国施加压力，提出最强烈抗议。齐湣王派人斥责李兑。燕昭王则告诉李兑："你扣押苏秦，等于免寡人之冠。"燕昭王话说得很重，你们摘我的帽子，侮辱我。李兑不想同时得罪两个国家。赵国释放苏秦。

苏秦重新看到蔚蓝的天空，重新呼吸到自由的空气。自由弥足珍贵，但和功名比起来，哪一个更重要呢？

## 东　帝

齐、赵两国闹别扭，秦国人看到机会，秦相魏冉来到临淄。他不是空手而来，带来一顶辉煌的帽子，上面绣着一个大大的"帝"字。

人的追求无穷尽，吃饱穿暖，还要吃好穿好；有了一间房，还要十座楼；衣食无忧，向往富贵荣华；钱财官帽到手，想着封侯；侯爵到手要称王；称了王又发现王上有帝。

周朝最大的官叫王，即天子。战国时代满世界称王，王就不稀奇，秦昭王想到上帝。于是乎，秦昭王在宜阳称帝，自号“西帝”。魏冉捧着“东帝”的名号请齐湣王扔掉破旧的王冠。

虚荣害人，人们偏偏改不掉虚荣心，齐湣王接受了。接受的不仅仅是“东帝”的称号，还有伐赵的任务。作为天下两大帝，赵国是共同的威胁，不铲除赵国的扩张主义，大帝的宝座坐得稳吗？

秦昭王的如意算盘打得精明，一个大帝的称号拴住东、西两个大国。齐、秦合力，已经被秦军打得支离破碎的韩国和魏国敢不服从命令？只要消灭赵国，秦国就能称霸天下，最后再与齐国人过过招。

得知齐湣王有意接受东帝的称号，秦昭王意气风发来到宜阳前线设立的行宫，登上西帝宝座向天下发号施令，召韩、魏等国国君前来朝见。

秦、齐联合的威力着实强大，列国不敢不到，有的国家害怕秦国扣人，派出使者参加，秦、齐、韩、魏等五国订立盟约，约定日期共同出兵伐赵。

苏秦回到蓟城，屁股还没坐稳，燕昭王急匆匆召见苏秦，承认错误：“秦、齐两国真的想联手瓜分天下，一旦灭亡赵国，别说燕国，韩、魏和楚国也不会有了，先生赶快去齐国，取得齐王信任。”

苏秦幽幽叹了口气，意料中的事，只是想不到发生得如此之快。牢狱之灾惊心动魄，他不想再冒险，人的命如果丢了，谈什么功名富贵！但他突然发现，上船容易下船难，因为船已行驶在波涛汹涌的大海之中。

世界上没有免费的午餐。主子给你第二次生命，给你钱，给你地位，给你富贵，你不能一走了之。

苏秦道：“我并非不想去齐国，而是怕大王破坏我的计划。”

燕昭王正色道：“先生尽管去做，寡人全力支持。”

苏秦道："大王相信臣，不代表燕国人相信我。我走之后，他们定然说我坏话。我若取得齐王信任，他们会怀疑我；我若得不到齐王信任，他们会轻视我。得到信任，他们会抱有更大期望。齐国对燕国不好，他们会归罪于我；天下不攻打齐国，他们会埋怨我不替燕国着想；天下攻打齐国，他们会和齐国一样抛弃我。我的处境危如累卵。"

苏秦这番话道出高级间谍的辛酸，忍辱负重，出力不讨好。苏秦看起来是在说燕国人，其实是在说燕昭王。知道苏秦间谍身份的人屈指可数，能影响苏秦工作的人也只有燕昭王。

做间谍不易，使用间谍更不易。《孙子兵法》讲过，"非圣贤不能用间，非仁义不能使间，非微妙不能得间之实"。

论用人，燕昭王是后代怀才不遇者心目中渴望的偶像。燕昭王的确没有让后代崇拜他的粉丝失望，回答了任何一个领导难以应允间谍的话："不听信任何谣言，绝对相信你。你可以做任何事。想带家人去齐国，可以；对人说背叛燕国，可以；甚至与齐国谋攻燕国，可以。只要你最终达到强燕弱齐的目的。"

沧海横流方显英雄本色。这一对千古知遇的君臣定下一盘大大的棋，正是这盘棋使战国时代变得更加扑朔迷离、改变苏秦的一生，改变燕国和齐国的命运，却凑巧成就秦国的辉煌。

苏秦再次出发，走上命运安排的路，也是自己选择的道路。

风尘仆仆的苏秦来到临淄城华章门时竟然意外遇到齐湣王。齐湣王一身便装，潇洒自如，春风得意，神采飞扬。苏秦下车参拜，齐湣王笑道："呵呵，苏子总算来了，寡人知道你会来，等候多时。魏冉来过，给寡人送来一顶高帽，你认为怎么样？"

苏秦没想到齐湣王会开门见山，稍微愣了一下，答道："大王的询问让臣下感觉仓促，是福是祸现在瞧不出来。拒绝秦王美意，会使秦国憎恨我们。如果听从，会令天下人憎恨。"

齐湣王对苏秦的回答感到诧异，原本以为苏秦会强烈反对，因为站在燕国立场上，决不希望看到秦国和齐国联合。苏秦的话外之意还是流露出来，要秦国还是要天下诸国。

齐湣王道："苏子，我们走走吧，临淄城多么繁华。寡人整天忙于政务，好久没有欣赏临淄的美丽了。"

临淄是一座繁华而又美丽的城市，各国国都以临淄规模为最大。这里的人们富裕而又快乐，吹竽、鼓瑟、击筑、弹琴，文艺气息浓厚。苏秦到过很多大城市，自己就在周王朝的都城洛阳长大。如果问他最喜欢哪座城市，他一定会说，临淄。

苏秦形容过临淄人口的密集："车毂击，人肩摩，连衽成帷，举袂成幕，挥汗成雨。"临淄人自负高傲，"家敦而富，志高而扬"，一副大城市人的派头。

望着身边川流不息快乐的人群，苏秦突然感到一阵痛苦。他正在谋划一个阴谋，一个毁灭这座城市的阴谋。愧疚很快被理智战胜，准确说被建功立业的雄心战胜，被出人头地的野心战胜。

突然，一只鞠从半空落下来，齐湣王身手敏捷地抬脚卸下，随即颠了颠，一脚踢了回去。齐湣王遥望远处一群快乐喊叫、奔跑的孩童，对苏秦道："苏子喜欢蹴鞠吗？"苏秦摇摇头。齐湣王道："寡人从小就踢球，临淄不会蹴鞠的小孩子不多啊。不懂乐器的人也很少噢，寡人讨厌没有艺术感的人。从前有个南郭先生，不懂装懂，混在先王的乐队里吹竽，让寡人发现，那个家伙深更半夜卷着铺盖逃之夭夭。"说完，齐湣王快乐地笑起来，像个孩童。

苏秦心里又是一阵沉重，战争原本是不对的，可人们偏偏喜欢打仗。齐湣王发动的战争太多。兵者不祥，迟早会有报应，战争不会永远发生在别人的土地上。

两人步行走进齐王宫，齐湣王有些气喘吁吁，苏秦从从容容。走路是苏秦的强项，尤其挑担子的时候。齐湣王问苏秦：“依你之见，寡人该怎么做？”

苏秦反问道：“齐、秦两国称帝，大王认为天下尊重秦国还是尊重齐国？”齐湣王道：“秦国兵强，人们习惯崇拜武力。”

苏秦道：“放弃帝号，天下爱秦国还是爱齐国？”

齐湣王道：“当然爱齐国，因为秦国是发起国。”

苏秦继续问道：“齐国进攻赵国和宋国哪个更有利？”

齐湣王沉吟片刻，回答道：“伐宋有利。宋国弱，赵国强大。”

苏秦道：“臣希望大王不要为虚名所累，想当年秦相卫鞅即以此计唆使魏侯称王，结果才有马陵之败，庞涓自杀，太子身亡，丧失十万精兵。大王放弃帝号，表面遵奉秦国，实际上亲近天下诸侯，让诸侯憎恨秦王。大王趁机起兵攻取宋国，天下诸侯谁敢有异议。”

齐湣王沉默不语。苏秦继续说道：“放弃帝号，不是不称帝，而是缓称帝。如果秦王称帝，天下各国顺从，大王再称帝不迟，不过是时间早晚的问题。如果秦王称帝，天下诸侯反抗，大王正好收取天下民心。”

齐湣王又被打动了，苏秦的话没有涉及任何燕国的国家利益，一心为齐王着想。精明的齐湣王仍然没有瞧出哪怕一丁点破绽。齐湣王的脑筋快速地转动，齐、秦联兵伐赵，固然为齐国灭掉劲敌，也为秦国灭掉一个强敌，未来齐、秦必有一战，孰胜孰负？实在不如坐视秦国和赵国相攻，自己收取宋国之利。

苏秦见齐湣王有些动心，继续煽动道：“秦国攻韩攻魏伐赵，是天下的大敌，如果大王秘密联合赵国攻打秦国，定会得到列国响应，让他们去和秦国火拼，大王趁机灭亡宋国即可。”

齐湣王大喜道：“妙计，只是谁能替寡人联络各国诸侯？”

苏秦道：“苏秦不才，愿替大王奔走。”

齐湣王握住苏秦的手，诚恳说道："寡人成就霸业，定不忘记苏子的功劳。"

苏秦道："大王若能称霸天下，臣为三公，扬功名于今世，青史留名，虽死不丑。"

苏秦的话，已然表态愿意弃燕归齐。齐湣王再无疑惑，如燕昭王一般，拜苏秦为齐国相邦，封武安君，派苏秦秘密游说列国攻秦。齐湣王之所以如此信任苏秦，是因为他得到一则关于苏秦的丑闻，苏秦与燕王夫人有私情，给燕王戴了绿帽子。

## 还　乡

苏秦变成两面人，双面间谍。

表面上苏秦是燕国的相邦，替燕昭王游说列国诸侯，暗地里是齐国的相邦，肩负齐国的秘密使命，可实际上他是燕国潜伏在齐国的高级特工，任务是弱齐存燕，削弱齐国保存燕国。

腰佩两国相印的武安君来到赵国国都邯郸，八面风光，坐着豪华马车，载着黄金珍宝，随从的车一辆接一辆。

苏秦受到赵国热烈欢迎，赵惠文王亲自接见，公开接触之后又进行了一次秘密谈话。

赵王贪图两座城池的贿赂，被魏王和孟尝君架到火上去烤。秦王联手齐王并称东西帝，号召天下伐赵。魏、韩背叛赵国，五国签订伐赵盟约，盟约"著之盘盂"，烤得赵王如同热锅上的蚂蚁。

苏秦的到来犹如大雨浇熄炙热的火焰。赵惠文王得知齐湣王准备"去帝背约"助赵国伐秦的计划后感动得热泪盈眶，拉着苏秦的手别提多亲热。史载抵掌而谈，谈到兴浓之处击掌欢呼。

赵惠文王对苏秦大加赞赏。怎么能不赞赏？六国合纵攻秦，说来说去，解了赵国的大围。赵惠文王依燕、齐模式，拜苏秦为相邦，封武安君，临行时供给苏秦的活动经费竟然是燕国的两倍。一百辆豪华车，千镒黄金，百双白璧，千匹锦绣。

挟燕、赵两国的威风，背后齐国撑腰，苏秦到访韩、魏。韩国和魏国迫于秦国军事力量的强大，不得已同意伐赵，他们心目中最大的敌人仍然是秦国。苏秦既然已经联合齐、赵、燕三个国家，正合心意，两国对合纵攻秦的计划举双手赞同。苏秦最后来到楚国，继位的楚顷襄王原则同意加入合纵联盟。

从楚国归来的苏秦同时兼任齐、赵、燕三国相邦，获得六国支持，威风十足，使团声势浩大，不亚于诸侯王。苏秦志得意满，从楚国归来顺路回了一趟家乡。

离家十年，苏秦第一次回到家乡。富贵不归故乡，如锦衣夜行。爱慕虚荣的人又岂止楚国人？苏秦对家了无牵挂，也无感情。一心做大事的人都是如此，事业与家犹如鱼与熊掌，兼得者少。但是，成功了必须要回家，必须要见一见老朋友们，否则怎么体验实现人生价值的快感呢？

苏秦返乡惊动中央政府的周天子。周天子不再是苏秦初出道时想巴结都巴结不上的主子，现在换过位来。苏秦的一言一行，影响列国，影响天下，周天子极力巴结这位列国的红人，派出专人打扫道路，犒劳苏秦，扫路的人中有两位苏秦最熟悉不过的人，他的父母。

父母听说儿子要来，起了个大早，全家大扫除，粉刷房子，雇上乐队，备下酒席，亲自到三十里外郊迎。苏秦卫队浩浩荡荡，车水马龙，耀武扬威，来到中央政府的辖区。苏秦老远望见父母站在路边，想起上一次回家父母不理睬他、不肯说一句的模样，心中百感交集。

回到家里，兄弟、姐妹、妻子、嫂子站在门外弯着腰，低着头，不敢拿正眼看，偷偷用眼角瞄。家中出了个大人物，三个国家的相邦，周天子尊敬的大人物。

苏秦举步走进屋内，嫂子弯腰端盘子上菜，恭恭敬敬请苏秦用餐。苏秦瞧着嫂子那样子，想起以前连冷饭都不肯给热一下的场景，略带讥讽地笑道：“嫂子何前倨而后恭也？”意思是为什么和以前不一样，以前傲慢得不行，现在谦恭成这个样子。

嫂子说了一句实话。“因为你现在地位高，金子多。”嫂子说话的时候跪倒，趴在地上，五体投地，脸贴近地面，身子像蛇一样。她在膜拜什么呢？不是苏秦这个人，而是钱和权力。

若无举家轻视，苏秦怎么可能有今日的辉煌。他自己也说，若我当年拥有靠近洛阳城郊的两百亩好田，有吃有喝，有用有玩，我会逍遥自在做个富家翁，岂有今日的高官，岂有今日的财富。平庸的出身、失败的经历反倒成为苏秦人生的动力，只要不放弃，山重水复之后定然柳暗花明。

苏秦不像某些人得志后睚眦必报，而是相当豁达，拿出千金分给家人、亲戚、朋友。当年借一百钱的人，获得百金的报酬，回报率相当之高。做事业需要眼光，要有一双慧眼，要有识人的本领，当所有人鄙视苏秦这一类人的时候亲近他，帮助他。

分到最后，那个一直跟苏秦走到燕国的跟班站出来强烈抗议，因为他什么也没分到。明知激怒苏秦的下场跟班还是忍无可忍，大声抗议：“当年没有人肯跟你，只有我历尽千辛万苦陪你到达燕国，没有功劳也有苦劳，为什么不肯给我一点赏赐？”

苏秦脸上挂满揶揄的笑容：“怎么能忘掉你，我挑着担，你推着车，多少艰难的日子熬过来。行百里者半九十。我们走到易水河，那是我最困难的时候，最希望得到你的帮助，也只有你能帮助我，可你几次三番想弃我而去。我记忆犹新，所以想让你好好记得这一回，记一辈子。怎么样，他们都拿到钱你却没有，而你是帮我最多的，什么感觉？

什么滋味？”

跟班的脸涨得像茄子，暗地里咬牙，恨不得上前恶狠狠揍苏秦一顿。但他不敢，苏秦有钱有势，权力和金钱不是他这种人能够蔑视的。真是千般滋味在心头，甜酸苦辣咸。半晌，苏秦道：“早给你准备好了，拿去吧。好在你没有弃我而去，所以分得最多。”跟班欣喜若狂，一口气没喘匀，兴奋地晕过去。

大家都满足了，苏秦还要继续努力，三国相印不是那么容易佩戴的，前途的凶险只有苏秦清楚，稍不留神，万劫不复。

## 五国伐秦

一个人的号召力有多大，苏秦告诉你答案。公元前287年，苏秦凭借三寸不烂之舌，召集五国军队攻打秦国，齐、燕、韩、赵、魏。史记称苏秦约六国合纵，应该差一国，楚国没有被忽悠。

五国军队冒雨集结向秦国挺进，苏秦负责联络各国。苏秦发动五国伐秦的战争并非为了挽救赵国，更非为六国安全，而是为了齐国顺利拿下宋国。只有齐国攻下宋国，天下诸侯才能联合进攻齐国，达到削弱齐国、保全燕国的目的。

齐湣王按原计划行动，齐国主力大军向宋国发起进攻。计划没有变化快，天下聪明人很多，不止苏秦一人。赵、魏两国发觉事情不对劲，我们打秦国，齐国人占领宋国，天下哪有这等好事。苏秦察觉到赵、魏有撤兵攻打宋国的苗头，感觉不妙。宋国必须由齐国独吞，否则三国瓜分，等于壮大齐国。赃物平均分，强盗们怎么能打起来。苏秦急忙给齐王写信，让齐王安抚李兑和孟尝君。李兑是赵相，孟尝君是魏相，他们支持继续伐秦，联军就不会散架。齐湣王分别派人向两人许诺，齐国灭宋之后把陶邑给李兑，把平陵许给孟尝君。

私人得了好处，国家利益暂抛到一边，联军继续开拔，到达成皋和荥阳一带，由于五国各怀鬼胎，联军滞留不进。眼见五国不能同心合力，李兑想出一招既不得罪秦国，又能得到封地陶邑的妙计。李兑准备以赵国名义和秦国单独议和，秦、赵联合攻打魏国。此举既能消除秦国的怨气，改善两国关系，又不干涉齐国伐宋影响将来接收陶邑。

李兑的妙计被魏王获悉，魏昭王大怒，也准备讲和。赵、魏如果讲和，韩国定然跟从。苏秦亲自去做李兑工作，分析了如果五国争着和秦国议和带来的六种可能，无论哪一种可能，结果都是李兑得不到陶地。为了陶地，李兑只能坚持攻打秦国。

苏秦发动的五国攻秦声势浩大，震动秦国，尤其齐湣王背约反水令秦昭王窘迫不堪。齐湣王向天下宣告去掉帝号，秦昭王的西帝成为众矢之的，你比周天子还牛，不打你打谁。秦昭王与宣太后及大臣们商议对策，决定以退为进，废除帝号，主动向五国求和，归还赵国和魏国失地来瓦解五国合纵军。同时，派被齐湣王解除相位的韩珉透风，盼望秦、齐两国再次联手。

在秦国凌厉的外交攻势下，合纵国阵脚大乱。想得到宋国的魏昭王拒绝齐湣王提出的“闭关于宋”的请求，一面与秦国议和，一面派出军队向宋国进攻，与齐国争宋。孟尝君派出密使和齐王谈判，希望齐王提前将平陵城的许诺兑现。

齐湣王非常信任苏秦，每逢军国大事必定征询远在军中的苏秦的意见。苏秦极力劝阻齐王提前交付陶邑和平陵，一定要灭宋之后。诱饵让鱼吃掉，鱼还会上钩吗？苏秦之所以不让齐湣王提前交付土地，因为他想让齐王吞并宋国之后悔约，这样势必激怒李兑和孟尝君。苏秦所做的一切都是在为齐湣王树敌。

齐湣王浑然不觉，拒绝孟尝君的要求。于是，孟尝君与赵国反齐派将军韩徐为密谋伏击伐宋的齐军。由于伐宋齐军中有两万燕兵，孟尝君秘密联络燕国。燕昭王得信大喜，又沉不住气，日夜与群臣谋划和赵、魏两国攻齐事宜。

燕昭王的阴谋被齐湣王获悉。齐湣王派人通知苏秦，伐宋齐军无论获胜与否将在八月退兵，因为我们已经得知燕王准备在宋国偷袭齐军，然后伐齐。虽然齐湣王没有怀疑苏秦，苏秦仍然大吃一惊，燕王做事太不谨慎，急忙写信告诫燕昭王，同时写信辩解燕国绝不可能背叛齐国。

齐湣王相信苏秦如同相信自己，见燕昭王没有真正采取军事行动也就放下心来。保险起见，齐军从宋国撤军。五国攻秦军事行动随着各国陆续与秦国议和而解体。

齐湣王认识到赵、魏、燕均不可靠，为了得到宋国，齐湣王再次任命韩珉为相与秦国结盟。韩珉私下表态，愿意主持攻打宋国的军事行动。

秦昭王不想看到齐国吞并宋国变得强大，看到韩珉的报告后勃然大怒:“宋国是我喜欢的国家，韩珉是我的好朋友，怎么能攻打我喜欢的国家呢！”

秦王不同意齐国伐宋，齐湣王非常头痛，苏秦主动请缨游说秦昭王。苏秦现在只有一个坚定的想法，让齐国尽快吞并宋国。

苏秦第二次来到咸阳，第二次见到秦昭王。经历过各国宫廷阴谋，经历过几年的风风雨雨，苏秦当然明白秦昭王以前不用他的原因。只能怪自己没能找到症结，没看透秦王的心。秦昭王贵为一国之君，秦国却有两个说了算的人，这才是秦昭王心中最大的痛。

如今苏秦自信看穿秦昭王的心思，而且苏秦手中有谈判的砝码。苏秦开门见山地对老熟人道:“韩珉攻打宋国为大王着想，齐国攻宋，魏国和楚国一定会投入秦国的怀抱，这难道不是好事吗？”

秦昭王板着脸道:“齐国伐宋，秦国有什么利益？”

苏秦道：“作为交换，齐王应允大王攻打安邑，齐国决不干涉。”

秦昭王沉思不语。秦国攻取魏国河内不少城池，只有安邑一直打不下来。魏国之所以能够坚守安邑，因为有齐国支援。安邑是魏国旧都，攻取安邑等于拿下魏国整个河内地区，面积不比宋国小多少，也就是说齐国出卖了魏国。

苏秦继续道：“大王不损一兵一卒，不杀一人，不经过战争就能拿下魏国第二大城市，这是韩珉的用意。”

秦昭王奇怪地注视苏秦，心中暗道齐王真是个奇怪的君主，眼前这个家伙也是个奇怪的人。世人都说秦国人反复无常不守信用，这一对君臣才是真正的小人。以前我曾为没有用他感到懊悔，现在看起来我是对的。

秦昭王紧锁的眉头轻轻舒展，语气明显缓和下来，“寡人一直不了解齐国，齐国人的行动出人意料，一会儿合纵，一会儿连横，你现在又这么说。”

苏秦回答道：“中原的说客都想离间齐、秦两国的邦交，为什么呢？因为三晋和楚国人聪明，齐、秦两国人傻。三晋和楚国联合则图谋齐、秦，齐、秦两国联合则可图谋三晋与楚国。道理就这么简单。”

秦昭王笑了：“好，寡人同意齐国伐宋。”

解决掉秦王，苏秦顺路又去忽悠魏昭王，请求魏昭王坚定五国合纵之心坚决抗击秦国侵略，放弃对宋国的野心，千万不要和秦国讲和，因为秦国才是魏国最大的敌人。

苏秦刚刚在咸阳出卖魏国，又在魏国宫廷上欺骗魏国人，胆量之高，实在令人佩服。苏秦的目的仍然是帮助齐国占领宋国。

魏昭王几乎相信了苏秦的花言巧语，谁知魏国在咸阳的外交官惊悉齐国背叛魏国，允许秦国攻打安邑的密约，飞报魏王。魏昭王大怒，拒绝苏秦离境，将其软禁起来。

从座上宾到阶下囚只有一顿饭的工夫，一句话的工夫，这就是间谍的命运。苏秦不害怕魏昭王，根本瞧不起这位丧失河东四百里土地，丢弃大小六十一座城池的窝囊废。

很快，苏秦的哥哥苏厉来到大梁，对魏昭王说：“齐王欺骗秦王不是一次两次，秦王并不相信齐王与苏秦。如果贵国继续扣押苏秦，秦王就会相信齐、魏两国确实闹翻。秦国真正和齐国联起手来，魏国只剩被瓜分的份儿。大王如果释放苏秦，秦王就会犹豫，拿不准，事情或许还有转机。”懦弱的魏昭王既怕秦、齐联合，又怕得罪齐国和燕国，竟把苏秦释放，毕竟苏秦拥有三国相邦的光环，此时仍是燕国相邦，齐王特使。

秦国默许齐国伐宋，齐国默许秦国伐魏，互不干涉。公元前286年，两个强盗国家如愿以偿，秦国得到魏国旧都安邑，齐国第三次大举攻宋，拿下存在七百八十年之久的古老宋国，在位五十三年的宋康王死于河南温县，殷商王朝最后一个遗民国家灭亡。

宋国在徐州相王之后率先称王，尚在秦、韩、燕、赵等强国称王之前，因为宋国国家小，故而列国多不服气。不服就打，宋国和邻居们打了个遍，先后与齐国、楚国、魏国三大强国交手，都打赢了，最后灭亡滕国。宋康王好排场，夸张到什么地步呢？他在室内饮酒，室内人呼万岁，接着堂上的人呼万岁，往下来，堂下的人喊，门外的人喊，最后城里人高呼万岁，排山倒海般此起彼伏，直到传遍全国。

宋国的灭亡既是苏秦精心策划的一场连环阴谋，也是宋康王狂妄自大结下的恶果。

## 出乎意料的结局

宋国灭亡，齐国占领一个中等强国，拓地千里，国力达到鼎盛。

这只是表面的现象，齐国为伐宋付出的代价太沉重。为拿下宋国，齐湣王忽而合纵，忽而连横，忽而许诺，忽而悔约，欺骗太多的人，与四邻结怨。齐湣王欺骗秦昭王四次，两度背叛魏国。由于占领宋国是在秦国支持下取得的，齐湣王拒绝割让曾经许给齐国权臣李兑和魏国权臣孟尝君的陶邑与平陵两座繁华的大城市。加之列国对宋国的垂涎，一个针对齐国的军事同盟悄然形成。怀揣不同的目的，秦国、赵国、燕国、魏国和韩国走到一起，齐国的灭亡只是时间问题。

燕昭王和苏秦设计的这场大棋局进入收官阶段，苏秦一步步诱使齐湣王走入他们设计的陷阱。苏秦的工作完美无瑕，纵是再伟大的导演也编不出如此精妙绝伦的剧本。可惜燕国不是最终的胜利者，收尾阶段的苏秦发现这个令人恐怖的结局，他们所做的一切努力都在为他人做嫁衣。

五国伐齐最卖力的看似燕国，燕昭王二十三年的国君生涯无时无刻不在想着复仇。其实更着急的另有其人，秦昭王。为了保证此次对齐战争的胜利，秦昭王不仅向赵、燕两国送去质子，主动推选燕国将领乐毅担任盟军最高指挥官，而且不远万里派兵越过韩、魏两国率先单独向齐国发起进攻。先出声于天下，来证明秦国不仅仅是策划者，而且是坚定的执行者。

秦昭王为何如此着急，难道真像他所说："齐王四与寡人约，四欺寡人，必率天下以攻寡人者三，有齐无秦，无齐有秦，必伐之，必亡之。"他骗我四次，打我三次，有齐国就没有秦国，有秦国就没有齐国，必亡齐国！表面的慷慨激昂、义愤填膺背后隐藏着巨大的战略阴谋。

远交近攻是秦灭六国的战略思想。这个战略思想必须有一个前提，那就是一定要保证远交的成功。每一个强国都懂得战略均衡的原则。众所周知，秦始皇用金钱收买齐国，让齐国在秦国统一战争中保持沉默。钱财无法收买一个强国，齐国之所以不派一兵一卒帮助五国抗秦，是因为齐国既无力量，也不愿意帮助昔日的敌人。所以说，远交近攻的精髓在于近交远攻，只有把远方的强国打趴下，才能收拾身边的敌人。秦国之所以能够统一六国，在于把齐国打趴下了。

苏秦是当时最伟大的战略家。他能够看到战国未来的走向，能够看到燕国生存之路。燕国如何才能生存下去？不是灭亡齐国，而是削弱齐国。燕国吃不掉齐国，吃掉了，也就死掉了。

谁能看到身后事，苏秦能够看到。苏秦和燕昭王的战略思想在五国伐秦的前夜产生分歧。苏秦的战略目标在于“弱齐存燕”，削弱齐国而不是灭亡齐国，让齐国继续发挥一个准强国的作用来牵制强大的秦国。苏秦不相信燕国会代替齐国，不相信以燕国的底蕴能吞并齐国。

此时，燕国军队已经攻占齐国北地领土，燕昭王继续发狠，咬着牙一定要灭亡齐国。

这对千古知遇的君臣不可避免地产生信任危机。燕昭王派人通知苏秦，你的任务已经完成，可以回燕国了，工作交给别人来做。苏秦不想走，给燕昭王写了一封真诚感人的信，重申忠于燕王、绝无二心之志：“您把我从一个卑贱的平民变成尊贵的人，让我名扬天下，苏秦愿以死相报。”

苏秦信中做了一个与燕昭王假想的谈话：“假如我对大王说：‘我像曾参那样孝顺，像尾生那么忠信，像伯夷那样廉洁，大王感觉满意吗？’大王一定会说：‘满意。’但是，我不满意。曾参天天守着父母不肯离开，拒绝做官，怎么可能来帮助大王。尾生与女友在桥下约会，女友不来宁愿被洪水淹死也不肯离开约会之地，这样的人会去欺骗别人帮助燕国吗？伯夷宁肯饿死不做周武王的臣子，又怎么肯去做齐王的臣子？仁义好不好，大王肯定说好，可是仁义只能让个人品行高尚，不足以帮人做事。我不想做品行高尚的人，要做奋发进取的人。”

苏秦告诉燕昭王，我忠于您，但我必须按照我的思想去做事，做我认为正确的事，而不是无条件服从您。

五国伐齐的前夜，苏秦给赵惠文王写了一封信，劝阻赵惠文王适当收手，不要做秦国的马前卒。信中指出秦国真实用心不在齐国，而在韩、魏，只是用齐国做诱饵引诱天下诸侯与齐国火拼。一旦秦国占领韩国三川之地、魏国河内领土，下一个目标即是翻越太行山进攻赵国，而赵国却和齐国打得不可开交，是不是很可笑。齐国对赵国有恩，反对过秦国三分赵地的计划。齐国灭亡，到时候谁会帮您呢。

苏秦这封信已经无法阻挡五国伐齐的隆隆战车，五国联军将星荟萃，白起、廉颇、暴鸢、晋鄙皆为当时战国名将，乐毅兼任赵、燕两国相邦。齐军根本不是对手。乐毅指挥的五国联军大败齐军主力于济西。

秦国第一个收手，秦昭王要为日后的远交近攻留下谈判的余地；赵国第二个停止进攻，赵惠文王领会到曾经做过他的相邦的苏秦信中的深意；魏国抢夺宋国故土去了；韩国只是一个小打手，得了些好处也走了；只有燕军继续进兵。乐毅认为齐国已经崩溃，正可一举灭齐，乐毅的军事计划得到燕昭王批准。

对于乐毅灭亡齐国的战略计划，燕将剧辛提出反对意见，“齐国是大国，燕国是小国，我们依靠诸侯兵力打败齐军，正是我们占领边城、扩展疆域的好机会。一味深入齐境，消化不了，到时候只能与齐国结下大怨，必定后悔”。

未来故事的发展和苏秦与剧辛预料的相同，乐毅未能灭亡齐国，反而让齐国成功复国，燕国寸土未得。有人会说，那是因为齐国有田单，而燕王却把乐毅换掉。其实，即使没有田单，乐毅占领齐国，最终一样会在列国的干涉和齐国人民反抗下，像齐宣王从燕国撤军那样退出齐国。这个道理很简单，燕国没有底蕴，没有吞并齐国的底蕴。

秦国何等强大，春秋即是强国，一统六国之后不过十五年完蛋。对于秦国来说，秦始皇是罪人，千古罪人。如果不发动统一战争，不急于统一，秦国能存在多少年？绝对不止十五年。

乐毅不听，乐毅自负地认为有能力灭亡齐国。为了避免剧辛的预言成真，乐毅甚至故意推迟统一燕国的时间，占领七十多座城池之后留下两座城池围而不攻，防止列国干涉燕国对齐国的占领。因为只要战事没有结束，列国就不会反对由他们发起的伐齐战争，同时就此收买齐国人心。聪明反被聪明误，乐毅只想建立个人功名，却将燕国和天下诸国推向绝地。

乐毅指挥燕军长驱直入兵临齐都临淄城下，齐湣王这才意识到被苏秦骗了，因为他只看到燕军来到国都之下，这说明燕国伐齐不是协从，而是早有预谋。苏秦作为燕国相邦不可能不知道这一切，只有一个答案，苏秦是间谍。齐湣王懊恼不已，他生性多疑，可最信任的人欺骗了他。

燕军最初进攻齐国北地，齐湣王甚至两次派苏秦带兵抵抗，苏秦两次兵败，他都没有责怪。现在看来，苏秦是故意战败。齐湣王咬牙发狠，骗子必须付出代价，付出血的代价。

苏秦静静站在城头，遥望蔚蓝如潮水般的燕国甲兵，长长叹了一口气："做正确的事情何其难。"他不想逃避，也无意逃避，否则他早走了，去享受荣华富贵，去享受胜利带来的欢庆。但那是真正的胜利吗？他预见到燕国的灭亡，虽然相隔遥远的六十三年。苏秦以一介布衣纵横列国，叱咤风云，翻手为云，覆手为雨，改变历史，足以载入史册。却难以挽救燕国的灭亡，这就是命运，人算不如天算。

燕昭王差一点听从苏秦的话，伐齐前夜，找来一个在燕国做官的齐国人，对他说："寡人准备和天下诸侯进攻齐国，你在寡人下令的时候一定和我争辩。但是，寡人不会听，你趁机离开燕国回齐国。等寡人想与齐国议和会派人找你。”然而，燕昭王最终听信乐毅的话再也没有与齐国议和。只能说，上天希望天下一统。

车裂是世界上最残酷的死刑之一，非杰出的人享受不到五匹马杀一个人的待遇。当你被迫接受五马分尸酷刑的时候，大名早已传遍天下。

美丽阳光依然灿烂，上天不可怜人类，不可怜一个灭亡的国家，不可怜一个即将沦陷的城市，更不会可怜一个走上刑场的人。

苏秦以阴谋起家，一生骗人无数，挑起列国大战，毁灭齐国。这是时代使然，时代造就人才。又一个不被人们同情的人，齐国人恨得咬牙切齿，燕国人漠然无视，那位燕昭王像扔一件破衣服般扔掉苏秦。后人评价说，苏秦以百诞成一诚，欺骗一百个人就为一个人，说了成千上万句谎话就为兑现一句诺言，结果身败名裂，招致天下人嘲笑。

后悔吗？也许这是所有人希望苏秦回答的问题。对于一个出身贫贱、充满热情、目标坚定的人来说，非常容易回答。苏秦步履轻松，迎接死神来临。

图书在版编目（CIP）数据

战国风云 / 滕涛著. —北京：中国工人出版社，2022.6
ISBN 978-7-5008-7926-8

Ⅰ. ①战… Ⅱ. ①滕… Ⅲ. ①中国历史—战国时代 Ⅳ. ①K231

中国版本图书馆CIP数据核字（2022）第078627号

战国风云

出 版 人　董　宽
责任编辑　傅　娉
责任校对　丁洋洋
责任印制　黄　丽
出版发行　中国工人出版社
地　　址　北京市东城区鼓楼外大街45号　邮编：100120
网　　址　http://www.wp-china.com
电　　话　（010）62005043（总编室）　（010）62005039（印制管理中心）
　　　　　（010）62379038（社科文艺分社）
发行热线　（010）82029051　62383056
经　　销　各地书店
印　　刷　天津中印联印务有限公司
开　　本　710毫米×1000毫米　1/16
印　　张　19.75
字　　数　246千字
版　　次　2022年7月第1版　2023年7月第2次印刷
定　　价　58.00元